AMÉRICA DEL SUR

MAR CARIBE

BELICE
HONDURAS
NICARAGUA
EL SALVADOR
UATEMALA
COSTA RICA
PANAMÁ

Lago de Managua

Barranquilla
Cartagena
Maracaibo
Lago de Maracaibo
Caracas
Río Orinoco

Georgetown
Paramaril
GUAYANA
SURINAM

San Cristóbal
VENEZUELA
Medellín
Río Magdalena
Bogotá
Cali
COLOMBIA

Boa Vista
GUAYANA FRANCESA

ECUADOR

ISLAS GALAPAGOS

Quito
ECUADOR
Guayaquil
Cuenca
Iquitos

Río Amazonas

A M A Z O N A S

PERÚ

LOS ANDES

BRASIL

Machu Picchu
Lima
Ayacucho
Cuzco
Lago Titicaca

BOLIVIA
La Paz
Santa Cruz
Sucre
Potosí

Brasilia

CHILE

PARAGUAY
Asunción

Río Paraná

Río de Janeiro
São Paulo

Iguazú

Río Uruguay

OCÉANO PACÍFICO

Córdoba

URUGUAY
Montevideo

OCÉANO ATLÁNTICO

Viña del Mar
Valparaíso
Santiago
Concepción

Buenos Aires
ARGENTINA
Bahía Blanca

Río de la Plata

Viedma

ISLAS MALVINAS (Br.)

Estrecho de Magallanes

TIERRA DEL FUEGO

| 0 | 200 | 400 | 600 | 800 | 1,000 MILLAS |
| 0 | 400 | 800 | 1,200 | 1,600 KILÓMETROS |

NIGERIA
ÁFRICA
CAMERÚN
Malabo
GUINEA ECUATORIAL
GABÓN
ECUADOR
ÁFRICA

| 0 | MILLAS | 500 |
| 0 | KILÓMETROS | 800 |

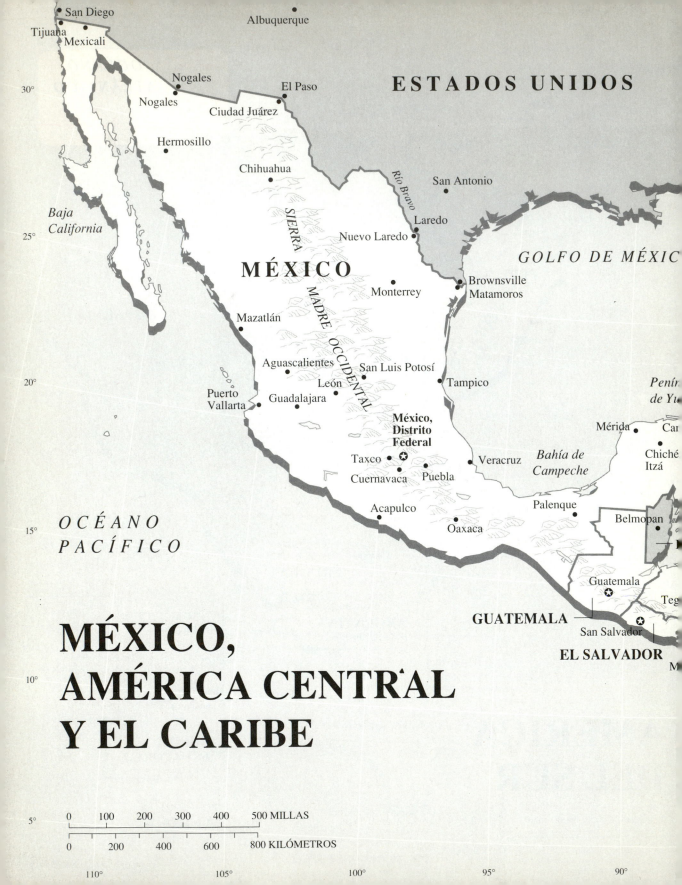

San Diego

Albuquerque

Tijuana
Mexicali

Nogales

Nogales

ESTADOS UNIDOS

30°

El Paso

Ciudad Juárez

Hermosillo

Chihuahua

San Antonio

Río Bravo

Baja California

25°

Laredo

Nuevo Laredo

GOLFO DE MÉXICO

MÉXICO

SIERRA

Monterrey

Brownsville
Matamoros

Mazatlán

MADRE OCCIDENTAL

Aguascalientes

San Luis Potosí

20°

León

Tampico

Penín de Yu

Puerto Vallarta

Guadalajara

Mérida

Car

**México,
Distrito
Federal**

Chiché
Itzá

Taxco

Cuernavaca

Puebla

Veracruz

*Bahía de
Campeche*

Palenque

Belmopan

Acapulco

Oaxaca

*OCÉANO
PACÍFICO*

15°

Guatemala

Teg

GUATEMALA

San Salvador

EL SALVADOR

M

MÉXICO,
AMÉRICA CENTRAL
Y EL CARIBE

10°

5°

| 0 | 100 | 200 | 300 | 400 | 500 MILLAS |

| 0 | 200 | 400 | 600 | 800 KILÓMETROS |

110°   105°   100°   95°   90°

ESPAÑA

OCÉANO ATLÁNTICO

PORTUGAL

MAR CANTÁBRICO

MARRUECOS

FRANCIA

Estrecho de Gibraltar

Tanger

Ceuta (Sp.)

Gibraltar (Br.)

Melilla (Sp.)

Lisboa

Santiago

GALICIA

PRINCIPADO DE ASTURIAS

CANTABRIA

PAÍS VASCO

Santander

Bilbao

NAVARRA

Pamplona

ANDORRA

Cádiz

Sevilla

Málaga

Córdoba

Granada

Río Guadalquivir

ANDALUCÍA

SIERRA NEVADA

Costa del Sol

EXTREMADURA

Río Tajo

Salamanca

Valladolid

Segovia

CASTILLA Y LEÓN

CORDILLERA CANTÁBRICA

SIERRA DE GUADARRAMA

Toledo

Madrid

MADRID

CASTILLA-LA MANCHA

Cuidad Real

LA RIOJA

ARAGÓN

Zaragoza

Lérida

Río Ebro

PIRINEOS

CATALUÑA

Gerona

Barcelona

MURCIA

Murcia

Cartagena

Alicante

COMUNIDAD VALENCIANA

Valencia

Costa Brava

IBIZA

ISLAS BALEARES

MALLORCA

Palma

MENORCA

MAR MEDITERRÁNEO

HIERRO

GOMERA

LA PALMA

TENERIFE

GRAN CANARIA

Las Palmas

FUERTEVENTURA

LANZAROTE

ISLAS CANARIAS

18°

16°

14°

12°

28°

0 KILÓMETROS 120

0 MILLAS 75

ÁFRICA

8°

36°

38°

40°

42°

44°

38°

40°

42°

FRONTERAS

Literatura y cultura

FRONTERAS
Literatura y cultura
Second Edition

Nancy Levy-Konesky
Brandeis University

Karen Daggett
Boston College

Lois Cecsarini
Foreign Service

Harcourt Brace College Publishers

Fort Worth   Philadelphia   San Diego   New York   Orlando   Austin   San Antonio
Toronto   Montreal   London   Sydney   Tokyo

Publisher Ted Buchholz
Acquisitions Editor Jim Harmon
Developmental Editor Mary K. Bridges
Project Editor Steven-Michael Patterson
Production Manager Annette Dudley Wiggins
Art & Design Supervisor Serena B. Manning
Text Designer CIRCA 86, Inc.
Cover Designer Margaret E. Unruh
Illustrator Lamberto Alvarez
Cover Salvador Dalí, *Port Alguer* (1924), Dalí Museum — Theatre Figueros
Photo and Literary Credits are on pages xvii and xviii.

Library of Congress Cataloging-in-Publication Data

Levy-Konesky, Nancy, 1950-
    Fronteras. Literatura y cultura / Nancy Levy-Konesky, Karen
Daggett, Lois Cecsarini. — 2nd ed.
       p.   cm.
    English and Spanish.
    Includes bibliographical references.
    ISBN (invalid) 0-03-049012-0
    1. Spanish language — Readers.   2. Spanish language — Textbooks for
foreign speakers — English.   I. Daggett, Karen, 1953-
II. Cecsarini. Lois, 1952-   III. Title.
PC4117.L44   1992   91-43988
468.6'421—dc20   CIP

ISBN: 0-03-049012-0

Address editorial correspondence to: 301 Commerce Street, Suite 37000, Fort Worth, TX 76102
Address orders to: 6277 Sea Harbor Drive, Orlando, FL 32887
                    1-800-782-4479, or 1-800-433-0001 (in Florida)

Printed in the United States of America

3 4 5   0 0 0   9 8 7 6 5 4 3

To George, who would be pleased, and to Georgiana, who will be.
To Frank and B.J. for all your patience and support.

N.L.-K.

To Paul and Grace, Bruce, Stephen and Christopher with love and appreciation.

K.D.

To Harry and Alice, who taught me my first language.

L.C.

Preface

FRONTERAS: THE PROGRAM

Fronteras is an integrated intermediate Spanish package whose primary goal is to help students acquire language proficiency while reviewing and broadening the grammar foundation attained in elementary Spanish. The program includes three components: a core grammar text, a literary/cultural companion, and a workbook/laboratory manual. Combined, they offer a complete and in-depth presentation of Spanish grammar, an overview of Hispanic literature and culture, an abundance of exercises, and activities to stimulate conversation.

The three components make the *Fronteras* package very manageable for both students and instructor. The program is designed to give the instructor flexibility to choose the activities that most motivate and challenge students and are most compatible with the instructor's methodology. *Fronteras* incorporates many of the latest successful techniques of foreign-language teaching, including the open-ended exercise and the functional approach to language use. Drawings and realia are used actively, as a means of reinforcing grammar points and cultural themes while providing opportunities for students to personalize the material and express their opinions in a creative and enjoyable manner.

Fronteras is divided into eight units. Each contains three lessons based on a common theme. Vocabulary as well as grammar points and themes are coordinated in all three components.

FRONTERAS: GRAMÁTICA Y CONVERSACIÓN

Fronteras: Gramática y conversación offers clear, concise grammar explanations within a contextualized cultural framework that facilitates students' acquisition of competence in communication. Although emphasis is placed on Spanish-language acquisition for oral proficiency, students also practice listening, reading, and writing skills. We have tried to avoid the use of structures in early readings that have not yet been presented in the grammar lessons. It is important to note that the subjunctive is presented relatively early and is reviewed and reinforced throughout the text.

FRONTERAS: CUADERNO DE EJERCICIOS/ MANUAL DEL LABORATORIO

This component is used in conjunction with the core grammar text to strengthen the four-skills approach. The exercises offer ample opportunities for students to review grammar and vocabulary presented in the grammar text.

FRONTERAS: LITERATURA Y CULTURA

Each unit contains three or four readings of various genres that reflect the diversity of the Hispanic world and foster awareness and appreciation of the rich cultural legacy of Hispanic peoples. Although this component may be used independently, the readings, activities, and vocabulary correspond thematically to the two other components. Selections include articles, poems, interviews, short stories, and legends, some of which are adapted for students of intermediate Spanish. The readings are graded according to level of difficulty. *Fronteras: Literatura y cultura* is structured as follows:

1. **Menudencias y contrastes culturales**

   Theme-related fun facts relevant to the Hispanic world, with accompanying conversational exercises to help students compare and contrast Hispanic and non-Hispanic cultures. Photographs give students visual images of the cultural concepts discussed in each unit.

2. **Para comenzar ...**

   Varied pre-reading conversational warm-up activities designed to involve students in communication in Spanish. These reading strategies also help students understand central themes and vocabulary pertaining to the work they will read.

3. **Lectura**

   Readings of varied lengths and from different periods chosen to give students a broad sampling of the literature of the Hispanic world. The tone may be satirical, dramatic, tragic, mysterious, philosophical, humorous, or informational.

4. **Según la lectura**

   A variety of exericses — including questions, multiple-choice, matching, and sentence-completion — designed to test the students' comprehension of the reading selection.

5. **Según usted**

   Thought-provoking questions related to the readings that allow students to express themselves in Spanish and to interpret and personalize the readings.

6. **Conversemos**

   Exercises and activities based on the readings and aimed at generating student interaction.

7. **Composición**

   Opportunities for students to develop and improve their writing skills. Topics relate to themes of the readings and readily promote self-expression.

8. **Minidrama**

   Students actualize their newly acquired cultural information and vocabulary through role-playing.

9. **Repasemos el vocabulario**

   Students review newly-acquired words and expressions, and enlarge their vocabulary by learning to recognize cognates and word families.

10. **Gaceta**

    End-of-unit, theme-related exercises and activities (role-plays, dialogues, compositions, discussion topics and authentic material-based activities) that offer further opportunities for students to converse in the Spanish language while reviewing the cultural and literary themes, as well as the newly-acquired vocabulary.

NEW TO THIS EDITION:

The authors have kept most of the literary selections as the users of *Fronteras* have requested. They have added, however, the following works:

Un verano lleno de libros	Newspaper article on the important role reading played in the Henry Cisneros household.
Orden jerárquico	A spy-thriller short story by the popular Argentine author Eduardo Goligorsky.

Sí, señor	Spanish, nineteenth-century naturalist Emilia Pardo Bazán wrote this ironic and bittersweet love story.
El evangelio según Marcos	Jorge Luis Borges' surreal tale set in rural Argentina.
La voz	Puerto Rican author Arturo Pietri asks his readers to consider some disturbing moral issues.

Acknowledgments

We would like to thank Mary K. Bridges, our developmental editor, for her enthusiasm and creative and careful editing of the second edition of *Fronteras: Literatura y cultura*. We also wish to express our appreciation to the entire editorial staff at Holt, Rinehart and Winston, whose joint effort has helped to fine-tune this text.

We are grateful to the following people for their helpful reviews and suggestions for the revision of *Fronteras: Literatura y cultura*: Lee A. Daniel, Texas Christian University; Hilda B. Dunn, University of Kentucky; John W. Griggs, Glendale Community College; Lois Grossman, Tufts University; William Miller, University of Akron; Ana Peluffo, New York University; Robert M. Shannon, Saint Joseph's University.

N.L.-K.

K.D.

L.C.

CONTENTS

COVER

Salvador Dali, *Port Alguer* (1924), Dali Museum – Theatre Figueros.

PHOTO CREDITS

1, PhotoEdit/Paul Conklin. 3, Stock Boston/Peter Menzel. 29, Monkmeyer Press/Hugh Rogers. 57, Stock Boston/Peter Menzel. 59, Comstock/Stuart Cohen. 89, Stock Boston/Mike Mizzaschi. 91, 119, 121, Stock Boston/Peter Menzel. 155, Photo Researchers, Inc. 157, (left) AP/Wide World Photo, Inc. 157 (right) AP/Wide World Photo, Inc. 166, (left) Paramount Pictures Corporation/ David James. 166, (right) AP/Wide World Photos, Inc. 166, (center) UPI/Bettman. 193, Reuters/ Bettman. 195, Stock Boston. 223, The Image Works/Larry Mangino. 225, The Image Works/Harriet Gans.

LITERARY CREDITS

We would like to acknowledge the following sources of contributions to this book:

"Un verano lleno de libros" from La semana newspaper, Boston. Reprinted by permission of La semana Newspaper, Inc.

"Oblatá y Orula. "Reprinted by permission of Agencia Literaria Latinoamericana.

José Ortega y Gasset, "La misión de la universidad" from *Obras completas*. Alianza Editorial, Madrid 1983-TIV, pp. 321-322. Reprinted by permission of Soledad Ortega, Fundación José Ortega y Gasset.

Reinaldo Arenas, "Con los ojos cerrados." Reprinted by permission of the author.

Nicolás Guillén, "Poema con niños" from *El son entero*, 1971. Reprinted by permission of Agencia Literaria Latinoamericana.

Manual Rojas, "El vaso de leche" from *El delincuente*.

Julio Camba, "El tiempo y el espacio," "El turista inglés. El turista yanqui. El turista español," "Las boticas" from *Obras completas*.

Fernando Díaz-Plaja, "El hombre y el hambre" from *El español y los siete pecados capitales* and *Los siete pecados capitales en los Estados Unidos*.

Rosa Montero, "El arrebato." Copyright by *El País*, Madrid. Reprinted by permission of *El País*.

Wenceslao Fenández Flórez, "Yo y el ladrón" from *Obras completas*. Aguilar S.A. de Ediciones. Reprinted by permission of Aguilar S.A. de Ediciones.

Marco Denevi, "Los viajeros" from *Antología precoz* (1973). "El dios de las moscas" from *Falsificaciones*. Reprinted by permission of the author.

Miguel Angel Liso, "Los hombres de GEO" from *Cambio 16*. Reprinted by permission of *Cambio 16*.

Isaac Aisemberg, "Jaque mate en dos jugadas." Reprinted by permission of the author.

Eduardo Goligorsky, "Orden jerárquico."

Nancy Levy-Konesky and Lois Cecsarini, "Olmos, Estefan, Canseco ¿Españoles o hispanos?" Reprinted by permission of the authors.

Tino Villanueva, "Clase de historia." Copyright 1984 by Tino Villanueva. Reprinted by permission of the author.

Fidel Castro Ruz, "La historia me absolverá," Center for Cuban Studies edition, 1979. Reprinted by permission of the Center for Cuban Studies

Father Wendell Verrill, "El bilingüismo en Boston" from *La Semana* newspaper, Boston. Reprinted by permission of La Semana Newspaper, Inc.

José Luis González, "La carta. El pasaje." Reprinted by permission of the author.

Emilia Pardo Bazán, "Sí, señor".

Marjorie Agosín, poems from *Silencio que se deja oír*. Reprinted by permission of the author.

"Cerebro" from *Vanidades continental*. Reprinted by permission of *Vanidades continental*.

"Ferias, fiestas y festivales," Ministerio de transportes, turismo y comunicaciones, Secretaría de Estado de Turismo, España.

"Las fallas" from *El turista fallero*, publicaciones Bayarri. Reprinted by permission of Vicente Bayarri.

Arturo Uslar Pietri, "La voz." Reprinted by permission of the author.

Jorge Luis Borges, "El Evangelio según Marcos."

De la educación a la profesión

Menudencias

¿SABÍA UD. QUE...?

1. En proporción al número de habitantes, en la Edad Media, España tenía más universidades que cualquier otro país europeo. Había 32, a principios del siglo XVII, siendo la primera la Universidad de Salamanca.

2. La celebración de la graduación universitaria no es una costumbre moderna. Para los graduados de la Universidad de Salamanca, fundada en 1252, el día antes de la graduación incluía una gran variedad de actividades. Había un paseo, un banquete magnífico, una ceremonia formal en la Catedral y también una corrida de toros. Había música en las calles, flores y, para los jóvenes, muchas felicitaciones de sus amigos y familiares.

3. En general, las universidades hispánicas no tienen un "campus" central, y las clases se dan en varios edificios en diferentes partes de la ciudad. Una excepción es la Universidad Autónoma de México (UNAM), situada en la Ciudad de México. Fundada en 1551, fue la tercera universidad en América. Hoy, con más de 300.000 estudiantes, es la universidad más grande de la América Latina. Durante la presidencia de Miguel Alemán (1946-52), se decidió construir un campus central. Las fachadas de algunos de los edificios están decoradas con murales de David Alfaro Siqueiros, Diego Rivera, y otros muralistas famosos. La biblioteca, con sus fabulosos mosaicos de Juan O'Gorman, es el edificio más fotografiado de México.

4. La tertulia, costumbre de origen muy español, es una reunión habitual de amigos con el propósito de charlar y discutir, a veces acaloradamente, sobre diversos temas como la política, la literatura y los deportes. Generalmente los participantes se reúnen en el mismo bar o café todas las semanas. Miguel de Unamuno, famoso escritor y filósofo español, dijo que "la verdadera universidad popular ha sido el café y la plaza pública". Hay los que dicen que la costumbre se está perdiendo. Otros siguen considerando la tertulia como una parte importante de la cultura hispánica.

5. En los países hispánicos, una carrera con futuro es la ingeniería, y durante esta década, habrá necesidad de todos tipos de ingenieros. Otra carrera importante es la computación ya que las computadoras se han hecho parte integral de los negocios. Más del 70% de los estudiantes que estudian para estas dos profesiones son hombres mientras que la mitad de los que estudian farmacia son mujeres. Los farmacéuticos ganan un buen sueldo y tienen amplias posibilidades de empleo. En España y en algunos países hispano-americanos, pueden poner inyecciones y recomendar tratamientos. Si uno se siente enfermo es común consultar con el farmacéutico en vez de ir al médico.

Contrastes culturales

1. ¿Cuál fue la primera universidad que se fundó en los Estados Unidos? ¿En qué siglo fue fundada? ¿Cuántas universidades hay en los Estados Unidos?

¿Dónde está la mayoría? ¿Cuáles son las más conocidas del mundo? ¿Por qué es conocida su universidad?

2. En los Estados Unidos hoy día, ¿cómo se celebra la graduación en la escuela secundaria? ¿y en la universidad? En su opinión, ¿es necesario asistir a la ceremonia de graduación? ¿Por qué?

Una tertulia.

3. El recinto de la Universidad de México se llama "la ciudad universitaria". ¿Qué implica este nombre? ¿Prefiere Ud. asistir a una universidad grande o pequeña? ¿Por qué? ¿Cuáles son las ventajas y desventajas de cada una?

4. ¿Existen tertulias en los Estados Unidos? Explique. Si existiera una tertulia en su universidad o ciudad, ¿participaría Ud.? ¿De qué se hablaría en su tertulia? ¿Qué es un "café al estilo europeo"? En los EEUU, ¿dónde se encuentra este tipo de café? ¿Cree Ud. que la costumbre de reunirse para conversar se está perdiendo? ¿Por qué sí o por qué no?

5. Actualmente en los EEUU, ¿cuáles son las carreras con más futuro? ¿con menos futuro? Explique. ¿Qué carrera va a ser popular en diez años? ¿Por qué? En su opinión, ¿a qué se debe el alto porcentaje de mujeres que estudian para farmacéutico? ¿Qué carreras tienen un porcentaje bajo de mujeres? ¿Por qué?

Un verano lleno de libros

Para comenzar...

"Los libros abrieron las vidas de mis hijos al mundo de las ideas..." Dé Ud. un ejemplo de un libro que influyó mucho en su vida. ¿Qué aprendió Ud.? ¿Cómo cambió su vida?

1   *E*l televisor estaba fuera de la vista y la radio estaba callada. La casa se hallaba lo suficientemente tranquila como para mantener una conversación, o leer un libro.

La señora Elvira Cisneros, madre de cinco hijos crecidos,
5 me dijo: "Cuando mis hijos eran jóvenes, se conectaba la
televisión únicamente para ciertos programas de los fines de
semana y algún programa instructivo ocasional durante la
semana."

¿No se aburrían los chicos alguna vez? La señora Cisneros
10 contestó: "No. Tenían libros para leer."

En los meses de verano, el lunes era el día de la
biblioteca. Al principio, ella llevaba a sus hijos en automóvil a
la sucursal de la biblioteca, a una distancia de siete cuadras.
Cuando ya crecieron, los chicos iban a pie. La bibliotecaria,
15 Isabel Bazán, los ayudaba a encontrar los libros que ellos
querían.

Henry, que fue el alcalde de San Antonio, Tejas por ocho
años y también profesor de estudios urbanos en la Universidad de Trinity, gustaba de los libros sobre aviones y sus
20 modelos. A Pauline, que tiene ahora un doctorado en biología
celular y trabaja en la Escuela de Medicina de la Universidad
de Tejas, en Galveston, le gustaban las historias cortas. A la
edad de ocho años, ella escribió un cuento corto titulado "El
plato roto". Georgie, compositora° y fundadora° de Urban 15,   *composer*
25 un grupo musical experimental moderno, gustaba de los libros   *founder*
acerca de la guerra civil.

Durante las vacaciones, el espacio entre la una y las cuatro
de la tarde era "de tranquilidad", explicó la señora Cisneros,
tiempo para leer o hacer algo creativo y para aprender a vivir
30 con uno mismo. Si los amigos deseaban quedarse durante las
"horas de tranquilidad", tenían igualmente que dedicarse a
alguna actividad constructiva durante esa parte del día.

Como resultado, los chicos leían hasta 40 libros durante las
vacaciones. Cada libro que terminaban significaba el agregar
35 otra estrella al cuadro de lectura veraniega° que colgaba en el   *summer*
estudio de la planta alta°.   *top floor*

"La lectura era algo más que un pasatiempo. Era una buena
base para ayudarlos con sus fantasías, y especialmente para lo
que son actualmente", agregó la señora Cisneros.

40 A menudo sus lecturas de verano los llevaban a escribir
obras teatrales. Después, toda la familia se involucraba en   **se...** *got involved in*
escenificar° estas obras en las noches. Otras veces, los chicos   *putting on*
escenificaban pasajes de un libro. Una manguera de agua°   *water hose*
situada en forma de embarcación°, con varas° a modo de   *boat/poles*
45 remos°, constituía un buque adecuado para dramatizar escenas   *oars*

tomadas de Moby Dick o para escenificar la obra Capitán Hook. Los árboles se destinaban° a escenificar pasajes de Tarzán.

were destined

Los chicos adoptaban muchas de sus ideas para trabajos
50 manuales de los libros de la biblioteca. Los regalos que hacían a sus padres eran por lo general confeccionados a mano. El hogar de la familia tiene colgados en sus paredes varios tejidos° hechos por Tina, la más joven, que es ahora periodista de la American Telephone & Telegraph Company
55 en New Jersey, y dibujos hechos por Tim, que es actualmente arquitecto en Houston.

weavings

Los libros eran algo así como una póliza de seguro°. La señora Cisneros pensaba, ¿Qué tal si el dinero escasea° algún día? Ella se consolaba a sí misma al saber que, puesto que los
60 chicos estaban acostumbrados a leer libros y emplearlos de varios modos gananciosos°, tendrían recursos disponibles rápidamente para hacer frente a las épocas difíciles.

insurance policy
runs out

gainful

La señora Cisneros era "solamente" una ama de casa y madre en aquellos días anteriores a las máquinas lavadoras
65 automáticas y la ropa que seca rápidamente y no necesita planchado°. El cuidado de la ropa abarcaba° gran parte de su tiempo, pero ella combinaba a menudo esa tarea con la lectura.

ironing/took up

Ella recordó que cuando Henry estaba en el primer grado y
70 George, su esposo, se hallaba fuera de la ciudad, Henry les leía frecuentemente de su libro a Pauline y a Georgie. Los tres se sentaban en sillitas mexicanas, cerca de ella, mientras ella planchaba.

Ella señaló que al limitar el tiempo dedicado a mirar
75 televisión y oír la radio, los padres pueden contestar las preguntas de sus hijos y ayudarlos con sus tareas.

"Los libros abrieron las vidas de mis hijos al mundo de las ideas", dijo ella, agregando que, actualmente, todos sus hijos son lectores y a menudo se regalan libros para Navidad y sus
80 cumpleaños.

La madre del ex-alcalde dio un mensaje final a los padres y las madres, especialmente a los solteros: "Denles una oportunidad a sus hijos. Llévenlos de algún modo a la biblioteca, donde sus imaginaciones puedan elevarse hasta sus
85 posibilidades."

(Adaptado de *La Semana*)

Vocabulario

SUSTANTIVOS

el alcalde *mayor*
el ama de casa (*f*) *housewife*
el (la) bibliotecario(a) *librarian*
el buque *ship*
la cuadra *block*
la época *time, era*
la estrella *star*
el hogar *home*

el (la) lector(a) *reader*
el mensaje *message*
la obra *work, literary piece*
el pasatiempo *pasttime, amusement*
el recurso *resource*
el (la) soltero(a) *single person, single parent*
la sucursal *branch (of an organization)*

VERBOS

aburrirse *to be bored, to become bored*
agregar *to add*
colgar (ue) *to hang*
desarrollar *to develop*
hallar(se) *to find (oneself)*
señalar *to point out*

ADVERBIOS

actualmente *currently, at present*
igualmente *equally, also*
únicamente *only*

EXPRESIONES

a mano *by hand*
a menudo *often*
acerca de *about*
de algún modo *somehow*
hacer frente a *to face*
qué tal si *what if*

ADJETIVOS

acostumbrado (a) *accustomed (to)*
adecuado *adequate*
callado *quiet*
corto *short*
disponible *available*

Según la lectura

Conteste Ud. las siguientes preguntas.

1. ¿Cuántos hijos tiene la señora Cisneros? ¿Cómo se llaman?
2. ¿Qué hacían los niños durante las horas de tranquilidad en la casa? ¿Por qué no se aburrían? ¿En qué ocasiones podían conectar la televisión?
3. Según la señora Cisneros, ¿qué beneficios ofrecen los libros? Explique cómo los libros pueden ser "una póliza de seguro".
4. ¿Cuáles son las profesiones de los hijos Cisneros actualmente? ¿Qué clase de libros prefería cada hijo? ¿Cómo contribuyó la lectura a sus profesiones actuales?

Según usted

1. De niño(a), ¿cuánto tiempo pasaba Ud. cada semana leyendo libros? ¿mirando la televisión? ¿escuchando la radio? ¿Cuánto tiempo dedica

Ud. a estas actividades? ¿Cuál es su programa de televisión favorito? ¿Qué contribuye este programa a su desarrollo profesional, personal o académico?

2. ¿Por qué es importante que los padres participen en la enseñanza de sus niños? ¿Qué papel tuvieron los padres de Ud. en su enseñanza? ¿Puede la televisión tener un papel positivo? Explique y dé ejemplos.

3. ¿Cuál es su libro favorito? Cuente el argumento°. ¿Ha cambiado su vida de alguna manera? Explique.

plot, story line

Conversemos

1. Ud. es bibliotecario(a). Recomiéndele un libro a una persona a quien le gustan los siguientes temas y explique por qué le gustará la selección.
   a. la aventura   **b.** el misterio   **c.** el amor   **d.** los animales
   e. la ciencia ficción

2. Imagínese que hay unas "horas de tranquilidad" en su casa por la tarde. Describa las actividades que Ud. hace a los ocho años de edad. Ahora, describa las que Ud. hace a los quince años.

3. En la casa de Ud., ¿limitaban sus padres las horas de ver la televisión? ¿Cuáles eran? ¿Había programas prohibidos? ¿Cuáles? ¿Cree Ud. que los padres deben limitar las horas y los tipos de programas que ven los niños? Explique. Dé Ud. un ejemplo de un programa que un niño de ocho años no debe ver y explique por qué. ¿y un niño de doce años?

Composición

Ud. está encargado(a) de iniciar una cadena° de televisión en un país que no tiene televisión todavía. Después de visitar los EEUU y evaluar el sistema, escríbale a su jefe sus recomendaciones para la programación. Déle primero una descripción de la televisión en los EEUU. ¿Qué programas va a recomendar como modelo? ¿Qué aspectos del sistema no quiere reproducir? ¿Por qué?

channel

Minidrama

1. Su hijo(a) no está de acuerdo con los límites que Ud. ha puesto en la televisión (la radio) en casa. Representen una escena en que Ud. y su esposo(a) intentan explicárselo a su hijo(a).

2. Ud. es director(a) de una gran cadena de televisión. Ud. y su comité van a escoger un programa nuevo para el próximo año, pero no pueden llegar a un acuerdo. Los programas posibles son:
   a. Nova
   b. Los abogados (*L. A. Law*)
   c. La ruleta de la fortuna

Repasemos el vocabulario

A. Cognados. *Busque en el texto los cognados de las siguientes palabras y expresiones.*

1. constructive activity
2. fantasy
3. urban studies
4. automatic
5. result
6. occasional program
7. opportunity
8. certain
9. especially
10. imagination

B. Sinónimos. *Busque Ud. el sinónimo de las palabras siguientes.*

1. ahora
2. solamente
3. hallarse
4. dar
5. señalar
6. callado

a. encontrarse
b. actualmente
c. mostrar
d. únicamente
e. silencioso
f. ofrecer

C. Ejemplos. *Nombre Ud. dos...*

1. pasatiempos.
2. cosas que tienen sucursales.
3. obras literarias conocidas.
4. recursos importantes para un lector.

D. Juego de palabras. *Siguiendo los modelos, forme Ud. una palabra de otra.*

ADJETIVO	SUSTANTIVO
1. posible	**posibilidad**
2. disponible	_____
3. contable	_____
4. estable	_____
5. amable	_____

SUSTANTIVO	ADJETIVO
1. teatro	**teatral**
2. espacio	_____
3. experimento	_____
4. músico	_____
5. individuo	_____

2

Obatalá y Orula
(leyenda afro-cubana)*

Para comenzar...

La siguiente lectura es una leyenda de la tradición oral de los africanos que fueron llevados a la provincia de La Habana, Cuba, en el siglo XVI para trabajar como esclavos. Es una historia didáctica que nos enseña una lección importante de la vida. ¿Cuáles son otras leyendas que Ud. conoce? Cuente una. ¿Es didáctica? ¿Qué lección enseña?

---

* **(adaptada)**

1   *H*ace mucho tiempo, Obatalá[1] observó que Orula[2] era
muy imaginativo. En más de una ocasión, pensó entregarle el
mando del mundo, pero al pensarlo detenidamente, no lo hizo
porque Orula era demasiado joven para una misión de tanta
5   importancia, a pesar del buen juicio y seriedad de todos sus
actos. Un día, Obatalá quiso saber si Orula era tan capaz
como parecía, y le mandó preparar la mejor comida posible.

Orula escuchó los deseos de Obatalá, y sin responder, fue
directamente al mercado cercano° con el fin de comprar una   *nearby*
10   lengua de toro. La condimentó° y cocinó de una manera tan   *seasoned*
singular que Obatalá, satisfecho, se relamía de gusto.°   **se...** *he licked his lips*
terminó la comida, Obatalá le preguntó la razón por la cual la   *with pleasure*
lengua era la mejor comida que se podía hacer.

Orula respondió a Obatalá:

15   — Con la lengua se da «aché»,[3] se ponderan las cosas, se
proclama la virtud, se exaltan las obras y maneras, y también
se alaba a los hombres...

Cuando pasó algún tiempo, Obatalá le mandó a Orula
preparar otra comida, pero esta vez debía ser la peor comida
20   posible.

Orula volvió al mercado, compró otra lengua de toro, la
cocinó y se la presentó a Obatalá. Y cuando Obatalá vio la
misma comida, le dijo:

— ¡Orula!, ¿cómo es posible que al servirme esta comida
25   me confesaras que era la mejor, y la presentas ahora como la
más mala?

Orula respondió a Obatalá:

— Entonces te dije que era la mejor, pero ahora te digo
que es la peor, porque con ella se vende y se pierde a un
30   pueblo, se calumnia° a las personas, se destruye su buena   **se...** *one slanders*
reputación y se cometen las más repudiables vilezas...

Obatalá, maravillado de la inteligencia y precocidad de
Orula, le dio el mando del mundo.

---

[1] **Obatalá:** un dios afro-cubano, quien, según la religión lucumí, es el más poderoso.
[2] **Orula:** según la religión lucumí, es el secretario de Dios.
[3] **Aché:** un poder específico que poseen los santos de la religión lucumí.

Vocabulario

SUSTANTIVOS

el acto *act, action*
el deseo *desire*
el juicio *judgment*
la lengua *tongue*
el mando *command, rule*
la precocidad *precocity*
la seriedad *seriousness, earnestness*
la vileza *vileness, meanness*

VERBOS

alabar *to praise*
cocinar *to cook*
cometer *to commit*
destruir *to destroy*
entregar *to give*

ADVERBIOS

demasiado *too, too much*
detenidamente *cautiously*

ADJETIVOS

capaz *capable*
maravillado *astonished*
mejor *best*
peor *worse;* el peor *the worst*
satisfecho *satisfied*

EXPRESIONES

al + infinitivo *upon . . .*
a pesar de *in spite of*
sin *without*

Según la lectura

Arregle Ud. estas frases, siguiendo el orden en que aparecen en la leyenda.

1. Orula fue al mercado y compró lengua de toro.
2. Obatalá le preguntó a Orula, — ¿Por qué es la mejor comida?
3. Obatalá decidió probar la capacidad de Orula.
4. Orula preparó la misma comida.
5. Orula respondió, — Con la lengua insultamos a los hombres.
6. Obatalá le mandó preparar la peor comida posible.
7. Obatalá pensó darle a Orula el mando del mundo.
8. Obatalá le dejó gobernar el mundo.
9. Orula respondió, — Con la lengua exaltamos a los hombres.
10. Obatalá le mandó preparar la mejor comida posible.
11. Obatalá preguntó, — ¿Por qué es la peor comida?

Según usted

1. ¿Tiene este cuento un mensaje para nosotros? ¿Cuál es?
2. Orula era joven pero mostraba buen juicio en sus actos. ¿Cómo? ¿Siempre usa Ud. buen juicio? Cuente una ocasión en que Ud. usó mal o buen juicio.
3. Obatalá está impresionado con la imaginación que tiene Orula. ¿Es Ud. imaginativo(a)? ¿Conoce Ud. a alguien que lo sea? Dé ejemplos.

Conversemos

1. Muchas veces se compara la lengua con el timón° de un barco — *rudder*
la parte que le da dirección al barco en el agua. Comente esta
idea. ¿Puede Ud. citar un caso en que algo que Ud. dijo cambió
las circunstancias de su vida? ¿Fue un cambio positivo o negativo?
Explique. ¿Puede Ud. citar un caso en que las palabras de otra
persona influyeron en su vida? Explique.

2. Según Orula, la lengua tiene dos lados. Descríbalos. ¿Puede Ud. dar
ejemplos personales del lado positivo y negativo que tiene la
lengua?

3. En español, la expresión "dicen las malas lenguas" significa que es
puro chisme.° ¿Chismea Ud. a veces? ¿Cree que chismear es sólo *gossip*
una actividad inocente o puede ser dañino?° Explique. *harmful*

Composición

1. Escriba Ud. un cuento didáctico. Los protagonistas pueden ser personas reales,
figuras mitológicas o literarias, y también animales.

2. Ud. tiene que preparar el menú para Obatalá. ¿Cuál va a ser la comida mejor?
¿Por qué? ¿la comida peor? ¿Por qué?

3. Ud. está impresionado(a) con la sabiduría de Orula. Escriba un diálogo en el
cual Orula le contesta sus preguntas.

Repasemos el vocabulario

A. Cognados. *Busque en el texto los cognados de las siguientes palabras en*
inglés.

1. virtue _____   5. to observe _____
2. to ponder _____   6. reputation _____
3. imaginative _____   7. intelligence _____
4. occasion _____   8. to present _____

B. Sinónimos. *Busque Ud. el sinónimo de las palabras siguientes.*

1. mandar   *a.* contestar
2. responder   *b.* extraordinario
3. singular   *c.* acabar
4. terminar   *d.* ordenar

C. Antónimos. *Busque Ud. el antónimo de las palabras siguientes.*

1. alabar   *a.* último
2. mejor   *b.* peor
3. destruir   *c.* calumniar
4. primero   *d.* construir

D. Juego de palabras. *Siguiendo los modelos, forme Ud. una palabra de otra.*

VERBO	SUSTANTIVO		VERBO	SUSTANTIVO
1. cocinar	cocina		1. observar	observación
2. preguntar	_____		2. presentar	_____
3. sospechar	_____		3. derivar	_____
4. obrar	_____		4. organizar	_____
5. pelear	_____		5. investigar	_____

El buen ejemplo*

VICENTE RIVA PALACIO

Vicente Riva Palacio fue cuentista y novelista. Nació en la Ciudad de México en 1832. Además de ser literato, era abogado, político y militar. Es conocido por sus novelas históricas mexicanas y por la gracia estilística y la ligera sátira de sus cuentos cortos.

Para comenzar...

A ver si Ud. puede adivinar° el significado de las palabras subrayadas°, según el contexto.

to guess/ underlined

---

* **(adaptado)**

1. El loro estaba siempre en una percha a la puerta de la escuela, a respetable <u>altura</u> para escapar de los muchachos.
   a. weight   **b.** height   **c.** size
2. Don Lucas tenía <u>tal</u> confianza en su querido Perico que ni le cortaba las alas ni le ponía calza.
   a. such   **b.** tall   **c.** any
3. Don Lucas tuvo necesidad de <u>emprender</u> un viaje a uno de los pueblos cercanos.
   a. to understand   **b.** to undertake   **c.** to buy
4. Eran las dos de la tarde; el sol <u>derramaba</u> torrentes de fuego; ni el viento más ligero agitaba las palmas.
   a. absorbed   **b.** spilled   **c.** developed
5. Don Lucas se detuvo asombrado, cuando de los árboles cercanos salió una bandada de loros que cantaban <u>acompasadamente</u> *ba, be, bi, bo, bu...*
   a. quickly   **b.** admirably   **c.** rhythmically

1 　　*E*n la parte sur de la República Mexicana, y en las faldas° de la Sierra Madre, hay un pueblecito como son en general todos aquéllos: casitas blancas cubiertas de brillantes hojas de palmera° que se refugian de los rayos de sol tropical
5 　　a la fresca sombra de los gigantescos cedros.°

slopes

cubiertas... *covered with shining palm leaves*
cedars

　　En este pueblo había una escuela y don Lucas Forcida, personaje muy querido por todos los vecinos, la gobernaba. ¡Qué vocación de mártires° necesitan los maestros de escuela de los pueblos!

¡Qué... *What a call for martyrdom*

10 　　En esta escuela el estudio para los muchachos era una especie de orfeón,° y en diferentes tonos, pero siempre con monotonía. En coro estudiaban y en coro cantaban las letras y sílabas, la doctrina cristiana y la tabla de multiplicar, y todos los días don Lucas soportaba con heroica resignación aquella
15 　　ópera.

singing society

　　A las cinco en punto de la tarde los chicos salían de la escuela. Un criado le traía al maestro una taza de chocolate acompañada de una gran torta de pan, y don Lucas, disfrutando de la fresca de la tarde y el viento perfumado que
20 　　llegaba de los bosques, comenzaba a comer su modesta merienda, compartiéndola cariñosamente° con su loro.

affectionately

　　Don Lucas tenía un loro que era, como se dice hoy, su debilidad. Estaba siempre en una percha a la puerta de la escuela, a respetable altura para escapar de los muchachos.
25 　　Aquel loro y don Lucas se entendían° perfectamente.

se... *understood each other*

Cuando la escuela estaba desierta y don Lucas salía a tomar su chocolate, entonces aquellos dos amigos daban expansión libre a sus afectos. El loro se colgaba° de las patas° para recibir la sopa° de pan con chocolate que le daba don Lucas.

hung/claws
soup

30 Y esto pasaba todos los días.

Pasaron así varios años, y don Lucas tenía tal confianza en su querido Perico, como lo llamaban los muchachos, que ni le cortaba las alas ni le ponía calza.°

le... *tied him up with a cord*

Una mañana uno de los chicos que estaba fuera de la
35 escuela gritó — Señor maestro, que se vuela° Perico —, y a lo lejos se veía al loro volando para ganar refugio en el cercano bosque.

se... *is flying away*

Como era imposible distinguir a Perico entre la multitud de loros que viven en aquellos bosques, don Lucas volvió a sus
40 tareas escolares con un «sea por Dios».° Parecía que aquel terrible acontecimiento no hubiera pasado.

sea... *may God's will be done*

Pasaron varios meses y don Lucas tuvo necesidad de emprender un viaje a uno de los pueblos cercanos.

Eran las dos de la tarde; el sol derramaba° torrentes de
45 fuego; ni el viento más ligero° agitaba las palmas; los pájaros cantaban en medio de aquel terrible silencio a la mitad° del día.

spilled
light
middle

De pronto don Lucas creyó oír a lo lejos el canto de los niños de la escuela cuando estudiaban las letras y sílabas.

50 Al principio aquello le pareció una alucinación producida por el calor, pero mientras avanzaba, aquellos cantos se hacían más claros y aquello era una escuela en medio del bosque desierto.

Don Lucas se detuvo asombrado, cuando de los árboles
55 cercanos salió una bandada° de loros que cantaban acompasadamente° *ba, be, bi, bo, bu; la, le, li, lo, lu;* y tras ellos, volando majestuosamente, un loro, que al pasar° cerca del maestro, volvió la cabeza, y le dijo alegremente:

flock
rhythmically
al... *upon passing*

— Don Lucas, ya tengo escuela.

60 Desde esa época los loros de aquella región, muy avanzados para su siglo, han visto desaparecer las sombras de la ignorancia.

Vocabulario

SUSTANTIVOS

el acontecimiento *event*
el afecto *affection*
el ala *wing*
la altura *height*
el bosque *forest, woods*
la confianza *confidence*
la debilidad *weakness*
la especie *type*
el estudio *study*
la letra *letter* (of alphabet)
el loro *parrot*
la merienda *snack*
el personaje *character, person*
el pueblo *village*
el refugio *refuge*
la sílaba *syllable*
la sombra *shade, shadow*
el (la) vecino(a) *neighbor*

VERBOS

acompañar *to accompany*
compartir *to share*

detenerse *to stop*
disfrutar de *to enjoy*
emprender *to undertake*
gobernar (ie) *to govern*
soportar *to withstand*
volar (ue) *to fly*

ADJETIVOS

asombrado *surprised*
desierto *deserted*
fresco *fresh*
querido *beloved*
siguiente *next, following*

EXPRESIONES

a lo lejos *in the distance*
de pronto *suddenly*
en coro *in chorus*
en medio de *in the middle of*
fuera de *outside of*

Según la lectura

Escoja Ud. la respuesta correcta.

1. Don Lucas Forcida era maestro de una escuela...
   a. primaria.   **b.** secundaria.   **c.** vocacional.
2. La escuela de don Lucas estaba situada en...
   a. una ciudad mexicana.   **b.** un pueblo mexicano.
   c. el desierto mexicano.
3. En esa escuela, los muchachos estudiaban...
   a. matemáticas.   **b.** en coro.   **c.** ópera.
4. Los chicos salían de la escuela...
   a. antes de las cinco.   **b.** a las cinco en punto.
   c. después de las cinco.
5. Para enseñar en esa escuela era necesario tener...
   a. mucha influencia.   **b.** mucha experiencia.
   c. mucha paciencia.

6. Después de la clase, don Lucas disfrutaba...
   a. del calor del sol.   **b.** del ruido de los estudiantes.
   c. de estar solo con su loro.
7. Don Lucas compartía su merienda con...
   a. Perico.   **b.** sus vecinos.   **c.** sus estudiantes.
8. Don Lucas y Perico...
   a. se peleaban mucho.   **b.** se querían mucho.
   c. se escribían mucho.
9. Perico no llevaba calza porque...
   a. no podía volar.   **b.** tenía las alas cortadas.
   c. don Lucas confiaba° mucho en él.   *trusted*
10. Cuando se fue Perico don Lucas...
    a. siguió enseñando   **b.** lloró mucho
    c. abandonó sus tareas escolares.
11. Un día, cuando estaba de viaje, don Lucas...
    a. vio a su Perico con otro maestro.
    b. sufrió una alucinación en medio del bosque.
    c. creyó oír a sus chicos cantar sus letras y sílabas.
12. En su escuela, Perico...
    a. empleaba el mismo método pedagógico que don Lucas.
    b. necesitaba la ayuda de su amigo don Lucas.
    c. tenía otra manera de enseñarles a sus estudiantes.

Según usted

1. Don Lucas y Perico «se entendían perfectamente». ¿Qué quiere decir eso? ¿Tiene Ud. este tipo de relación con otra persona? Explique.
2. ¿Qué significa la frase «¡Qué vocaciones de mártires necesitan los maestros de escuela de los pueblos!»? ¿Es más difícil o menos difícil ser maestro(a) en una escuela rural que en una escuela urbana? Explique.
3. En la escuela de don Lucas los chicos estudiaban sus lecciones en coro. ¿Se usa este método hoy día en las escuelas? ¿Para qué sirve? ¿Qué opina Ud. de este método? ¿Es importante aprender de memoria? ¿Cuáles son algunos métodos buenos para aprender?

Conversemos

1. Existen muchos cuentos, novelas y películas que tienen por tema la relación entre el hombre y su querido animal. Nombre Ud. algunos. Cuente uno. ¿Por qué es un tema tan popular?
2. Cite Ud. una situación en la que su maestro(a) fuera un «buen ejemplo». ¿un mal ejemplo?

Composición

1. ¿Qué recuerdos tiene Ud. de sus años en la escuela primaria? ¿Qué es lo que le gustó? ¿y lo que no le gustó? ¿Cómo eran los maestros? ¿Qué métodos pedagógicos usaban?

2. Se habla con frecuencia de un(a) «maestro(a) dedicado(a)». ¿Qué se entiende por la palabra «dedicado(a)» en este contexto? Describa Ud. al (a la) maestro(a) ideal.

Repasemos el vocabulario

A. Cognados. *Busque en el texto los cognados de las siguientes palabras en inglés.*

1. doctrine _____

2. heroic _____

3. ignorance _____

4. modest _____

5. monotony _____

6. multitude _____

7. perch _____

8. tone _____

B. Sinónimos. *Busque Ud. el sinónimo de las palabras siguientes.*

1. disfrutar de   *a.* sorprendido

2. acontecimiento   *b.* en la distancia

3. siguiente   *c.* tipo

4. a lo lejos   *d.* gozar de

5. especie   *e.* próximo

6. asombrado   *f.* suceso

C. Juego de palabras. *Siguiendo los modelos, dé Ud. la palabra apropiada en español.*

PALABRA EN INGLÉS	PALABRA EN ESPAÑOL
1. persecution	**persecución**
2. obligation	_____
3. satisfaction	_____
4. vocation	_____
5. correction	_____

PALABRA EN INGLÉS	PALABRA EN ESPAÑOL
1. necessity	**necesidad**
2. curiosity	_____
3. debility	_____
4. regularity	_____
5. fatality	_____

La misión de la universidad*

JOSÉ ORTEGA Y GASSET

Filósofo, escritor, catedrático de Metafísica en la Universidad de Madrid, Ortega y Gasset (1883-1955) ocupa un puesto importante en la literatura española del siglo XX. En sus ensayos intenta encontrar la verdad objetiva y el sentido de las cosas de esta vida. Escribe con fuerza vital, elegancia y exactitud.

Para comenzar...

¿Qué nombres o palabras asocia Ud. con la palabra «cultura»? Dé por lo menos cuatro ejemplos. ¿Cómo define Ud. la palabra «cultura»? Al leer lo siguiente, busque la definición del autor.

———————————

* **(adaptado)**

¿Para qué sirve la universidad? ¿Qué debe enseñar? ¿Cuál debe ser su misión? Hoy día, dice Ortega y Gasset, se considera que esta misión es darle al estudiante algo de «cultura general». Pero el término es inexacto en su sentido actual. Hoy entendemos por «cultura» algo ornamental para el carácter o la inteligencia de una persona, algo muy vago que ya no tiene su sentido original. En la lectura siguiente Ortega contrasta este concepto con la idea de «cultura» en la Edad Media, época en que la universidad fue creada.

1   *L*a Universidad medieval no investiga; se ocupa muy poco de profesión; todo es... «cultura general» — teología, filosofía, «artes».

      Pero eso que hoy llaman «cultura general» no lo era para la
5   Edad Media; no era ornato° de la mente o disciplina del   *ornament*
carácter; era, por el contrario, el sistema de ideas sobre el mundo y la humanidad que el hombre de entonces poseía. Era, pues, el repertorio de convicciones que había de dirigir efectivamente su existencia.

10   La vida es un caos, una selva° salvaje, una confusión. El   *jungle*
hombre se pierde en ella. Pero su mente reacciona ante esa sensación de naufragio° y perdimiento:° trabaja por encontrar   *shipwreck/*
en la selva «vías», «caminos»; es decir: ideas claras y firmes   *being lost*
sobre el Universo, convicciones positivas sobre lo que son las
15   cosas y el mundo. El conjunto°, el sistema de ellas, es la   *joining*
cultura en el sentido verdadero de la palabra... Cultura es lo que salva del naufragio vital, lo que permite al hombre vivir sin que su vida sea tragedia sin sentido o radical envileci-
miento.°   *debasement*

20   No podemos vivir, humanamente, sin ideas. De ellas depende lo que hagamos... En tal sentido... *somos* nuestras ideas.

      Gedeón,[1] en este caso sobremanera° profundo, haría constar°   *excessively/*
que el hombre nace siempre en una época... El hombre   **haría...**
25   pertenece consubstancialmente a una generación, y toda   *would make*
generación se instala° no en cualquier parte, sino muy   *it clear*
precisamente sobre la anterior. Esto significa que es forzoso   **se...** *is based*
vivir a la *altura de los tiempos*°, y muy especialmente a la
altura de las ideas del tiempo.   **es...** *it is*
         important
         to be up
         with the
         times

---

[1] Semanario cómico de Madrid a fines del siglo XIX.

30　Cultura es el sistema *vital* de las ideas en cada tiempo. Importa un comino° que esas ideas o convicciones no sean, en parte ni en todo, científicas. Cultura no es ciencia. Es característico de nuestra cultura actual que gran porción de su contenido proceda de° la ciencia; pero en otras culturas no fue
35　así...

Comparada con la medieval, la Universidad contemporánea ha complicado enormemente la enseñanza profesional que aquélla en germen° proporcionaba, y ha añadido la investigación quitando casi por completo la enseñanza o
40　transmisión de la cultura.

Esto ha sido, evidentemente, una atrocidad... el inglés medio, el francés medio, el alemán medio son *incultos*, no poseen el sistema vital de ideas sobre el mundo y el hombre correspondientes al tiempo. Ese personaje medio es el *nuevo*
45　*bárbaro,*° *retrasado con respecto a su época, arcaico y primitivo* en comparación con la terrible actualidad y fecha de sus problemas. Este nuevo bárbaro es principalmente el profesional, más sabio que nunca, pero más inculto también — el ingeniero, el abogado, el científico.

Importa... *It doesn't matter at all*

comes from

en... *originally*

barbarian

Vocabulario

SUSTANTIVOS

el camino *road*
el contenido *contents*
la enseñanza *education, teaching*
la investigación *research*
la mente *mind*
el ornamento *decoration*
el sentido *sense*
el término *term*

VERBOS

añadir *to add*
crear *to create*
dirigir *to direct*
nacer *to be born*
pertenecer *to belong*
poseer *to possess*
quitar *to remove, take away*
salvar *to save*

ADJETIVOS

actual *present*
anterior *previous*
inculto *uncultured*
medio *average*
retrasado *behind, set back*
sabio *wise*
salvaje *savage*
verdadero *true*

Según la lectura

Termine Ud. las frases siguientes con sus propias palabras.

1. La universidad medieval enseñaba principalmente...
2. «Cultura general» en el sentido verdadero es...
3. «Cultura» *no* es...
4. La vida es...
5. El hombre evita° la confusión en la vida...   avoids
6. Las ideas son esenciales en nuestras vidas porque...
7. «El hombre pertenece a una generación» significa que...
8. La universidad contemporánea es muy diferente de la medieval porque...
9. El profesional de hoy es el nuevo bárbaro porque...

Según usted

1. En su opinión, ¿cuál es la misión de la universidad norteamericana hoy día?
2. ¿Está Ud. de acuerdo con la definición que da el autor de la vida? Explique.
3. ¿Cuáles son algunas de las «ideas vitales» sobre el mundo y el hombre de nuestro tiempo? ¿Se enseñan o se discuten estas ideas en la universidad?
4. ¿Está Ud. de acuerdo con el concepto de que «somos nuestras ideas»? ¿En qué sentido somos nuestras ideas? Dé Ud. unos ejemplos.

Conversemos

1. ¿Puede Ud. dar ejemplos de personas cultas? ¿de gente inculta? ¿En qué consiste su cultura o su falta de cultura?
2. «El hombre nace siempre en una época.» ¿Qué significa esta frase? ¿Cuáles son las ventajas de haber nacido en nuestra época? ¿las desventajas? ¿Desearía Ud. haber nacido en otra época? ¿Cuál? ¿Por qué?
3. Dicen que los norteamericanos están muy bien preparados para sus trabajos pero que tienen poco conocimiento de cultura general. ¿Está Ud. de acuerdo? Si es verdad, ¿qué medidas° se pueden tomar   measures para cambiar esto?

Composición

¿Cuál es su concepto de la universidad ideal? Incluya sus ideas sobre la filosofía de la enseñanza, los métodos pedagógicos, los requisitos y las carreras que se ofrecen.

Debate

La misión de la universidad. ¿Debe enseñar conocimientos específicos y técnicos o debe concentrarse en las ideas generales y el arte de razonar? Divídanse en dos grupos y discutan cuál es o debe ser esa misión.

Repasemos el vocabulario

A. Cognados. *Busque en el texto los cognados de las siguientes palabras en inglés.*

1. epoch	_____	**4.** theology	_____
2. archaic	_____	**5.** generation	_____
3. contemporary	_____	**6.** consequences	_____

B. Juego de palabras. *Siguiendo los modelos, forme Ud. una palabra de otra.*

SUSTANTIVO	ADJETIVO
1. sensación	**sensacional** _____
2. profesión	_____
3. proporción	_____
4. ocasión	_____
5. nación	_____
6. universo	**universal** _____
7. ornamento	_____
8. género	_____
9. genio	_____
10. fenómeno	_____

Última mirada

A. ¿Qué tipo de estudiante es Ud.? *Con un(a) compañero(a) de clase, completen la encuesta siguiente.*

1. Cuando Ud. lee y encuentra una palabra que no entiende, Ud...
   a. sigue leyendo.   **b.** intenta adivinar° el significado.   *to guess*
   c. busca el significado en el diccionario.
   d. se lo pregunta a un amigo.
2. Cuando el profesor dice algo con lo que Ud. no está de acuerdo, Ud...
   a. no dice nada.   **b.** cambia su punto de vista.
   c. presenta su punto de vista.   **d.** se enfada°   *get angry*
3. Ud. acaba de ver una película sobre África y le ha fascinado. Cuando vuelve a casa, Ud...
   a. sigue pensando en ella.
   b. busca un libro sobre África para aprender más.
   c. no vuelve a pensar más en ella.
   d. va al zoológico para ver un elefante.
4. Su profesor acaba de explicar un concepto que Ud. no entiende. Ud...
   a. le pide una aclaración.
   b. le pregunta más tarde a otro(a) estudiante.
   c. lo olvida por completo.   **d.** inventa su propia respuesta.
5. Su profesor de ciencia le dice que cada copo° tiene seis lados.   *snowflake*
   Ud...
   a. lo apunta en su cuaderno.
   b. lo verifica por sí mismo(a).   **c.** le pregunta ¿por qué?
   d. hace un bonito dibujo de copos.

Autoanálisis: ¿Cómo interpreta Ud. los resultados? ¿Cómo los interpreta su compañero(a)? ¿Es Ud... erudito(a), creativo(a), perezoso(a), cómico(a), aplicado(a), otro? ¿Por qué?

B. Métodos pedagógicos.

1. Todas las lecturas mencionan métodos distintos de enseñar y de aprender. Nombre algunos. ¿Hay otros que no están incluidos? ¿Cuáles son los más eficaces°? ¿ineficaces? ¿Por qué?   *efficient*
2. Ud. va a enseñar los siguientes conceptos. ¿Qué método es más apropiado para cada concepto? ¿Por qué?
   a. verbos irregulares del pretérito en español
   b. la importancia de decir la verdad
   c. la anatomía de una rana°   *frog*

d. la definición de la realidad

e. la historia de la Guerra Civil en España

3. Dos aspectos importantes de la enseñanza son el corregir y el animar° a los estudiantes. Por lo general, ¿emplean los profesores de Ud. el elogio° o la crítica para corregir y animar a su clase? ¿A qué técnica responde Ud. mejor? ¿Es lo mismo para todos en la clase? Explique. *encourage*   *praise*

4. Hay muchas posibles soluciones para los problemas que surgen° diariamente. ¿Cuáles son dos posibles soluciones a los siguientes? *come up*

   a. su alumno nunca le entrega su tarea.

   b. su hijo tiene el cuarto siempre desarreglado.

   c. su secretario(a) llega tarde a la oficina todos los días.

C. *Composición*

1. La preparación de uno para la vida requiere la instrucción que se recibe dentro del aula° además de la enseñanza que se recibe fuera de la escuela. Explique. *classroom*

2. Hay un refrán° español que dice: «El discípulo que no duda ni pregunta no sabrá jamás cosa ninguna». ¿Qué significa este refrán? ¿Está Ud. de acuerdo? *proverb*

2

Memoria y recuerdos

Menudencias

¿SABÍA UD. QUE...?

1. En los países hispanos la "familia" incluye a todos: a padres e hijos, abuelos, tíos, yernos, ahijados y compadres. La familia es muy unida y los miembros suelen mostrar sus emociones abiertamente. También, existe una relación muy especial entre los padrinos y su ahijado. Los padrinos participan en las ocasiones importantes de su ahijado como el bautismo, la primera comunión, la confirmación y el casamiento. En muchos casos la vida social de una persona está estrechamente° relacionada con la vida familiar. *closely* Cuando hay fiestas y reuniones familiares, todos los miembros de la familia están invitados. A una fiesta van los niños de cinco años y los abuelos de ochenta años, y todos bailan con todos. En una fiesta hispánica, las diferencias de edad no importan.

2. El apellido español incluye primero el apellido del padre y luego el apellido de soltera de la madre. Por ejemplo, cuando Cristina Sopeña Vargas se casó con Roberto Serrano Fuentes, ella perdió el apellido de su madre (Vargas) y añadió el de su marido. Ahora ella se llama Cristina Sopeña *de* Serrano. Su hijo se llama Felipe Serrano Sopeña.

3. Para un hispano, los saludos suelen ser mucho más íntimos y cariñosos que para los norteamericanos. El español normalmente estrecha la mano y en muchas ocasiones abraza a los hombres y a las mujeres. Besarle a uno en las dos mejillas es otra costumbre común entre amigos.

4. En México, "las mañanitas" es una composición musical corta que se canta para celebrar el cumpleaños de una persona. Entonces, si Ud. es mexicano(a), se despertará el día de su cumpleaños escuchando a toda la familia cantar la siguiente canción.

> Estas son las mañanitas
> que cantaba el Rey David,
> pero no eran tan bonitas
> como las que cantan aquí.
>
> Despierta, mi bien, despierta,
> mira que ya amaneció°;   *dawned*
> ya los pajaritos cantan,
> la luna ya se metió.

5. En general, el hispano se preocupa por la vida espiritual de sus hijos. Por eso, la iglesia católica tiene mucha importancia en la vida diaria de la gente hispana. Además de las grandes fiestas religiosas como la Navidad y Semana Santa, muchos hispanos celebran el día de su santo. Por ejemplo, si Ud. es española y se llama Cristina, su "santo" es el 24 de julio porque éste es el día que la iglesia ha dedicado a Santa Cristina. Sus amigos y familiares lo celebrarán con fiestas, comidas y regalos. Para algunos hispanos, el día de su santo es más importante que su cumpleaños. La primera comunión es otra celebración muy especial para los católicos hispanos y, para anunciarla, es costumbre mandarles tarjetas a los amigos, como ésta que se ve aquí.

PRIMERA COMUNIÓN

ROBERTO FERNÁNDEZ ZAMORA

CAPILLA SANTO CÁLIZ

VALENCIA, 1 SEPTIEMBRE 1991

Contrastes culturales

1. Explique Ud. el concepto estadounidense de la familia. Incluya los términos "familia nuclear" y "familia extendida". Compárelo con el concepto hispánico. En su opinión, ¿en qué consiste una familia unida?
2. Refiriéndose a la tarjeta, diga cual es el apellido de la madre de Roberto. ¿y de su padre? Si Roberto se casa con Ángela Miranda Pérez, ¿cómo va a llamarse ella? ¿Qué apellido va a tener su hija Gloria? ¿Usa su madre el apellido de su padre? ¿Qué otras posibilidades tienen las mujeres norteamericanas?
3. ¿Cómo saluda Ud. a sus amigos? ¿a sus padres? ¿a sus parientes? ¿Qué opina Ud. de la forma de saludar de los hispanos? Explique.

4. ¿Cómo se celebran los cumpleaños en los Estado Unidos? Nombre por lo menos tres costumbres típicas de este país. En la familia suya, ¿hay alguna costumbre especial? Descríbala.

5. Muchos hispanos dicen que la religión sirve para unir a la familia. Explique Ud. esta idea. ¿Celebra Ud. el día de su santo? ¿Por qué? En este país, ¿cuándo solemos mandar tarjetas? ¿Qué se hace aquí para conmemorar la primera comunión de un(a) niño(a)?

Con los ojos cerrados*

REINALDO ARENAS

Reinaldo Arenas, novelista, cuentista y poeta, nació en Cuba en 1943. Vivió con sus abuelos en la provincia de Oriente, donde cultivaban maíz y plátanos. Arenas, quizás mejor conocido por su novela El mundo alucinante (1969), es un escritor prolífico cuyas obras han logrado fama internacional.

Para comenzar...

¿A Ud. le gusta imaginar cosas fantásticas? De vez en cuando, ¿necesita escaparse de la realidad? ¿Cuándo? ¿Qué hace

---

* **(adaptado)**

33

Ud.? ¿Lee una novela? ¿Busca una película de fantasía? ¿Sueña con viajar a un país exótico? ¿Le pasa alguna vez que simplemente se sienta y cierra los ojos...? ¿Qué es lo que ve con los ojos cerrados?

1   *A* usted, sí, se lo voy a decir, porque sé que si se lo cuento a usted no se me va a reír ni me va a regañar. Pero a mi madre no. A mamá no le voy a decir nada, y aunque es casi seguro que ella tiene la razón,° no quiero oír ningún   tiene... *is right*
5   consejo ni advertencia.°   *warning*

Por eso. Porque sé que usted no me va a decir nada, se lo digo todo.

Ya que solamente tengo ocho años voy todos los días a la escuela. Y aquí empieza la tragedia, pues debo levantarme
10   muy temprano porque la escuela está bastante lejos.

A eso de las seis de la mañana empieza mamá a pelearme. Entonces me levanto, y a las siete estoy sentado en la cama y estrujándome° los ojos. Todo lo tengo que hacer corriendo: *rubbing* ponerme la ropa corriendo, llegar corriendo hasta la escuela
15   entrar corriendo en la fila° pues ya han tocado el timbre y la   *line* maestra está parada en la puerta.

Pero ayer fue diferente ya que Tía Ángela debía irse para Oriente y tenía que tomar el tren antes de las siete. Y hubo un alboroto enorme en la casa. Todos los vecinos vinieron a
20   despedirla, y mamá se puso tan nerviosa que se le cayó la olla con el agua hirviendo° en el piso cuando iba a hacer el   *boiling* café y se le quemó un pie.

Con aquel escándalo tan insoportable no me quedó más remedio que levantarme.

25   La tía Ángela, después de muchos besos y abrazos, pudo marcharse. Y yo salí en seguida para la escuela, aunque era bastante temprano.

Hoy no tengo que ir corriendo, me dije casi sonriente. Y empecé a andar bastante despacio. Y cuando fui a cruzar la
30   calle me tropecé con un gato que estaba acostado en la acera.° Qué lugar escogiste para dormir — le dije — , y lo   *sidewalk* toqué con la punta° del pie. Pero no se movió y vi que   *tip* estaba muerto. El pobre, pensé, seguramente lo arrolló° alguna   *ran over* máquina,° y alguien lo tiró en ese rincón para no seguir   *car*
35   aplastándolo.° Qué lástima, porque era un gato grande y de   *squashing it* color amarillo que seguramente no tenía ningún deseo de morirse. Pero bueno: ya no tiene remedio. Y seguí caminando.

Como todavía era temprano me llegué hasta la dulcería,° porque aunque está lejos de la escuela, hay siempre dulces
40   frescos y sabrosos. En esta dulcería hay también dos viejitas paradas en la puerta, con una bolsa cada una, y las manos extendidas, pidiendo limosnas... Un día yo le di un medio° a cada una, y las dos me dijeron al mismo tiempo — Dios te haga un santo° — . Eso me dio mucha risa y puse otros dos
45   medios en aquellas manos arrugadas.° Y ellas repitieron: — Dios te haga un santo — . Pero ya no tenía ganas de reírme. Y desde entonces, cada vez que paso por allí, me miran con sus caras de pasas° y no tengo más remedio que darles un medio a cada una. Pero ayer no podía darles nada, ya que
50   hasta° la peseta de la merienda la gasté en tortas de chocolate. Y por eso salí por la puerta de atrás° y las viejitas no me vieron.

Ya sólo tenía que cruzar el puente,° caminar dos cuadras° y llegar a la escuela.

55   En ese puente me paré un momento porque oí un alboroto enorme allá abajo, en la orilla del río.° Vi que un grupo de muchachos de todos tamaños° tenía rodeada° una rata de agua en un rincón y le gritaban y tiraban piedras. La rata corría de un extremo a otro del rincón, pero no podía escaparse y
60   chillaba° desesperadamente. Por fin, uno de los muchachos cogió una vara° de bambú y golpeó la rata. Entonces todos los demás corrieron hasta donde estaba el animal y tomándolo, entre gritos de triunfo, la tiraron hasta el centro del río. Pero la rata muerta no se hundió.° Siguió flotando hasta
65   perderse en la corriente.

Los muchachos se fueron hasta otro rincón del río. Y yo también empecé a andar.

Caramba — me dije — . Qué fácil es caminar sobre el puente. Se puede caminar hasta con los ojos cerrados. Y no
70   se lo diga a mi madre, pero con los ojos cerrados uno ve muchas cosas, y hasta mejor que si los tiene abiertos. La primera cosa que vi fue una gran nube° amarilla que brillaba unas veces más fuerte que otras, igual que el sol cuando se va cayendo entre los árboles. Entonces cerré los ojos muy
75   duros y la nube roja se volvió de color azul. Pero no solamente azul, sino verde. Verde y morada.° Morada brillante como un arco iris.°

Y seguí andando. Y me tropecé de nuevo con el gato en la acera. Pero esta vez, cuando lo toqué con la punta del pie,
80   dio un salto y salió corriendo. Salió corriendo el gato amarillo brillante porque estaba vivo y se asustó cuando lo desperté. Y yo me reí muchísimo cuando lo vi desaparecer.

sweets shop

Cuban coin

Dios... *May God make you a saint*
wrinkled

caras... *faces (wrinkled) like raisins*
even
back door

bridge/blocks

river bank
sizes/surrounded

was shrieking
pole

sank

cloud

purple
arco... *rainbow*

Seguí caminando con los ojos muy cerrados. Y llegué de nuevo a la dulcería. Pero como no podía comprarme ningún
85   dulce porque gasté hasta la última peseta de la merienda, solamente las miré a través de la vidriera.° Y estaba así   *glass case*
mirándolos, cuando oigo dos voces detrás del mostrador° que   *counter*
me dicen — ¿No quieres comerte algún dulce? — Y cuando
levanté la cabeza vi que las dependientas° eran las dos viejitas   *clerks, saleswomen*
90   que siempre estaban pidiendo limosnas a la entrada de la
dulcería. No sabía qué decir. Pero parece que adivinaron° mis   *guessed*
deseos y sacaron, sonrientes, una torta grande hecha de
chocolate y de almendras.° Y me la pusieron en las manos.   *almonds*

Y yo me volví loco de alegría con aquella torta tan grande
95   y salí a la calle.

Cuando iba por el puente con la torta entre las manos, oí
de nuevo el escándalo de los muchachos. Y (con los ojos
cerrados) los vi abajo, nadando rápidamente hacia el centro
del río para salvar una rata de agua, pues la pobre parece
100   que estaba enferma y no podía nadar.

Los muchachos sacaron la rata temblorosa° del agua y la   *trembling*
depositaron sobre una piedra° para secarse con el sol.   *rock*
Entonces los llamé y los invité a comer conmigo la torta de
chocolate, pues yo solo no iba a poder comerme aquella torta
105   tan grande.

Pero entonces, «puch», me pasó el camión casi por arriba en
medio de la calle que era donde, sin darme cuenta, me había
parado.

Y aquí me ve usted: con las piernas blancas por el
110   esparadrapo° y el yeso.° Tan blancas como las paredes de este   *gauze/cast*
cuarto, donde sólo entran mujeres vestidas de blanco para
darme un pinchazo° o una pastilla° blanca.   *shot/pill*

Y no crea que lo que le digo es mentira. No piense que
porque tengo un poco de fiebre° y dolor en las piernas que   *fever*
115   estoy diciendo mentiras, porque no es así. Y si usted quiere
probar si fue verdad, puede ir al puente, porque seguramente
debe estar todavía en el asfalto, la torta grande de chocolate y
almendras que me regalaron sonrientes las dos viejitas de la
dulcería.

Vocabulario

SUSTANTIVOS

el abrazo *hug*
el alboroto *commotion*

el beso *kiss*
la bolsa *bag*
el camión *truck*

el consejo *piece of advice*
la mentira *lie*
la olla *pot*
el rincón *corner*
la risa *laughter*
el salto *leap*

ADJETIVOS

insoportable *unbearable*
sabroso *delicious*
solo *alone*
sonriente *smiling*

EXPRESIONES

a eso de *about*
en seguida *right away*
estar parado *to be standing*
no tiene (hay, queda) más
  remedio *there is no other choice*
pedir limosna *to beg for alms*
por eso *for that reason, therefore*
tener ganas de *to feel like*
  (doing something)

tocar el timbre *to ring the bell*
ya que *since*

VERBOS

asustarse *to be startled; to be afraid*
comprobar (ue) *to prove*
cruzar *to cross*
despedirse (i) *to say good-bye*
despertar (ie) *to wake up*
escoger *to choose*
pararse *to stop*
pelear *to fight, argue*
quemar *to burn*
regañar *to nag, reprimand, scold*
tirar *to throw*
tropezarse (ie) *to stumble*
volverse (ue) *to become*

ADVERBIO

despacio *slowly*

Según la lectura

Conteste Ud. las preguntas siguientes

1. ¿Quién es el narrador del cuento? Descríbalo brevemente. ¿A quién le cuenta su historia? ¿Con quién pelea? ¿Qué tiene que hacer todos los días?
2. Describa los tres «encuentros» que tiene el niño en camino a la escuela. Describa lo que ve el niño con los ojos cerrados. ¿Qué cosas ve en los primeros encuentros que ya no están presentes cuando cierra los ojos? ¿Qué versión es más realista? Explique.
3. ¿Dónde está el niño cuando nos cuenta su historia? ¿Cómo lo sabe Ud.? ¿Qué le pasó?

Según usted

1. Describa la relación que existe entre madre e hijo en este cuento. ¿Tiene Ud. buenas relaciones con sus padres? ¿Las tenía cuando era pequeño(a)? En su opinión, ¿cuáles son los motivos de mayor conflicto entre padres e hijos hoy día?
2. ¿Es el niño del cuento una persona sensible? Explique. ¿Es la capacidad de ser sensible algo natural o es algo que se tiene que aprender?

3. ¿Qué importancia tiene el uso de los colores en el cuento? Algunos colores son símbolos universales. Dé unos ejemplos.
4. Cuando Ud. era niño(a), ¿le contaba sus secretos a alguien? ¿a quién? ¿Por qué confiaba en esa persona? ¿Tenía Ud. un(a) amigo(a) imaginario(a)? ¿Cómo se llamaba?

Conversemos

1. ¿Qué acontecimientos de su niñez recuerda Ud. con más claridad? ¿De qué tenía miedo? ¿Qué le hacía llorar? ¿reír? De niño(a), ¿creaba un mundo de fantasía? Descríbalo. ¿Cuáles son algunas características del mundo fantástico infantil?
2. Según muchos psicólogos es importante que un(a) niño(a) tenga suficiente tiempo libre para soñar despierto(a).° ¿Está Ud. de acuerdo? Explique.

   soñar... to daydream

3. También dicen los expertos que los niños necesitan escaparse de sus problemas de vez en cuando. ¿Puede Ud. citar algunas de las situaciones problemáticas en que se puede encontrar un(a) niño(a)? ¿Cómo se escapa Ud. de sus problemas? De niño(a), ¿cómo se escapaba?
4. ¿Qué significa la frase «...pero con los ojos cerrados uno ve muchas cosas, y hasta mejor que si los tiene abiertos»?
5. Algunos niños viven siempre entre lo real y lo fantástico. A veces no pueden distinguir entre los dos. ¿Conoce Ud. a alguien que tenga este problema? ¿Cuáles son los peligros de no ver las cosas claras?
6. ¿Con qué soñaba cuando era niño(a)? ¿Tenía sueños agradables? ¿Tenía pesadillas? Cuente una.

Composición

1. Invente Ud. otra situación desagradable no mencionada en el cuento que el niño encuentra en camino a la escuela. ¿Cómo la describe el niño con los ojos cerrados?
2. Imagínese que Ud. es una persona famosa. Escriba una autobiografía e incluya en ella algunos sucesos de su juventud que más influyeron en la formación de su carácter.
3. La torta de chocolate que recibió el niño «con los ojos cerrados» fue para él un pequeño «sueño hecho realidad».° Escriba sobre un sueño suyo que se hizo realidad.

   sueño... dream come true

Repasemos el vocabulario

A. *Cognados.* *Busque en el texto los cognados de las siguientes palabras en inglés.*

1. tragedy   _____
2. different   _____
3. enormous   _____
4. scandal   _____

5. rat   _____
6. current   _____
7. necessary   _____
8. saint   _____

B. *Sinónimos.* *Busque Ud. el sinónimo de las palabras siguientes.*

1. alboroto
2. despacio
3. regañar
4. caminar
5. en seguida
6. comprobar

a. verificar
b. pelear
c. inmediatamente
d. tumulto
e. andar
f. lento

C. *Juego de palabras.* *Siguiendo el modelo, forme Ud. una palabra de otra.*

VERBO	ADJETIVO
1. bastar	**bastante** _____
2. brillar	_____
3. observar	_____
4. importar	_____
5. sofocar	_____

Poema con niños*

NICOLÁS GUILLÉN

Nicolás Guillén nació en Camagüey, Cuba, en 1902. Su padre fue periodista e influyó mucho en su formación. Es muy conocido por su poesía negroide, o afro-antillana, en la cual intenta recrear la vida del negro antillano y mostrar la importancia de la integración del elemento negro en la cultura cubana.

Para comenzar...

En su opinión, ¿cuáles son los valores humanos más importantes? ¿Cómo se adquieren° estos valores? Además de sus padres, ¿qué otra persona influyó en la formación de su carácter?

acquire

---

* **(adaptado)**

*L a escena, en un salón familiar. La madre, blanca, y su
hijo. Un niño negro, uno chino, uno judío,° que están de visita.
Todos de ocho años más o menos... La madre, sentada, hace
labor mientras, a su lado, ellos juegan con unos soldaditos de
plomo.°*

Jewish

lead

I

LA MADRE   *(Dirigiéndose al grupo.)* ¿No ven? Aquí están
mejor que allá, en la calle... No sé cómo hay madres
despreocupadas,° que dejan a sus hijos solos todo el día

10   por esos mundos de Dios. *(Se dirige al niño negro.)* Y tú,
¿cómo te llamas?

careless

EL NEGRO   ¿Yo? Manuel. *(Señalando al chino.)* Y éste se
llama Luis. *(Señalando al judío)* Y éste se llama Jacobo...

LA MADRE   Oye. ¿Vives cerca de aquí?

15   **EL NEGRO**   ¿Yo? No, señora. *(Señalando al chino.)* Ni éste
tampoco. *(Señalando al judío.)* Ni éste...

EL JUDÍO   Yo vivo por allá, por la calle Acosta, cerca de
la Terminal. Mi papá es zapatero.° Yo quiero ser médico.
Tengo una hermanita que toca el piano, pero como en

20   casa no hay piano, siempre va a casa de una amiga suya,
que tiene un piano de cola°...

shoemaker

piano... *grand*
piano

LA MADRE   ¡Qué bueno! *(Dirigiéndose al niño chino.)* ¿Y
tú? A ver, cuéntame. ¿Cómo te llamas?

EL CHINO   Luis.

25   **LA MADRE**   ¿Luis? ¿Y qué, tú eres chino de China, Luis?
¿Tú sabes hablar en chino?

EL CHINO   No, señora; mi padre es chino, pero yo no soy
chino. Yo soy cubano, y mi mamá también.

EL HIJO   ¡Mamá! *(Señalando al chino.)* El padre de éste

30   tenía una fonda° y la vendió...

inn

LA MADRE   ¿Sí? ¿Y cómo lo sabes tú, Rafaelito?

EL HIJO   *(Señalando al chino.)* Porque éste me lo dijo.
¿No es verdad, Luis?

EL CHINO   Verdad, yo se lo dije, porque mamá me lo

35   contó.

LA MADRE   Bueno, a jugar, pero sin pleitos,° ¿eh? No
quiero disputas. Tú, Rafael, no te cojas los soldados para ti
solo y dales a ellos también...

arguments

EL HIJO   Sí, mamá, sí ya se los repartí.° Tocamos a seis
cada uno.° Ahora vamos a hacer una parada, porque los
soldados se marchan a la guerra...

distributed/
Tocamos... *We*
each get six.

LA MADRE   Bueno, en paz,° y no me llames, porque
estoy por allá dentro...*(Se va.)*

en... *in peace*

II

Los niños, solos, hablan mientras juegan con sus soldaditos.

EL HIJO   Estos soldados me los regaló un capitán que
vive ahí enfrente. Me los dio el día de mi santo...

EL NEGRO   Yo nunca he tenido soldaditos como los
tuyos. Oye: ¿No te fijas° en que son iguales?

¿No... *Don't you*
notice

EL JUDÍO   ¡Claro! Porque son de plomo. Pero los soldados
de verdad...

EL HIJO   ¿Qué?

EL JUDÍO   ¡Pues que son distintos! Unos son altos y otros
son más pequeños. ¿Tú no ves que son hombres?

EL NEGRO   Sí, señor; los hombres son distintos. Unos son
grandes, como éste dice, y otros son más chiquitos.° Unos
negros y otros blancos, y otros amarillos *(señalando al
chino)* como éste... Mi maestra dijo en la clase el otro día
que los negros son menos que los blancos... ¡A mí me dio
una pena...!

little

EL JUDÍO   Sí... También un alemán que tiene una botica°
en la calle de Compostela me dijo que yo era un perro, y
que a todos los de mi raza los debían matar.° Yo no lo
conozco, ni nunca le hice nada. y ni mi mamá ni mi papá
tampoco... ¡Tenía más mal carácter!...

drugstore

to kill

EL CHINO   A mí me dijo también la maestra que la raza
amarilla era menos que la blanca... La blanca es la mejor...

EL HIJO   Sí; yo lo leí en un libro que tengo; un libro de
geografía. Pero dice mi mamá que eso es mentira, que
todos los hombres y todos los niños son iguales. Yo no sé
cómo va a ser, porque fíjate que ¿no ves? yo tengo la
carne° de un color, y tú *(se dirige al chino)* de otro, y tú
(se dirige al negro) de otro, y tú *(se dirige al judío)*, y tú...
¡Pues mira qué cosa! ¡Tú no, tú eres blanco igual que yo!

skin

EL JUDÍO   Es verdad; pero dicen que como tengo la
nariz,° así un poco... no sé... un poco larga, pues que soy
menos que otras gentes que la tienen más corta. ¡Un lío!°

nose
A mess!

Yo me fijo en los hombres y en otros muchachos por ahí,
que también tienen la nariz larga, y nadie les dice nada...

80 **EL CHINO**   ¡Porque son cubanos!

EL NEGRO   *(Dirigiéndose al chino.)* Sí... Tú también eres
cubano, y tienes los ojos prendidos° como los chinos...   *pulled back*

EL CHINO   ¡Porque mi padre era chino, animal!

EL NEGRO   ¡Pues entonces tú no eres cubano! ¡Y no
85 tienes que decirme animal! ¡Vete para Cantón!

EL CHINO   ¡Y tú vete para África, negro!

EL HIJO   ¡No griten, que viene mamá, y luego nos va a
pelear!

EL JUDÍO   ¿Pero tú no ves lo que este negro le dijo al
90 chino?

EL NEGRO   ¡Cállate, tú, judío, perro, que tu padre es
zapatero y tu familia...

EL JUDÍO   ¿Pero tú no ves que este negro y tú... *(Todos se   **se...** *get in a*
enredan a golpes,° con gran escándalo. Aparece la madre,   *fistfight*
95 corriendo.)*

III

LA MADRE   ¡Pero qué es eso! ¿Se han vuelto locos?° ¡A   *¿Se... Have you*
ver, Rafaelito, ven aquí! ¿Qué es lo que pasa?   *gone crazy?*

EL HIJO   Nada, mamá, que se pelearon por el color...

100 **LA MADRE**   ¿Cómo por el color? No te entiendo...

EL HIJO   Sí, te digo que por el color, mamá...

EL CHINO   *(Señalando al negro.)* Señora, porque éste me
dijo chino, y que me fuera para Cantón.

EL NEGRO   Sí, y tú me dijiste negro, y que me fuera para
105 África.

LA MADRE   *(Riendo.)* ¡Pero hombre! ¡Si todos son lo
mismo!...

EL JUDÍO   No, señora; yo no soy igual a un negro...

EL HIJO   ¿Tú ves, mamá, como es por el color...?

110 **EL NEGRO**   Yo no soy igual a un chino.

EL CHINO   ¡Míralo! ¡Ni yo quiero ser igual a ti!

EL HIJO   ¿Tú ves, mamá, tú ves?

LA MADRE *(Autoritariamente.)* ¡Silencio! ¡Sentarse y
escuchar! *(Los niños obedecen, sentándose en el suelo,*
115 *próximos a la madre, que comienza):*

> La sangre° es un mar inmenso   *blood*
> que baña todas las playas...
> Sobre sangre van los hombres,
> navegando en sus barcazas;°   *barges*
120 reman,° que reman, que reman,   *row*
> ¡nunca de remar descansan!

(Los niños, fascinados, se van levantando, y rodean a la
madre, que los abraza formando un grupo con ellos,   **pegados...** *glued to*
pegados a su alrededor.° Continúa):   *her side*

125 Al negro de negra piel°   *skin*
> la sangre el cuerpo le baña;
> la misma sangre, corriendo,
> hierve bajo carne blanca.
> ¿Quién vio la carne amarilla,
130 cuando las venas estallan,°   *burst*
> sangrar sino con la roja
> sangre con que todos sangran?

Según la lectura

Conteste Ud. las preguntas siguientes.

1. ¿Dónde tiene lugar la historia?
2. ¿Cómo es la madre de Rafael?
3. ¿Quiénes son los amigos de Rafael? Descríbalos.
4. ¿Qué están haciendo los niños?
5. ¿Qué les dijo la mamá a Manuel y a Luis con respecto a los colores?
6. ¿Qué leyó Rafael en un libro? ¿Cómo reaccionó él?
7. ¿Qué les pasa a los niños mientras juegan?
8. ¿Cómo cambia la actitud de los niños?

Según usted

1. ¿Qué importancia tienen los soldaditos en este cuento?
2. Describa la relación entre la madre y su hijo. ¿y la relación entre la madre y los otros niños? ¿Es típico el comportamiento de los niños? Explique.
3. ¿Tiene este cuento una moraleja? ¿Cuál es? ¿Es optimista o pesimista? ¿Le gustó? ¿Se identifica Ud. con alguno de estos niños?

Conversemos

1. ¿Cómo define Ud. el prejuicio? ¿Cuál es el origen del prejuicio? ¿Siempre va a existir? ¿Qué se puede hacer para evitarlo? ¿Es el prejuicio algo innato al ser humano o es algo adquirido?
2. Hoy día es popular investigar los orígenes de la familia, o sea, las «raíces». ¿Nacieron sus padres en este país? ¿y sus abuelos? ¿Se identifica Ud. más con su país de origen o con este país? ¿Por qué? Para Ud., ¿qué significa ser estadounidense? ¿Es algo político, cultural, social o histórico? Explique.
3. A este país se le llama un «crisol»° Es decir, que los norte-americanos son una mezcla de muchas culturas. ¿Cuáles son las ventajas de esta mezcla? ¿y las desventajas?

melting pot

Composición

1. Escríbale Ud. una carta a una persona (imaginaria o verdadera), a la cual Ud. quiere agradecer la influencia que tuvo en su vida o la ayuda que le prestó durante alguna época difícil de su juventud.
2. Refiriéndose al poema, imagínese que Ud. es uno de los niños, pero ya mucho mayor. Desea escribirle una carta al alemán que tiene la botica o a la maestra de la escuela. ¿Qué le va a decir en la carta?
3. Cuente Ud. esta historia desde el punto de vista de una persona mayor y explique lo que ha aprendido de la experiencia.

Minidrama

Siempre que hay niños jugando juntos, hay disputas. En grupos, representen las siguientes escenas en las cuales un(a) niño(a)...

1. aprende a participar con los demás.
2. descubre que él (ella) no es mejor que los otros.
3. se da cuenta de que es mejor compartir las cosas con sus amigos.
4. sufre las consecuencias de haber dicho una mentira.

Repasemos el vocabulario

A. Cognados. *Busque Ud. en el texto los cognados de las siguientes palabras en inglés.*

1. Chinese	_____	5. possible	_____
2. soldier	_____	6. captain	_____
3. piano	_____	7. geography	_____
4. dispute	_____	8. character	_____

B. Sinónimos. *Busque Ud. el sinónimo de las palabras siguientes.*

1. próximo   *a.* distribuir
2. pleito   *b.* falsedad
3. repartir   *c.* idéntico
4. igual   *d.* junto
5. mentira   *e.* disputa

C. Juego de palabras. *Siguiendo los modelos, forme Ud. una palabra de otra.*

VERBO	SUSTANTIVO
1. conocer	**conocimiento** _____
2. entender	_____
3. nacer	_____
4. agradecer	_____
5. ofrecer	_____
6. mover	_____

SUSTANTIVO	ADJETIVO
1. mentira	**mentiroso** _____
2. gracia	_____
3. gloria	_____
4. fama	_____
5. ruina	_____
6. crema	_____

El vaso de leche*

MANUEL ROJAS

Nacido en Buenos Aires, de padres chilenos, Manuel Rojas (1896-1973) pasó gran parte de su vida en Chile, donde trabajó de periodista, marinero y actor. Es novelista y cuentista de primer orden. En sus obras se ven reflejados su sinceridad, su individualismo y su humanismo. Es conocido por su colección de cuentos titulada Hombre de sur *(1926) y por su novela* Lanchas en la bahía *(1932).*

---

* **(adaptado)**

Para comenzar...

A ver si Ud. puede advinar el significado de las palabras subrayadas, según el contexto.

1. Entre unos vagones apareció un joven delgado; se detuvo un instante, miró hacia el mar y avanzó después.
 a. he stopped   **b.** he backed up   **c.** he sat down

2. Le agradeció el ofrecimiento con una sonrisa angustiosa y se fue.
 a. he agreed with him   **b.** he thanked him for   **c.** he accepted for him.

3. Todo lo que él quería y amaba apareció y desapareció ante sus ojos cerrados.
 a. around   **b.** within   **c.** before

4. Cien veces repitió mentalmente esa palabra: comer, comer, comer, hasta que el vocablo perdió su sentido.
 a. scent   **b.** sigh   **c.** meaning

5. Volvió la señora y colocó ante él un gran vaso de leche y un platillo de vainillas.
 a. placed   **b.** removed   **c.** prepared

1 **E**l marinero parecía esperar a alguien. Tenía en la mano izquierda un bulto° de papel blanco, manchado de grasa° en varias partes.   *package/grease*

   Entre unos vagones apareció un joven delgado; se detuvo
5 un instante, miró hacia el mar y avanzó después, caminando por la orilla° del muelle° con las manos en los bolsillos, distraído° o pensando.   *edge/pier* / *distracted*

   Cuando pasó frente al barco, el marinero le gritó en inglés:

   — I say; look here! (¡Oiga, mire!)

10 El joven levantó la cabeza y, sin detenerse, contestó en el mismo idioma:

   — Hallow! What? (¡Hola! ¿Qué?)

   — Are you hungry? (¿Tiene hambre?)

   Hubo un breve silencio, durante el cual el joven pareció
15 reflexionar y hasta dio un paso más corto que los demás, como para detenerse; pero al fin dijo, mientras dirigía al marinero una sonrisa triste:

   — No, I am not hungry. Thank you, sailor. (No, no tengo hambre. Muchas gracias, marinero.)

20 — Very well. (Muy bien.)

   El joven, avergonzado de que su aspecto despertara sentimientos de caridad, pareció apresurar el paso,° como temiendo arrepentirse° de su respuesta.   **apresurar...** *quicken his step* / *to repent*

Él tenía hambre. Hacía tres días justos que no comía. Y
25 más por su timidez y vergüenza que por orgullo, se resistía a
pararse delante de los vapores° a las horas de comida,   *steamboats*
esperando de la generosidad de los marineros algún paquete
de restos de guisos° y trozos° de carne. No podía hacerlo.   *stew/pieces*

Hacía seis días que vagaba por las calles y muelles de
30 aquel puerto. Lo había dejado allí un vapor inglés de Punta
Arenas, donde había desertado de un vapor en que servía
como muchacho del capitán. Estuvo un mes allí y en el
primer barco que pasó hacia el norte, se embarcó
ocultamente.°   *secretly*

35 Lo descubrieron al día siguiente y lo enviaron a trabajar en
las calderas.° En el primer puerto grande que tocó el vapor lo   *boilers*
desembarcaron, y allí quedó, sin conocer a nadie, sin un
centavo en los bolsillos y sin saber trabajar en oficio alguno.

Mientras estuvo allí el vapor, pudo comer, pero después...

40 Aunque era muy joven había hecho varios viajes por las
costas de América del Sur, en diversos vapores, haciendo
distintos trabajos y faenas° que en tierra casi no tenían   *tasks*
aplicación.

Después que se fue el vapor, anduvo y anduvo esperando
45 del azar algo que le permitiera vivir de algún modo, pero no
encontró nada.
Convencido de que no podía resistir mucho más, decidió
recurrir° a cualquier medio para procurarse alimentos.   *to resort*

Encontró un vapor que acababa de llegar la noche anterior
50 y que cargaba° trigo.° Hubo una larga fila de hombres traba-   *was carrying/wheat*
jando allí. Estuvo un rato mirando hasta que se atrevió° a   *dared*
hablar con el capataz,° ofreciéndose. Fue aceptado y empezó   *foreman*
a cargar los pesados° sacos.   *heavy*

Al principio trabajó bien; pero después empezó a sentirse
55 fatigado.

A la hora de almorzar hubo un breve descanso y en tanto
que algunos fueron a comer en los figones° cercanos y otros   *eating-houses*
comían lo que habían llevado, él se tendió° en el suelo a   *stretched out*
descansar, disimulando° su hambre.   *hiding*

60 Terminó la jornada completamente agotado,° cubierto de   *worn out*
sudor.° Le preguntó al capataz si podían pagarle inmedia-   *sweat*
tamente o si era posible conseguir un adelanto.°   *advance*

El capataz le contestó que la costumbre era pagar al final
del trabajo y que todavía era necesario trabajar el día
65 siguiente para concluir de cargar el vapor. ¡Un día más!

— Pero — le dijo — , si usted necesita, yo puedo prestarle° unos cuarenta centavos... No tengo más.

to lend

Le agradeció° el ofrecimiento con una sonrisa angustiosa° y se fue. ¡Tenía hambre, hambre, hambre! Un hambre que le doblegaba° como un latigazo;° veía todo a través de una niebla° azul y al andar vacilaba como un borracho.°

thanked/anguished

twisted/crack of a whip
fog/drunk

Sintió de pronto como una quemadura° en las entrañas° y se detuvo. En ese instante, vio su casa, el paisaje que se veía desde ella, el rostro de su madre y el de sus hermanos, todo lo que él quería y amaba apareció y desapareció ante sus ojos cerrados por la fatiga.

burning/entrails

Apuró° el paso, y mientras marchaba resolvió ir a comer a cualquier parte, sin pagar; lo importante era comer, comer, comer. Cien veces repitió mentalmente esa palabra. comer, comer, comer, hasta que el vocablo perdió su sentido.

hurried

En una de las calles de la ciudad encontró una lechería.° Era un sitio muy claro y limpio, lleno de mesitas con cubiertas° de mármol.° Detrás de un mostrador° estaba de pie una señora rubia con un delantal° blanquísimo.

dairy bar

tops/counter
apron

No había sino un cliente. Era un viejo de anteojos,° que, leyendo un periódico, permanecía inmóvil, como pegado° a la silla. Sobre la mesita había un vasito de leche a medio consumir.°

glasses
glued

a... *half-consumed*

Esperó que se terminara, paseando por la acera, sintiendo que poco a poco se le encendía° en el estómago la quemadura de antes, y esperó cinco, diez, hasta quince minutos.

was burning

Por fin el cliente terminó su lectura, se bebió el resto de la leche que contenía el vaso, se levantó pausadamente, pagó y se fue.

El joven esperó que se alejara° y entró. Estuvo un momento indeciso, no sabiendo dónde sentarse; por fin eligió una mesa y se dirigió hacia ella.

esperó... *waited for him to go away*

Acudió° la señora y con voz suave le preguntó:

came over

— ¿Qué se va usted a servir?

Sin mirarla, le contestó.

— Un vaso de leche.

— ¿Grande?

— Sí, grande.

— ¿Solo?

105   — ¿Hay bizcochos?°   *sponge cakes*

       — No; vainillas.°   *vanilla cookies*

       — Bueno, vainillas.

Volvió la señora y colocó ante él un gran vaso de leche y un platillo lleno de vainillas. Su primer impulso fue el de
110 beberse la leche de un trago° y comerse después las vainillas   **de...** *in one gulp*
pero en seguida se arrepintió;° sentía que los ojos de la mujer   *repented*
lo miraban con curiosidad. No se atrevía a mirarla; le parecía
que, al hacerlo, conocería sus propósitos° vergonzosos° y él   *purposes/shameful*
tendría que levantarse e irse, sin probar lo que había pedido.

115   Pausadamente tomó una vainilla, humedeciéndola° en la   *wetting it*
leche, y la comió; bebió un sorbo° de leche y sintió que la   *sip*
quemadura, ya encendida en su estómago, se apagaba.° Pero,   **se...** *was extinguished*
en seguida, la realidad de su situación desesperada surgió°   *appeared*
ante él y algo caliente subió desde su corazón hasta la
120 garganta;° se dio cuenta de que iba a sollozar a gritos,° y   *throat/***sollozar...** *to*
aunque sabía que la señora lo estaba mirando no pudo   *sob out loud*
deshacer° aquel nudo° ardiente. Resistió, y mientras más   *undo/knot*
resistía comió apresuradamente.° Cuando terminó con la leche   *hurriedly*
y las vainillas, un terrible sollozo lo sacudió° hasta los zapatos.   *shook*

125   Afirmó la cabeza en las manos y durante mucho rato lloró,
lloró con pena, con rabia,° con ganas de llorar, como si   *anger/***como...** *as if*
nunca hubiese llorado.°   *he had never*
                                         cried

Estaba inclinado y llorando cuando sintió que una mano le
acariciaba° la cansada cabeza y una voz de mujer le decía: *was caressing*

130   — Llore, hijo, llore...

Lloró con tanta fuerza como la primera vez, pero con
alegría sintiendo que una gran frescura lo penetraba.

Cuando pasó el llanto,° se limpió con su pañuelo° los ojos   *crying/handkerchief*
y la cara, Levantó la cabeza y miró a la señora, pero ella no
135 lo miraba ya, miraba hacia la calle, a un punto lejano, y su
rostro estaba triste.

En la mesita, ante él había un nuevo vaso lleno de leche y
otro platillo de vainillas; comió lentamente, sin pensar en
nada, como si nada le hubiera pasado, como si estuviera en
140 su casa y su madre fuera esa mujer que estaba detrás del
mostrador.

Cuando terminó estuvo un rato sentado, pensando en lo
que diría a la señora al despedirse.

Al fin se levantó y dijo simplemente:

145   — Muchas gracias, señora; adiós...

     — Adiós hijo... — le contestó ella.

     Salió. El viento que venía del mar refrescó su cara, caliente aún por el llanto. Caminó un rato sin dirección. La noche era hermosísima y grandes estrellas aparecían en el cielo de
150 verano.

     Pensó en la señora rubia, e hizo propósitos de pagarle y recompensarla° de una manera digna cuando tuviera dinero.   *pay her back*

     Llegó a la orilla del mar y anduvo de un lado para otro. Miró el mar. Las luces del muelle y las de los barcos se
155 extendían por el agua. Se tendió de espaldas,° mirando el   **de...** *on his back* cielo largo rato. No tenía ganas de pensar, ni de cantar, ni de hablar. Se sentía vivir, nada más.

     Hasta que se quedó dormido con el rostro vuelto° hacia el   *turned* mar.

Vocabulario

SUSTANTIVOS

la angustia *anguish*
el azar *chance*
el barco *boat*
el bolsillo *pocket*
la caridad *charity*
la costa *coast*
el descanso *rest*
el dolor *pain*
la frescura *coolness*
el medio *means*
el marinero *sailor*
el orgullo *pride*
el peso *weight*
el propósito *purpose*
el puerto *port*
el rostro *face*
el saco *bag*
el sentido *meaning*
la sonrisa *smile*
la vergüenza *shame*

VERBOS

cargar *to load*
colocar *to place*

conseguir (i) *to obtain*
dar un paso *to take a step*
dejar *to leave* (*behind*)
descansar *to rest*
detenerse *to stop*
estar de pie *to be standing*
gritar *to shout, yell*
pegar *to hit*
surgir *to appear*
temer *to fear*
vagar *to wander*

ADVERBIOS

ante *before*
delante de *in front of*
detrás de *behind*
frente a *in front of* (*and facing*)
hacia *toward*

ADJETIVOS

ardiente *burning*
avergonzado *ashamed*
corto *short*
delgado *thin*
digno *worthy*

distinto *different*
distraído *distracted*
indeciso *indecisive*

lejano *far away*
manchado *stained*
suave *soft*

Según la lectura

Escoja Ud. la respuesta correcta.

1. Este cuento tiene lugar...
   a. en las montañas.   **b.** cerca del mar.   **c.** en el campo.
2. El joven no acepta la comida del marinero porque...
   a. no tiene hambre.   **b.** va a comer con un amigo.
   c. tiene vergüenza de parecer pobre.
3. Después que se fue el barco que lo llevó al puerto, el joven...
   a. encontró trabajo en seguida.   **b.** anduvo por las calles buscando comida,
   dinero o trabajo.   **c.** se reunió con su familia.
4. Por fin, él encontró trabajo...
   a. vendiendo periódicos.   **b.** cargando un barco.
   c. sirviendo en una lechería.
5. A causa del hambre que tenía, el joven...
   a. imaginó ver su casa y a su familia.   **b.** se cayó en el suelo.
   c. le robó dinero al capataz.
6. El muchacho esperó fuera de la lechería porque...
   a. quería esperar hasta que saliera el viejo.   **b.** esperaba la llegada de más
   clientes.   **c.** no sabía qué hacer.
7. Cuando llegó la señora con las vainillas, el joven las comió lento porque...
   a. quería esconder el hambre que tenía.
   b. le dolía el estómago.   **c.** estaba leyendo también.
8. Cuando terminó la leche y las vainillas...
   a. pagó la cuenta y salió.   **b.** el viejo volvió.   **c.** la señora le trajo más.

Según usted

1. ¿Por qué siente tanta vergüenza el joven? ¿Cree Ud. que él está acostumbrado
   a pedir dinero o a no comer? ¿Por qué?
2. Describa Ud. la vida del joven. ¿Por qué cree Ud. que no está con su familia?
   ¿Qué le va a pasar al joven? ¿Por qué no vuelve a su casa?
3. ¿Por qué cree Ud. que la señora «miraba a un punto lejano» con un rostro
   triste? ¿En qué pensaba ella? ¿Quién es esa mujer? Describa su vida.
4. ¿Por qué lloró tanto el joven al comer?
5. ¿Tiene éxito el autor en comunicar el dolor físico y psicológico del joven?
   ¿Cuáles son algunas de las técnicas estilísticas que usa? Por ejemplo, colores,
   sentimientos de calor o frío, frases largas o cortas, etc.

Conversemos

1. El autor usa muchas palabras relacionadas con el calor y el frío. Dé Ud. ejemplos de eso. ¿Por qué lo hace? ¿Qué representan el calor y el frío en este cuento? ¿Qué otras cosas pueden representar el calor y el frío en la literatura?
2. ¿Cómo se sintió Ud. al leer este cuento? ¿Por qué? ¿Qué sentimientos tiene Ud. por ese muchacho? ¿y por la señora?
3. ¿Es realista el cuento? ¿Puede tener lugar en cualquier ciudad grande? ¿Por qué?

Composición

1. ¿Existe hoy día el hambre en el mundo? ¿Dónde? ¿y en los Estados Unidos? ¿Qué se hace ahora para aliviarla? ¿Qué más podemos hacer?
2. Supongamos que el cuento no termina con la última frase, «Hasta que se quedó dormido con el rostro vuelto hacia el mar», sino que continúa después con la frase, «Al día siguiente...». Use su imaginación y escriba el final del cuento.

Repasemos el vocabulario

A. Cognados. *Busque en el texto los cognados de las siguientes palabras en inglés.*

1. instant _____
2. to reflect _____
3. silence _____
4. generosity _____
5. impulse _____
6. to consume _____
7. to imagine _____
8. reality _____

B. Sinónimos. *Busque Ud. el sinónimo de las palabras siguientes.*

1. dolor
2. detenerse
3. temer
4. vapor
5. descubrir
6. alimento
7. llorar

a. barco
b. sollozar
c. encontrar
d. pararse
e. pena
f. tener miedo de
g. comida

C. Antónimos. *Busque Ud. el antónimo de las palabras siguientes.*

1. llorar
2. alegría
3. delante de
4. llanto
5. generosidad
6. apresuradamente
7. oscuro

a. tristeza
b. claro
c. detrás de
d. reír
e. risa
f. avaricia
g. lento

D. Juego de palabras. *Siguiendo los modelos, forme Ud. una palabra de otra.*

VERBO   **ADJETIVO**
1. manchar   **manchado** _____
2. agotar   _____
3. cansar   _____
4. cerrar   _____
5. cargar   _____
6. fatigar   _____

VERBO   **SUSTANTIVO**
1. descansar   **descanso** _____
2. pesar   _____
3. apurar   _____
4. sollozar   _____
5. alimentar   _____

A. Composición.

1. Escriba Ud. un cuento de hadas° original.

2. Vuelva a escribir un cuento de hadas desde el punto de vista del (de la) villano(a); por ejemplo, la madrastra° de Cenicienta.°

cuento...
fairy tale

*stepmother/
Cinderella*

B. Minidrama.

1. En grupos, representen un juego imaginario que Uds. jugaban cuando eran niños.

2. En grupos, representen la siguiente escena. Ud. es abogado(a). Su cliente le dice que no consiguió un empleo (un apartamento, una beca) a causa de los prejuicios. Hágales entrevistas a las personas indicadas [el (la) jefe, el (la) dueño(a) del edificio, el (la) decano(a)] y decida si su cliente fue víctima de la discriminación.

C. Debate.

1. Los niños miran la televisión demasiado, y los programas que miran los perjudican.° En grupos, discutan esta idea.

2. Escojan Uds. cinco "recuerdos" de la década de los 80 para enterrar° en una "cápsula del tiempo". Expliquen sus selecciones. Luego, escojan cinco recuerdos para la década de los 90. Comparen las dos listas y expliquen cómo han cambiado las cosas.

*are
damaging*

to bury

3

U N I D A D

Así paso el día

Menudencias

¿SABÍA UD. QUE...?

1. El español es muy amigo de la comida. Él consume un promedio de 3.121 calorías diariamente, comparado con las 2.800 que consume el norteamericano. De hecho, uno de los primeros libros de cocina fue escrito en España en el siglo XIV.

2. Hay muchas comidas regionales en España. Madrid es famosa por su cocido, hecho de carne, chorizo, garbanzos y legumbres. Valencia se conoce por la paella, un rico plato hecho de arroz con azafrán,° mariscos, carne y legumbres. En Andalucía se come mucho gazpacho, que es una sopa fría hecha con pan, tomate y ajo.

saffron

3. Todo el mundo conoce los tacos y las enchiladas de México, pero muy pocos han experimentado el vasto panorama de sabores que constituyen la verdadera gastronomía mexicana. En el norte del país se comen mucho los burritos y los guisos° de carne picante. Es allí donde nacieron los platos "tex-mex" como el chile con carne. El centro del país es conocido por sus tamales y quesadillas, las costas ofrecen toda clase de mariscos, y Yucatán tiene sopa de lima y muchas salsas deliciosas. El famoso "mole poblano" viene de Puebla, y Oaxaca tiene un chocolate muy bueno.

stews

4. La costumbre de "tomar tapas" se originó en las tabernas españolas a finales del siglo XIX, cuando la gente salía del teatro y quería tomar algo ligero. Según cuentan, los taberneros° de esa época "tapaban°" las botellas abiertas de aceite de oliva con pedazos de pan. Luego, encima del pan ponían queso, chorizo y aceitunas,° y se los ofrecían a sus clientes. Hoy día en España es costumbre reunirse con amigos en algún bar para charlar, tomar una bebida y probar las muchas tapas que hay en los mostradores°. Se suele tomar las tapas a las seis o a las siete de la tarde cuando la gente sale del trabajo. Cada región tiene sus tapas típicas, pero las más populares son de gambas, tortilla, albóndigas° y aceitunas.

tavern owners
used to cover
olives

counters

meatballs

5. "Dormir la siesta" es de origen romano. Viene de la palabra "sexta" que se refería a la sexta hora del día laboral, el mediodía, cuando el sol es más fuerte y hace mucho calor. Hacía demasiado calor para trabajar y entonces los campesinos se retiraban a dormir unas horas antes de volver a los campos. En algunas regiones, debido al ritmo de la vida moderna, la siesta ya no es tan común como antes. Se ve con más frecuencia en las ciudades y pueblos más tradicionales, y en las zonas calurosas, donde la siesta es casi una necesidad. En España, la mayoría de los comercios se cierran a eso de la una para el almuerzo y la gente se reúne con la familia para comer. Después, descansan, leen, escriben cartas, miran la televisión o duermen.

6. La costumbre de pasearse en España y en muchas ciudades latinoamericanas es tan popular que las calles están diseñadas para caminar. Los jóvenes y personas mayores pasean por las tardes y se reúnen con amigos y familiares.

Contrastes culturales

1. ¿Cree Ud. que el norteamericano es muy amigo de la comida? Explique.

2. ¿Cuáles son algunos platos regionales de los Estados Unidos? ¿En qué consisten? ¿Hay algún plato que sea típico de su ciudad? Descríbalo. ¿Cuál es su plato favorito? ¿Es típico de los EE.UU. o de otro país? ¿Comen paella y gazpacho en los EE.UU.? ¿Qué otras comidas extranjeras son populares en los EE.UU.?

3. ¿Cuáles son algunos de los ingredientes principales de la comida mexicana? ¿Qué otros platos mexicanos conoce Ud.? Descríbalos. ¿Ha probado alguna vez la comida de otros países hispánicos? Explique.

4. En sus propias palabras, explique Ud. lo que son las tapas. En algunos bares de Madrid, puede haber más de treinta variedades de tapas en los mostradores. Imagínese Ud. que es costumbre tomar tapas en los EE.UU. y describa las tapas más típicas que habría en los mostradores de este país. ¿Cuáles serían algunas de las tapas "regionales"?

Las tapas del bar Tasca, Madrid.

5. ¿Qué imagen tenía Ud. de la costumbre de la siesta? ¿Cómo cambiaría su vida si se adoptara esta costumbre en los EE.UU.?

6. ¿Es común pasearse en los EE.UU.? Explique. ¿Qué hace la gente en los EE.UU. por las tardes? ¿Qué hace Ud.? ¿Prefiere Ud. dar un paseo o ir en coche? ¿Por qué?

El tiempo y el espacio*

JULIO CAMBA

Julio Camba, escritor y humorista, nació en Galicia, España, en 1882. Fue también periodista, viajero y excelente observador de la gente. Con ironía y gracia comentó el aspecto chistoso de las patrias y los pueblos. Escribió La rana viajera *(1922),* Aventuras de una peseta *(1923) y* La ciudad automática *(1942) entre muchas otras obras.*

Para comenzar...

Rincón° filosófico. Aquí se ofrecen tres ideas filosóficas del autor del cuento referentes al concepto del tiempo. Antes de leer el cuento,   *corner*

---

* **(adaptado)**

considere Ud. estas ideas y explique su significado. Luego, lea el cuento para descubrir lo que quería comunicar el autor. ¿Tenía Ud. razón?

1. Uno no es un tren.
2. Despreciar el tiempo es también despreciar el espacio.
3. No somos superiores, somos inferiores al tiempo.

1   *T*engo que hablar con un amigo sobre un asunto urgente, pero él no tiene interés en verme hoy.

— ¿Nos vemos mañana?

— Muy bien. ¿A qué hora?

5   — A cualquier hora. Después de almorzar, por ejemplo...

Yo le digo a mi amigo que eso no constituye una hora. Después de almorzar es algo demasiado vago, demasiado elástico.

— ¿A qué hora almuerza usted? — le pregunto.

10   — ¿A qué hora almuerzo? Pues a la hora en que almuerza todo el mundo: a la hora de almorzar...

— ¿Pero qué es la hora de almorzar para usted? ¿El mediodía? ¿La una de la tarde? ¿Las dos?...

— Por ahí,° por ahí... — dice mi amigo — . Yo almuerzo   *around there*
15   de una a dos. A veces me siento a la mesa a eso de las tres... De todos modos, a las cuatro siempre estoy libre.

— Perfectamente. Entonces a las cuatro.
Mi amigo dice que sí.

— Claro, si llego tarde — añade — , usted debe
20   esperarme. Quien dice° a las cuatro dice a las cuatro y cuarto   **Quien...** *Anyone*
o cuatro y media. En fin, de cuatro a cinco yo voy a estar sin   *who says*
falta en el café. ¿Le parece bien a usted?

— Entonces, digamos° a las cinco.   *let's say*

— ¿A las cinco? Muy bien. A las cinco... Es decir, de cinco
25   a cinco y media. Uno no es un tren, ¡qué diablo!° Y si me   *what the devil*
rompo una pierna...

— Pues digamos a las cinco y media — propongo yo.
Entonces mi amigo tiene una idea genial.

— ¿Por qué no citarnos a la hora del aperitivo? —
30   sugiere. Hay una nueva discusión para fijar° la hora del   *determine*
aperitivo. Por último, quedamos en reunirnos de siete a ocho.

Al día siguiente dan las ocho, y, claro está, mi amigo no aparece. Llega a las ocho y media echando el bofe° y el camarero le dice que yo me marché.

echando... *out of breath*

35 — No es justo — exclama días después al encontrarme en la calle — . Me hace usted fijar una hora, me hace usted correr y resulta que no me espera usted ni diez minutos. A las ocho y media en punto yo estaba en el café.

Y lo más curioso es que la indignación de mi amigo es 40 auténtica. Eso de citarse a las ocho y tener que reunirse a las ocho le parece algo completamente absurdo.

Lo lógico° para él es verse media hora, tres cuartos de hora o una hora después.

Lo... *The logical thing*

Yo le digo — Una cita es una cosa que tiene que estar tan 45 limitada en el tiempo como en el espacio. ¿Qué le parece a usted si después de citar conmigo en la Puerta del Sol, resulta° que estoy en los Cuatro Caminos? Pues eso digo yo de usted cuando, después de citar a las ocho, veo que usted aparece a las ocho y media. Despreciar el tiempo es también 50 despreciar el espacio. Y si usted respeta el espacio, ¿por qué no le da también al tiempo un poco de consideración?

it happens

— Pero con esa precisión, con esa exactitud, la vida es imposible — opina mi amigo.

¿Cómo explicarle que esa exactitud y esa precisión sirven, al 55 contrario, para simplificar la vida? ¿Cómo convencerle de que, llegando puntualmente a las citas, se ahorra mucho tiempo para gastarlo en otras cosas?

Imposible. El español no llega puntualmente a las citas, no porque considere que el tiempo es una cosa preciosa, sino, al 60 contrario, porque el tiempo no tiene importancia para nadie en España. No somos superiores, somos inferiores al tiempo. No estamos por encima,° sino por debajo de la puntualidad.

above

Vocabulario

SUSTANTIVOS
el asunto *matter, affair*
el camarero *waiter*
el espacio *space*

ADJETIVOS
auténtico *authentic*

genial *ingenious*
libre *free*
urgente *urgent*

VERBOS
citar *to make a date or appointment*
dar *to strike the hour*

despreciar *to scorn, hate*
gastar *to spend, waste*
marcharse *to leave, go*
proponer *to propose*
quedar en *to agree on*
reunirse *to meet*

EXPRESIONES

de todos modos *anyway*
sin falta *without fail*

Según la lectura

Escoja Ud. la respuesta correcta.

1. ¿Por qué quiere el autor reunirse con su amigo?
   a. Quiere almorzar con él.   **b.** El amigo le debe dinero.
   c. Quiere hablarle sobre algo importante.
2. ¿Cuándo van a reunirse?
   a. hoy mismo.   **b.** mañana.   **c.** el martes por la tarde.
3. ¿Por qué no le gusta al autor la idea de reunirse «después del almuerzo»?
   a. Nunca almuerza.   **b.** No es una hora fija.   **c.** Ya tiene una cita
   después.
4. ¿A qué hora almuerza el amigo?
   a. cuando almuerza todo el mundo.   **b.** al mediodía.   **c.** a las dos.
5. En fin, ¿qué decidieron?
   a. no reunirse.   **b.** reunirse a las cinco.
   c. reunirse a la hora del aperitivo.
6. ¿Qué pasa al día siguiente?
   a. El amigo se rompe una pierna.   **b.** El autor espera tres horas.
   c. El amigo no llega a la cita a tiempo.
7. ¿Por qué está indignado el amigo?
   a. El autor no lo esperó.   **b.** El autor lo esperó sólo una hora.
   c. El autor lo insultó.
8. ¿Para qué sirven la exactitud y la precisión?
   a. para hacer la vida imposible.   **b.** para organizar el espacio.
   c. para ahorrar tiempo.

Según usted

1. ¿Respeta Ud. el tiempo? ¿el espacio? ¿Cuál es más importante?
2. ¿Llega Ud. tarde con frecuencia? ¿Por qué? ¿Cómo reacciona Ud. si un(a) amigo(a) llega tarde a una reunión? ¿Qué le dice?
3. En el cuento, ¿por qué dice el amigo que uno no es un tren? ¿Cómo es un tren? ¿Cómo es un ser humano?
4. ¿Controla Ud. el tiempo o lo (la) controla el tiempo a Ud.? Explique.
5. ¿Siempre tiene Ud. que esperar en la oficina del médico? ¿Cuáles son otros sitios donde se tiene que esperar mucho? ¿Hay una solución? ¿Qué actividades se pueden hacer cuando se tiene que esperar?

6. ¿Para qué actividades es necesario ser puntual? ¿Para cuáles no importa mucho la puntualidad?

Conversemos

1. ¿Cuáles son algunos pretextos para no ser puntual? ¿Cuáles son los más comunes?
2. Imagínese que Ud. llega tarde en las siguientes situaciones. ¿Qué pasa? ¿Cómo reacciona Ud.? ¿la gente? ¿Qué hace Ud. para mejorar la situación?
   a. su propia boda
   b. una entrevista de empleo
   c. su clase de español
3. Hay gente que intenta ser puntual pero por alguna razón u otra siempre llega tarde. ¿Por qué tienen este problema? ¿Qué pueden hacer para resolverlo?

Composición

1. Describa una experiencia en que Ud. llegó tarde. ¿Por qué llegó tarde? ¿Qué pasó?
2. El tiempo tiene un significado diferente para cada persona. ¿Qué importancia tiene para las siguientes personas y por qué?
   a. un anciano de ochenta años
   b. un estudiante universitario
   c. un niño de cinco años

Minidrama

En cada una de las siguientes parejas,° a uno(a) le importa ser puntual pairs
y al (a la) otro(a), no. Use su imaginación y cree breves escenas con
un(a) compañero(a) para mostrar el conflicto.

a. dos novios
b. el (la) jefe(a) y el (la) empleado(a)
c. el (la) profesor(a) y el (la) estudiante
d. el (la) doctor(a) y el (la) paciente

Repasemos el vocabulario

A. Cognados. *Busque Ud. en el texto los cognados de las siguientes palabras en inglés.*

1. elastic	_____	**5.** space	_____
2. discussion	_____	**6.** vague	_____
3. aperitive	_____	**7.** curious	_____
4. precious	_____	**8.** consideration	_____

B. Sinónimos. *Busque Ud. el sinónimo apropiado de las palabras siguientes.*

1. asunto	*a.* mozo
2. auténtico	*b.* importante
3. camarero	*c.* odiar
4. de todos modos	*d.* sugerir
5. despreciar	*e.* de todas maneras
6. marcharse	*f.* verdadero
7. proponer	*g.* tema
8. urgente	*h.* irse

C. Juego de palabras. *Siguiendo los modelos, forme Ud. una palabra de otra.*

ADJETIVO   **SUSTANTIVO**

1. plural   <u>**pluralidad**</u> _____

2. puntual _____

3. actual _____

4. real _____

5. fácil _____

VERBO   **SUSTANTIVO**

1. encontrar   <u>**encuentro**</u> _____

2. almorzar _____

3. contar _____

4. volar _____

5. consolar _____

El hombre y el hambre

SELECCIONES DE DOS OBRAS DE FERNANDO DÍAZ-PLAJA: EL ESPAÑOL Y LOS SIETE PECADOS CAPITALES Y LOS SIETE PECADOS CAPITALES EN LOS ESTADOS UNIDOS

Fernando Díaz-Plaja nació en Barcelona. España, en 1918. Es historiador, periodista y viajero. Enseñó en universidades en América y en Europa. Sus obras incluyen artículos, ensayos, traducciones y biografías, además de dos grandes libros de comentarios: La vida española en el siglo XVIII *y* La vida española en el siglo XIX.

Para comenzar...

Usando las siguientes palabras, trate de adivinar el tema central de la parte I y la parte II de la siguiente lectura. Después de hacer la lectura, compare su versión con la del autor.

PARTE I	PARTE II
el español	el americano
comida	lógico
la preocupación por la línea	conveniente
sigue devorando	televisión
pobre	acostarse
abundante	frigorífico
orgulloso de tantas cosas	bocadillo
modestísimo	vergüenza
lo que come	obsesión
	weight watchers
	hamburguesa

Los siete pecados capitales son un tema universal de la literatura. Un autor moderno español que comenta estos pecados en su obra es Fernando Díaz-Plaja. Es un excelente observador de la vida diaria de su propio país y de los Estados Unidos, donde pasó tiempo viajando y enseñando en la Universidad de Santa Barbara, California.

Estas observaciones se presentan en sus dos libros *El español y los siete pecados capitales* y *Los siete pecados capitales en los Estados Unidos*. Las obras analizan con humor y sátira acertada las idiosincracias de cada sociedad.

En los trozos que siguen, ofrecemos sus comentarios sobre uno de los siete pecados. Como se puede ver, la gula — o sea, la exageración en la comida y la bebida — toma una forma distinta en las dos culturas.

I

1   **E**l hambre siempre ha sido° una parte de la historia de España. Quizás por eso, mientras crecen sus posibilidades económicas, el español da más importancia a la comida. Los españoles se distinguen de° los demás europeos por dos cosas: 5   por lo que comen y por la hora en que comen. Aún con la preocupación por la «línea» que no existía antes, los españoles siguen devorando más que la mayoría de los habitantes del mundo. El español desayuna ligero° (de 7:30-8.30), toma el aperitivo (12:00-2:00), almuerza fuerte (2:00-4:00), merienda 10   (6:00-7:00) y cena (9:30-11:00). Las tapas° que come en el bar antes de ir a su casa son bastantes para el almuerzo de los más ricos del mundo, los norteamericanos.

    Sin embargo, el español se considera pobre y cree que en cualquier país del mundo la comida tiene que ser más 15   abundante. Por otra parte, el español, orgulloso de tantas

Marginal glosses:
ha... *has been*
se... *differ from*
lightly
hors-d'oeuvres

cosas, es modestísimo en cuanto a lo que come. He
escuchado con frecuencia el diálogo siguiente:

No como casi nada...
Pero mira lo que has pedido... sopa...
20   Muy poquito...
Pescado...
Dos pescaditos chiquitos,° chiquitos...   *tiny*
Carne...
Un filetito, no más...
25   Ensalada...
Eso no cuenta°...   **Eso...** *That doesn't*
Queso...   *count...*
Hay que tomar algo de postre...

Cuando voy a comer con amigos después de volver de
30 otros países, siempre se sorprenden. ¿Estás enfermo? preguntan
preocupados° cuando pido una chuleta° con verdura, ensalada   *worried/chop*
y fruta... ¿Estás malo? ¿Qué te pasa?

II

*L*os americanos que quieren ser muy lógicos en su vida
35 diaria no son muy lógicos a la hora de comer. Toman un
desayuno fuerte porque es lo que deben hacer; un almuerzo
leve° porque es conveniente; y cenan fuerte, porque después   *light*
de ocho horas de trabajo y media hora o más de llegar a casa
luchando con el tráfico, tienen un hambre canina.° La cena es   *canine*
40 alrededor de las seis. La charla° con la familia y especialmente   *chatting*
la televisión no les deja acostarse hasta las once de la noche.
Todavía tienen que esperar hasta las siete de la mañana para
desayunar. Son más de doce horas las que están ayunos.° Por   *fasting*
eso es lógico el chiste° eterno de los americanos, el caso del   *joke*
45 hombre o la mujer que se levanta por la noche y se va al
frigorífico para comer un pedazo de pastel o hacerse un
bocadillo. Y, ¡qué vergüenza si el resto de la familia se entera!
Y ¡qué remordimiento° en la persona que se siente tentada a   *remorse*
hacerlo! ¿Por qué? Porque rompe un principio importantísimo
50 en esta sociedad, una obsesión de esta gente. La de mante-
nerse delgados y ágiles. La del régimen. Para los débiles°   *the weak ones*
existe la asociación de Weight Watchers, observadores del
peso° que ayuda a la persona que está a punto de caer en la   *weight*
tentación. Una llamada telefónica provoca la conversación y el
55 consejo de resistir.

Y ¿en qué consiste la comida americana? Pues, el gran
descubrimiento americano que produjo la nación mejor
alimentada del mundo es el «hamburger», la hamburguesa,

presente en todos los hogares americanos desde el más rico al
60 más humilde.

Y en los restaurantes se usa hoy como palabras americanas
«cuisine», las patatas fritas a la francesa o «French fries», casse-
role, etc. El mundo germánico trajo los schnitzel y los bagels.
Los italianos contribuyeron spaghetti, lasagna y pizza. Y los
65 chinos trajeron su chop suey. Pues la comida americana se
convirtió en un pot-pourri de todas las nacionalidades.

Vocabulario

SUSTANTIVOS

el bocadillo *sandwich (on Spanish bread)*
el frigorífico *refrigerator*
el hogar *home*
la línea *figure*
el pastel *pastry*
el pecado *sin*
el pedazo *piece*
el postre *dessert*
el régimen *diet*
el resto *rest*
la sociedad *society*
la sopa *soup*

ADJETIVOS

conveniente *convenient*
cualquier *any*
diario *daily*

humilde *humble*
orgulloso *proud*
tentado *tempted*

VERBOS

caer *to fall*
enterarse de *to find out*
luchar *to struggle*
merendar (ie) *to snack*
volver (ue) *to return*

EXPRESIONES

a punto de *on the verge of*
alrededor de *around, about*
de una manera *in a way*
por otra parte *on the other hand*
sin embargo *nevertheless*

Según la lectura

Conteste Ud. las preguntas siguientes.

1. ¿Por qué se distinguen los españoles? ¿Cómo?
2. Describa Ud. el horario de comida en España.
3. ¿Cuál es la actitud del español hacia lo que come? Dé Ud. un ejemplo.
4. ¿Cuándo no son lógicos los americanos? ¿Cómo?
5. ¿Por qué se levanta el americano por la noche?
6. ¿Por qué siente el americano remordimiento?
7. ¿Cuál es la función de Weight Watchers? ¿Cómo funciona?
8. ¿En qué consiste la comida americana?

Según usted

1. ¿Cuántas veces al día come Ud.? ¿Merienda Ud.? ¿Qué toma y cuándo?
2. ¿Tiene Ud. hambre a las diez o a las once de la noche? ¿Come o resiste? ¿Qué suele Ud. comer a esa hora? ¿Siente Ud. remordimiento después?
3. ¿Está Ud. preocupado(a) por la línea? ¿Cuántas calorías consume Ud. al día?
4. ¿Está Ud. a dieta ahora? ¿Qué clase de dietas están de moda ahora? ¿En qué consisten? ¿Cuáles son las ventajas y desventajas de estas dietas?
5. ¿Qué efectos tienen en su dieta los varios estados emocionales? ¿Come Ud. más (menos) cuando está nervioso(a)? ¿enamorado(a)? ¿triste? ¿Ha perdido el apetito alguna vez? ¿Cuándo? ¿Por qué?

Conversemos

1. ¿Por qué es más fácil para algunas personas adelgazar que para otras? ¿Se puede adelgazar sólo por medio de una dieta? ¿Cuáles son los peligros de comer demasiado? ¿de comer muy poco? ¿de comer mal?
2. Compare sus costumbres de comer con las de un(a) compañero(a) de clase.
3. A veces las costumbres de comer de una persona cambian según su situación. Describa los cambios que les ocurren a las siguientes personas.
   a. un(a) estudiante universitario(a)
   b. una persona durante las fiestas navideñas
   c. una mujer embarazada°

pregnant

Composición

1. Escriba Ud. el horario de comida más sano para una persona de 20 años y para una persona de 75 años. Incluya Ud. el menú y la hora de cada comida. ¿Hay una diferencia entre los dos? ¿Por qué?
2. Uno es lo que come. Explique el significado del dicho y luego diga, ¿quién es Ud.?
3. Describa Ud. la comida del año más importante en su casa; por ejemplo, la de la Navidad o de los cumpleaños.

Repasemos el vocabulario

A. Cognados. *Busque en el texto los cognados de las siguientes palabras en inglés.*

1. association _____
2. society _____
3. to analyze _____
4. part _____

5. nationality _____ **7.** form _____

6. case _____ **8.** to consider _____

B. *Sinónimos.* *Busque el sinónimo apropiado de las palabras siguientes.*

1. bocadillo   *a.* regresar

2. enterarse de   *b.* charla

3. frigorífico   *c.* descubrir

4. régimen   *d.* sándwich

5. hogar   *e.* ligero

6. volver   *f.* refrigerador

7. leve   *g.* casa

8. conversación   *h.* dieta

C. *Juego de palabras.* *Siguiendo los modelos, forme Ud. una palabra de otra.*

PALABRA EN INGLÉS   **PALABRA EN ESPAÑOL**

1. society   **sociedad** _____

2. university   _____

3. formality   _____

4. plurality   _____

5. obesity   _____

6. nationality   _____

SUSTANTIVO   **ADJETIVO**

1. cultura   **cultural** _____

2. forma   _____

3. norma   _____

4. esencia   _____

5. colonia   _____

El arrebato°*

rage

ROSA MONTERO

Rosa Montero nació en Madrid, España, en 1951. Además de ser escritora y actriz, es conocida por sus entrevistas y guiones de cine. Su obra se caracteriza por un estilo irónico con un fondo de realismo. Cabe mencionar que en 1980 ganó el premo «Nacional» de periodismo.

Para comenzar...

A ver si Ud. puede adivinar el significado de las palabras subrayadas, según el contexto.

---

* **(adaptado)**

1. Doscientos mil coches que salieron a pasear a la misma hora solamente para <u>fastidiarte.</u>
   a. salute you   **b.** bother you   **c.** please you
2. Ves a los conductores <u>a través de</u> la contaminación y el polvo que cubre los cristales de tu coche.
   a. around   **b.** above   **c.** through
3. Unos metros más allá la calle es mucho más estrecha; sólo <u>cabe</u> un coche.
   a. fits   **b.** honks   **c.** stops
4. Caminas rápidamente para <u>alcanzar</u> al generoso conductor y darle las gracias.
   a. pass   **b.** bump into   **c.** reach
5. El otro <u>se sobresalta</u> y te mira sorprendido.
   a. shudders   **b.** jumps   **c.** winks

1   *L*as nueve menos cuarto de la mañana. Semáforo en
rojo, un rojo inconfundible. Las nueve menos trece, hoy no
llego. Embotellamiento de tráfico. Doscientos mil coches junto
al tuyo. Estás muy tenso. Miras al vecino. Está intolerable-
5 mente cerca. La chapa de su coche casi roza° la tuya. Verde.   *rubs, brushes*
Avanza, imbécil. ¿Qué hacen? No se mueven, los estúpidos.
Están paseando, con la inmensa urgencia que tú tienes.
Doscientos mil coches que salieron a pasear a la misma hora
solamente para fastidiarte. ¡Rojjjjjo! ¡Rojo de nuevo! No es
10 posible. Las nueve menos diez. Hoy no llego-o-o (gemido°   *moan*
desolado). El vecino te mira con odio. Probablemente piensa
que tú tienes la culpa de no haber pasado el semáforo
(cuando es obvio que los culpables son los idiotas de
delante). Tienes una premonición de catástrofe y derrota.° Hoy   *defeat*
15 no llego. Por el espejo ves que se acerca un chico en una
motocicleta, zigzagueando entre los coches. Su facilidad te
causa indignación, su libertad te irrita. Mueves el coche unos
centímetros hacia el del vecino, y ves que ya no puede
avanzar. ¡Me alegro! Alguien pita por detrás. Das un salto,°   **Das...** *You jump*
20 casi arrancas. De pronto ves que el semáforo todavía está en
rojo. ¿Qué quieres, que salga con la luz roja, imbécil? Te
vuelves en el asiento, y ves a los conductores a través de la
contaminación y el polvo° que cubre los cristales° de tu coche.   *dust/windows*
Los insultas. Ellos te miran con odio asesino. De pronto, la luz
25 se pone verde y los de atrás pitan desesperadamente. Con
todo ese ruido reaccionas, tomas el volante, al fin arrancas.
Las nueve menos cinco. Unos metros más allá la calle es
mucho más estrecha; sólo cabe un coche. Aceleras. El vecino
también. Comprendes de pronto que llegar antes que el otro
30 es el objeto principal de tu existencia. Avanzas unos centímetros. Entonces, el otro coche te pasa victorioso. «Corre,

corre», gritas, fingiendo gran desprecio: «adónde vas, idiota?,
tanta prisa para adelantar sólo un metro»... Pero la derrota
duele. A lo lejos ves una figura negra, una vieja que cruza la
35   calle lentamente. Casi la atropellas.° «Cuidado, abuela», gritas   *run over*
por la ventanilla; estas viejas son un peligro, un peligro. Ya
estás llegando a tu destino, y no hay posibilidades de aparcar.
De pronto descubres un par de metros libres, un pedacito de
ciudad sin coche: frenas, el corazón te late° apresuradamente.   *beats*
40   Los conductores de detrás comienzan a tocar la bocina: no me
muevo. Tratas de estacionar, pero los vehículos que te siguen
no te lo permiten. Tú miras con angustia el espacio libre, ese
pedazo de paraíso tan cercano y, sin embargo, inalcanzable.
De pronto, uno de los coches para y espera a que tú
45   aparques. Tratas de retroceder,° pero la calle es estrecha y no   *to back up*
se puede. El vecino da marcha atrás para ayudarte, aunque
casi no puede moverse porque los otros coches están cerca.
Al fin aparcas. Sales del coche, cierras la puerta. Sientes una
alegría infinita, por haber cruzado la ciudad enemiga, por
50   haber conseguido un lugar para tu coche; pero fundamental-
mente, sientes enorme gratitud hacia el anónimo vecino que
se detuvo y te permitió aparcar. Caminas rápidamente para
alcanzar al generoso conductor, y darle las gracias. Llegas a su
coche, es un hombre de unos cincuenta años, de mirada
55   melancólica. «Muchas gracias», le dices en tono exaltado. El
otro se sobresalta° y te mira sorprendido. «Muchas gracias»   *jumps*
insistes; «soy el del coche azul, el que estacionó». El otro
palidece,° y al fin contesta nerviosamente: «Pero, ¿qué quería   *becomes pale*
usted? ¡No podía pasar por encima de los coches! No podía
60   dar más marcha atrás.» Tú no comprendes. «¡Gracias, gracias!»
piensas. Al fin murmuras: «Le estoy dando las gracias de
verdad...» El hombre se pasa la mano por la cara, y dice: «Es
que... este tráfico, estos nervios...» Sigues tu camino,
sorprendido, pensando con filosófica tristeza, con genuino
65   asombro: ¿Por qué es tan agresiva la gente? ¡No lo entiendo!

(El País, *MADRID*)

Vocabulario

SUSTANTIVOS

el asombro *amazement, surprise*
la bocina *horn*
el (la) conductor(a) *driver*
la chapa *license plate*
el embotellamiento *traffic jam*
el espejo *mirror*

la facilidad *ease*
el peligro *danger*
el ruido *noise*
el sabor *taste*
el semáforo *traffic light*
el volante *steering wheel*

ADJETIVOS

cercano *nearby*
estrecho *narrow*
inalcanzable *unreachable*
inconfundible *unmistakable*

VERBOS

acercarse a *to approach*
adelantarse *to advance*
arrancar *to start up*

dar marcha atrás *to back up*
doler (ue) *to hurt*
estacionar *to park*
fastidiar *to bother, annoy*
fingir *to pretend*
frenar *to brake*
pasear *to stroll*
pitar *to honk*
tener la culpa *to be at fault*

Según la lectura

Termine Ud. las frases a la izquierda con las respuestas que mejor correspondan.

1. La autora se encuentra en...
2. En un embotellamiento de tráfico, un coche...
3. La autora cree que los otros conductores son estúpidos porque...
4. Más adelante en la calle sólo cabe un coche porque la calle...
5. Ve que el coche vecino está...
6. El único que se adelanta con facilidad es...
7. La vieja que cruza la calle hace...
8. Para la autora el espacio libre representa...
9. La autora le agradece al generoso conductor porque...
10. Cuando estaciona su coche...

a. demasiado cerca.
b. un pedazo de paraíso.
c. se siente feliz.
d. la situación más peligrosa.
e. no se mueve mucho.
f. se hace más estrecha.
g. no pasan el semáforo
h. le permite aparcar.
i. el chico en la motocicleta.
j. un embotellamiento de tráfico.

Según usted

1. Explique el significado del título.
2. ¿Cómo crea la autora el tono de tensión en su obra? Cite ejemplos concretos.
3. ¿Cuáles son algunas de las causas de los embotellamientos? ¿Cuáles son algunas ciudades conocidas por sus embotellamientos horribles?
4. ¿Le fastidian a Ud. los embotellamientos? ¿Qué hace Ud. cuando tiene que esperar mucho en su coche?
5. ¿Qué otros medios de transporte hay en las ciudades? ¿Cuáles son las ventajas y desventajas de cada uno? ¿Cuál prefiere Ud.? ¿Por qué?

Conversemos

1. ¿Cuáles son los problemas causados por la enorme cantidad de coches hoy día? ¿Cuáles son algunas posibles soluciones para el futuro?
2. Describa en detalle cómo conseguir una licencia para conducir. Describa lo que pasó el día de su examen para sacar su licencia. ¿La sacó la primera vez? ¿Tuvo problemas? ¿Cuáles?

Composición

1. Escriba sobre una experiencia en que pasó algo con el coche.
2. Describa la primera vez que Ud. manejó un coche.

Minidrama

Con un(a) compañero(a), representen la situación siguiente. Ud. maneja por el centro de su ciudad un sábado por la noche cuando lo (la) para a Ud. un policía.

Repasemos el vocabulario

A. Cognados. *Busque Ud. en el texto los cognados de las siguientes palabras en inglés.*

1. to accelerate	_____	5. existence	_____
2. idiots	_____	6. facility	_____
3. catastrophe	_____	7. to zigzag	_____
4. motorcycle	_____	8. victorious	_____

B. Sinónimos. *Busque Ud. el sinónimo de las palabras siguientes.*

1. acercarse a   a. tocar la bocina
2. estacionar   b. aproximarse a
3. fastidiar   c. aparcar
4. pitar   d. molestar
5. asombro   e. sorpresa

C. Antónimos. *Busque Ud. el antónimo de las palabras siguientes.*

1. acercarse a   a. ancho
2. la facilidad   b. avanzar
3. cercano   c. alejarse de
4. estrecho   d. la dificultad
5. dar marcha atrás   e. lejano

D. *Juego de palabras.* *Siguiendo los modelos, forme Ud. una palabra de otra.*

VERBO	SUSTANTIVO
1. despreciar	**desprecio** _____
2. odiar	_____
3. remediar	_____
4. espaciar	_____
5. promediar	_____

VERBO	ADJETIVO	ANTÓNIMO
1. alcanzar	**alcanzable** _____	**inalcanzable** _____
2. soportar	_____	_____
3. variar	_____	_____
4. negar	_____	_____
5. tolerar	_____	_____

Yo y el ladrón*

WENCESLAO FERNÁNDEZ FLÓREZ

Wenceslao Fernández Flórez, cuentista y novelista, nació en Galicia. España,
en 1886 y fue creador de un mundo humorístico, lleno de lirismo gallego.
Menos penetrante en su sátira que Julio Camba, Fernández Flórez escribió sus
observaciones de la sociedad con un tono crítico e irónico.

Para comenzar...

1. Según el título, ¿de qué se trata este cuento?
2. Cada estudiante va a contribuir con una frase para crear un argumento.

---

* **(adaptado)**

79

MODELO *Estudiante 1:* Era una noche oscura de invierno.
Estudiante 2: Yo caminaba por el centro de mi ciudad.
Estudiante 3: ...

1   *C*uando el señor Garamendi se fue de vacaciones me
dijo:

     — Hombre, usted que no tiene nada que hacer, hágame el
favor de echar, de cuando en cuando, un ojo a mi casa.

5   No es cierto que no tenga nada que hacer, y el señor
Garamendi lo sabe perfectamente; pero cree que cuando uno
no sale de vacaciones y no es por causa de algún gran
negocio, es para dedicarse totalmente al descanso sin buscar
los billetes° ni cargar con° la familia. Sólo le pregunté:

10   — ¿Qué entiende usted exactamente por «echar un ojo»?

     — Creo que está bien claro — contestó de mal humor.

     — ¿Debo pasearme por las habitaciones de su casa con un
ojo abierto, mirando sucesivamente los muebles, los...? ...?

     — No. ¡Qué tontería! Quiero que Ud. pase algún día frente
15 al edificio y vea si siguen cerradas las persianas,° y que le
pregunte al portero si hay novedad y hasta que suba a
tantear° la puerta. Usted no sabe nada de estos asuntos; pero
en el mundo hay muchos ladrones, y entre ladrones existe
una variedad que trabaja especialmente durante el verano. Se
20 enteran de cuáles son los pisos° que han quedado sin mora-
dores,° y los roban sin prisa y cómodamente. Algunas veces se
quedan allí dos o tres días, viviendo de lo que encuentran,
durmiendo en las magníficas camas de los señores, eligiendo
lo que vale y lo que no vale la pena de llevarse. No hay
25 defensa contra ellos. La primera noticia que se tiene es el
desorden que se advierte en la casa al volver, cuando ya es
tarde.

     — Bueno — dije, bostezando° — , pues prometo echar ese
ojo.

30   La verdad es que no pensaba hacerlo. Garamendi abusa un
poco de mí con sus órdenes molestosas desde que me hizo
dos o tres favores que él recuerda mejor que yo. Luego...,
luego me molesta con sus gabanes, con sus puros, con sus
gafas, con su vientre,° con sus muelas° de oro. Cuando
35 descubro un nuevo defecto en él, tengo un placer íntimo. Y
eso de tener miedo a los ladrones me pareció otra tontería
suya.

Glosses (right margin):
- buscar... *to earn money*/cargar... *to be bothered with*
- *blinds*
- *try out*
- *apartments*
- *inhabitants*
- *yawning*
- *belly/molars*

Pasaron los días; me recreé° en el calor de Madrid, me sentté en algunas terrazas, recordé mi niñez al ver las viejas
40 películas que los «cines» exhiben a bajo precio en estos meses, y una tarde que estaba más ocioso que nunca, recordé de repente:

«¡Anda! ¡Pues no he pasado ni una sola vez ante la casa de Garamendi!»

45 Y únicamente para poder decirle que había hecho lo que me pidió, me acerqué° al teléfono y marqué su número.

Oí el ruido del timbre.

— ¡Trrr!... ¡Trrr...!
Y... nada más.
50 Una voz desconocida contestó.

— ¡Diga!

— ¿Cómo «diga»? — exclamé, extrañadísimo — . ¿No es ésa la casa del señor Garamendi?

La voz se agudó,° y exclamó con una alegría artificial:

55 — ¡Sí, sí! ¡Es aquí, es aquí! ¿Cómo está usted?
Me quedé estupefacto.°

— Oiga — , dije: — ¿me hace el favor de decir qué está haciendo...?

Siguió un silencio embarazoso.

60 — ¿No es usted un ladrón?

Nueva pausa.

— Bueno — dijo la voz, ya con acento natural. — La verdad es que, en efecto, soy un ladrón.

— Pues, eso me fastidia, porque tengo mucha amistad con
65 el señor Garamendi y me encargó de vigilar su casa. ¿Qué le voy a decir?

— Puede usted contarle lo que pasa — contestó la voz, un poco acobardada.

— ¡Bonita idea! — protesté — . ¿Cómo voy a confesarle
70 que estuvimos hablando? Y usted como idiota contestó...

— Fue un impulso espontáneo — se disculpó — . Estaba aquí, el teléfono sonó, y automáticamente lo contesté. Yo también tengo teléfono, y la costumbre...

— ¡Vaya un conflicto!

I amused myself

I approached

se... *got sharp*

stupefied, dumb-founded

75   — Lo siento de veras.

          — Y si le mando dejar todo y entregarse a la Comisaría°   *police station*
          más próxima...

          — No; no lo hago. ¿Para qué engañarle?

          — Al menos, dígame: ¿Se lleva usted mucho?

80   — No, una porquería. Perdone si le ofendo; pero ese
          amigo de usted no tiene nada de valor.

          — ¡Hombre, no me diga... ! La escribanía° de plata es   *paper case (holder)*
          maciza° y valiosa...   *solid*

          — Ya está en el saco, y unas alhajitas° y el puño° de oro   *gems/handle*
          de un bastón° y dos gabanes de invierno. Nada más.   *cane*

          — ¿Vio usted una bandejita° de plata en el comedor, con   *tray*
          unas flores en relieve?

          — Sí.

          — ¿Está en el saco?

90   — No. Las otras, sí, pero ésta no es de plata, es de metal
          blanco.

          — Bien; pero sin embargo es bonita.

          — No vale nada.

          — Llévesela usted.

95   — No quiero.

          — ¡Llévesela usted, idiota! ¡Si la deja, él va a darse cuenta
          de que no es de plata! ¡Y... yo se la regalé!

          — Bueno... por hacerle un favor; pero sólo por eso.

          — ¿Recorrió° usted toda la casa? Yo no conozco más que el   *Did you cover*
100   despacho. ¿Bonito, no?

          — ¡Psch! Muchas pretensiones; poco gusto. Debe de ser un
          caballero roñoso.°   *tight with money*

          — Es triste; pero no lo puedo negar. Y también es cierto
          que no tiene gusto.

105   — Yo tengo la costumbre de visitar casas bien amuebladas
          y le aseguro que ésta es una calamidad.

          — ¡Vaya, señor! Siempre me pareció que Garamendi
          presumía demasiado. Ahora... la alcoba de la señora...
          Garamendi dice que le costó una fortuna. ¿Cómo es? ¿Cómo
110   es?

— No me fijé en detalles... ¿Vuelvo a ver?

— ¡Oh, por Dios! No me gusta chismear. Era por... qué sé yo.

— Lo que encontré allí fueron pieles bastante buenas.

115 — Lo creo. Tiene una capa de renard.°   capa... *fox cape*

— Está en el saco. ¿Le gustaba a usted?

— Le gustaba a Albertina... mi novia. Un día vimos a la señora de Garamendi con su capa, y Albertina no habla de otra cosa. Creo que me quiere menos, porque no puedo
120 regalarle unas pieles de zorro° como ésas.   *fox*

— ¿Quién sabe?
Un silencio.

— Oiga..., señor.

— Dígame.

125 — Si usted me permite, yo tengo mucho gusto en ofrecerle esas pieles...

— ¡Qué disparate!

— Nada... usted parece muy simpático, y...

— Pero... ¿cómo voy a consentir... ?

130 — Entonces, se las ofrezco a Albertina. Ahora usted tiene que aceptarlas. Piense en la alegría que va a tener ella.

— Sí; eso es cierto.

— ¿Adónde se las envío?
Le di mi dirección.

135 — ¿Manda usted algo más?

— Nada más. Y le agradezco mucho. Buena suerte.

— Gracias, señor.

Vocabulario

SUSTANTIVOS

el despacho *office*
el gabán *overcoat*
el gusto *taste*
el ladrón *burglar, robber*
la piel *fur*

el placer *pleasure*
la porquería *junk*
el portero *doorman*
el puro *cigar*
el timbre *bell*

ADJETIVOS

acobardado *cowardly*
amueblado *furnished*
embarazoso *embarrassing*
extrañado *taken aback, surprised*
ocioso *idle*

VERBOS

abusar de *to abuse*
advertir (ie) *to notice*
agradecer *to thank*
consentir (ie) *to consent*
desdeñar *to disdain*
disculparse de *to apologize*
encargar *to put in charge*
engañar *to deceive*

enviar *to order; to send*
marcar *to dial*
presumir *to conjecture, presume*
regalar *to give a present*
suceder *to happen*
vigilar *to watch*

EXPRESIONES

de cuando en cuando *from time to time*
de mal humor *in a bad mood*
de repente *suddenly*
echar un ojo *to watch*
hay novedad *there is something new*
¡Qué disparate (tontería)! *What nonsense!*
valer la pena *to be worth the trouble*

Según la lectura

¿Verdad o mentira? *Corrija las frases falsas.*

1. Al amigo del señor Garamendi le molesta echar un ojo a la casa.
2. «Echar un ojo» significa vigilar constantemente.
3. El señor Garamendi les tiene miedo a los ladrones del verano.
4. El señor Garamendi es un hombre de muy buen gusto.
5. El amigo estaba muy ocupado durante los días de vacaciones.
6. Al recordar que no ha ido todavía a la casa del señor Garamendi, el amigo va allí en seguida.
7. El ladrón contesta el teléfono porque piensa que es su novia.
8. El ladrón se lleva mucho de la casa.
9. El amigo le aconseja al ladrón que se lleve una bandeja que está en el comedor.
10. Si el ladrón no se lleva la bandeja, el señor Garamendi va a saber que no tiene mucho valor.
11. El amigo tiene mucho interés en saber cómo es el comedor de la casa.
12. A la novia del amigo no le interesan las cosas materiales.
13. En la alcoba de la señora Garamendi, el ladrón encontró objetos costosos.
14. El ladrón va a robar unas alhajitas para la novia del amigo.

Según usted

1. Lo cómico del cuento es que una situación ordinaria se vuelve absurda. Señale Ud. los aspectos absurdos del cuento. ¿Es lógico el final del cuento? Explique.

2. Cuente Ud. alguna experiencia en que Ud. tuvo que vigilar algo para un(a) amigo(a) (perro, casa, niños, etcétera). ¿Hubo algún problema o pasó algo inesperado? Explique.

3. ¿Cuáles son algunos de los favores comunes que se hacen entre amigos? ¿Cuáles son algunos que constituyen «un abuso de la amistad»? Describa una ocasión en que un(a) amigo(a) le pidió a Ud. un favor exagerado. ¿Cómo reaccionó Ud.?

4. ¿Tiene Ud. miedo de estar solo(a) en casa? ¿Qué medidas° puede tomar para protegerse?

measures

Conversemos

1. Hay unos dichos en español que hablan del gusto: Sobre gustos no hay nada escrito; Cada cual a su gusto. (Es decir, la gente no siempre está de acuerdo en sus gustos.) Dé Ud. un ejemplo de lo que Ud. considera un regalo de buen gusto y un regalo de mal gusto. Describa Ud. una experiencia en que Ud. recibió un regalo de mal gusto. ¿Tuvo Ud. que fingir° alegría?

to pretend

2. ¿Es verdad que el crimen nunca da buen resultado? Explique.

3. ¿Cuáles son los posibles motivos que tienen las personas que roban? ¿Hay circunstancias en las que el robo puede justificarse? Explique.

Composición

1. Cuente una ocasión en que le robaron a Ud. o a algún familiar o conocido. Incluya las primeras reacciones de la gente al enterarse del robo. ¿Encontraron al ladrón? ¿Qué se llevó?

2. ¿Qué pasa después?... Siga Ud. el cuento de «Yo y el ladrón».

3. Imagínese que Ud. es un ladrón (una ladrona) y cuente sus experiencias.

Minidrama

1. Con un(a) compañero(a) de clase, representen la situación siguiente. Ud. vuelve a su casa y descubre a un ladrón.

2. Por medio de las palabras del amigo tenemos una buena idea de cómo es el señor Garamendi (su aspecto físico, su personalidad, su casa). Pero, ¿cómo es el amigo? Con un(a) compañero(a) de clase, escriban un diálogo entre los Garamendi, el cual nos dé a conocer al amigo. Luego, represéntenlo delante de la clase.

Repasemos el vocabulario

A. Cognados *Busque en el texto los cognados de las siguientes palabras en inglés.*

1. to confess _____
2. embarrassing _____
3. pause _____
4. spontaneous _____

5. to abuse _____
6. calamity _____
7. magnificent _____
8. cape _____

B. Sinónimos. *Busque Ud. el sinónimo de las palabras siguientes.*

1. agradecer
2. desdeñar
3. despacho
4. enviar
5. ocioso
6. ¡qué disparate!
7. suceder
8. vigilar

a. echar un ojo
b. ¡qué tontería!
c. pasar
d. dar las gracias
e. oficina
f. odiar
g. mandar
h. perezoso

C. Juego de palabras. *Siguiendo los modelos, forme Ud. una palabra de otra.*

VERBO	SUSTANTIVO
1. encargar	encargo _____
2. bostezar	_____
3. regalar	_____
4. despachar	_____
5. pasear	_____
6. engañar	_____

SUSTANTIVO	ADJETIVO
1. susto	asustado _____
2. cobarde	_____
3. fortuna	_____
4. dinero	_____
5. mueble	_____

A. «El tiempo pasa volando.» *A veces parece que el tiempo pasa más rápidamente que otras veces. ¿Cuáles son algunas situaciones en que el tiempo parece pasar muy rápido? ¿y muy despacio? ¿Por qué sentimos esa diferencia?*

B. «El tiempo es oro.» *¿Qué entiende Ud. por esta frase? Dé Ud. ejemplos para ilustrar este dicho. ¿Está Ud. de acuerdo con la idea que expresa?*

C. ¡Qué fastidio! *Hemos visto ejemplos de unos problemas de la vida diaria en la ciudad — el embotellamiento, el robo, una cita con un amigo no muy puntual, etcétera. Con un(a) compañero(a), comenten los siguientes «fastidios» y cómo Ud. reacciona ante cada uno. ¿Cuál le fastidia más? ¿Por qué? ¿Cómo se pone Ud. cuando ocurre? ¿Hay solución o salida? ¿Qué puede Ud. hacer para mejorar la situación?*

1. un apagón°   *blackout*
2. las colas largas en el supermercado
3. los peatones que cruzan cuando el semáforo para ellos está en rojo

Ahora, sugiera Ud. otros ejemplos de las cosas que más le fastidian.

D. El accidente. *Dos coches chocaron° en la plaza central de una*   *crashed*
ciudad grande. En grupos, contesten Uds. las preguntas que les hace el (la) policía a:

1. los dos conductores
2. los pasajeros en los coches
3. un(a) niño(a) que vio el accidente desde su bicicleta
4. un peatón (una peatona) que paseaba a su perro
5. un(a) viejo(a) que cruzaba la calle

E. Composición.

1. Describa Ud. el proceso de transición de una persona que deja la vida animada de la ciudad para vivir en el campo.
2. Describa Ud. el proceso de transición de una persona que deja la vida tranquila del campo para vivir en la ciudad.

De viaje

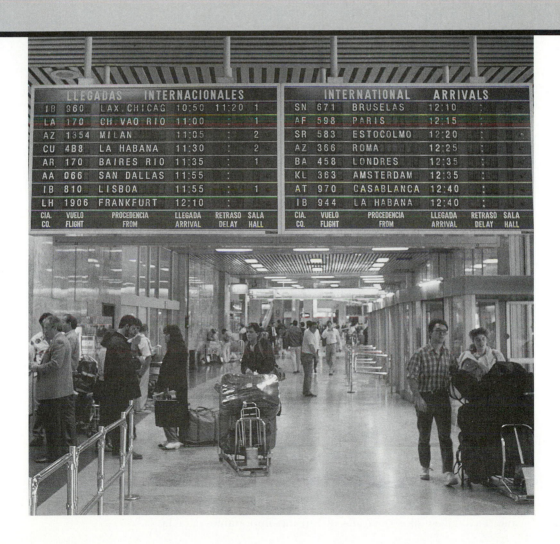

Menudencias

¿SABÍA UD. QUE...?

1. España es el segundo país del mundo que recibe más ingresos° por su turismo. Los turistas que más visitan España son de Francia, Inglaterra, Alemania, los Estados Unidos y Portugal. Lo que más atrae a los turistas es el clima, los precios, el paisaje y la cultura. — *income*

2. Últimamente, las grandes oleadas° de turistas a España han tenido tal impacto en ciertas regiones del país, que es posible ver letreros en los escaparates de algunas tiendas que dicen «Aquí se habla español». Ese fenómeno es más común en las zonas de la costa, donde se oyen más alemán e inglés en agosto que español. — *waves*

3. Si Ud. planea un viaje al contintente de Sudamérica se recomienda una visita a Cartagena de Indias, un paraíso tropical situado en el Caribe colombiano. Esta ciudad amurallada°, fundada en 1533, fue un principal punto de enlace° entre España y América. Allí los conquistadores españoles guardaban las grandes riquezas del Nuevo Mundo antes de enviarlas a España. Cartagena fue la ciudad más rica de América. En esta joya caribeña se encuentran antiguas fortalezas, blanquísimas playas, hermosas avenidas, artesanía local y muchas actividades recreativas para el viajero cansado de recorrer mundo.° — *walled / connection / travel*

4. La Isla de Pascua, llamada Rapa Nui por la gente polinesia que habita la isla, está a unos 3,500 kilómetros de la costa de Chile y es un verdadero museo al aire libre. Hay cráteres, volcanes, tumbas ceremoniales y más de quinientas estatuas megalíticas de origen misterioso. Se recomienda hacer una gira por aire para ver esta isla que se considera uno de los lugares más insólitos° del mundo. — *unusual*

5. En todos los países hispánicos hay tanto que comprar que el visitante no sabe dónde empezar. En España vale la pena comenzar en las tiendas de artesanía. Allí se puede conseguir mantillas, porcelanas y cerámica de Valencia, castañuelas, perlas de Mallorca y guitarras hechas a mano. En México, cada estado tiene sus cosas típicas. En Taxco se encuentran objetos de plata y de hojalata°, en Guadalajara, cristalería soplada a mano°, y en otras regiones se puede obtener lacas°, canastos° y hermosos artículos de cuero. En Guatemala a los turistas les gusta comprar blusas bordadas° y tejidos° indios, y en Uruguay los suéteres de lana tejidos a mano son muy bonitos. — *tin/hand-blown/ lacquered products/ baskets embroidered/ weavings*

Contrastes culturales

1. ¿Cuáles son los sitios en los EE.UU. que más atraen a los turistas internacionales? ¿Por qué? ¿Es el turismo importante para la

economía de este país? ¿y para su pueblo? ¿Qué efecto tiene el turismo en su pueblo?

2. ¿Qué le recomienda Ud. a un turista que haga y vea en los EE.UU.? Prepare un itinerario para un turista que está en los EE.UU. por dos semanas. Incluya información sobre cada lugar. ¿A qué sitios suele acudir° la mayoría de los turistas extranjeros que visitan los EE.UU.? ¿Por qué? En su opinión, ¿cuál es el lugar más insólito de este país? Descríbalo.   *to go to*

3. ¿Qué recuerdos ha comprado Ud. en un país extranjero? ¿Qué compraría Ud. en México, España, u otro país hispánico? ¿Por qué? ¿Qué artículos o recuerdos suelen comprar los visitantes cuando vienen a los EE.UU.? ¿Qué les recomendaría Ud.?

El famoso Paseo de la Reforma, México, D.F.

Visitemos a México (folleto turístico)*

Para comenzar...

¿Cuánto sabe Ud. de México? En grupos de cuatro o cinco personas, hagan una lista de datos referentes al país. ¿Cómo y dónde aprendieron Uds. estos hechos? Ahora comparen su lista con las de los otros grupos. ¿Conocen Uds. bien el país?

———————

* **(adaptado)**

1   **¿Q**ué le interesa a Ud. de un viaje? ¿Los paisajes, la
vegetación, las playas, la arqueología, las gentes, las diversi-
ones, los platos exóticos, la historia, la artesanía local, el
progreso, el misterio, la selva°... ? Pues, todo eso es México, el   *jungle, forest*
5 país que colma° todos los gustos.   *satisfies*

   Volcanes como el Paricutín, cascadas como la de Necaxa,
numerosos lagos como Chapala, Bustiles, Bacalar... México es
una nación donde los atractivos de este tipo se ven junto a
una vegetación exuberante, a veces, y otras, desértica.° En ella   *desertlike*
10 se desarrollaron culturas que aún hoy nos impresionan: los
mayas, toltecas, chichimecas, aztecas... dejaron una clara
evidencia de su grandeza.

   La gastronomía mexicana es tan variada como el país.
Además de sus frutas (papayas, mangos, guayabas,° piñas,   *guavas*
15 aguacates,° etc.), que uno no debe dejar de probar, México   *avocados*
posee deliciosos platos típicos: «guacamole», «enchiladas»,
«mole», «tacos», «frijoles»... Todo esto se acompaña con «tortillas».
No se olvide de probar tequila (el combinado «margarita», a
base de tequila, limón y sal, es delicioso).

20   *Ciudad de México*

   México (Distrito Federal), con su fabuloso clima primaveral,
es la capital de México. Es sólo una pequeña parte de lo que
es este enorme país. Se puede pasear por grandes avenidas
como el Paseo de la Reforma (la representación mexicana de
25 la famosa avenida de los Champs-Élysées de París), y la
avenida Juárez. Se debe visitar la Plaza de las Tres Culturas.
Aquí es donde conviven las tres culturas importantes de
México (española, india, mestiza), y donde se encuentra la
personificación dramática de la historia mexicana.[1] Esta plaza
30 está en el antiguo pueblo de Tlatelolco, lugar donde Hernán
Cortés ganó la última batalla de la conquista en 1521; batalla
que fue el doloroso° nacimiento del México de hoy. Y   *painful*
también vale la pena ver la gran plaza del Zócalo, la Catedral
y el Palacio Nacional.

35   Cuando los aztecas llegaron al valle de México, se
establecieron primero en un sitio que llamaron Chapultepec.
Hoy día es un enorme parque elegante donde los mexicanos
de todas clases pueden divertirse. En toda la ciudad no hay
un lugar más apropiado para el Museo Nacional de

---

[1] A pesar del extenso daño causado por el terremoto de 1985, todavía se pueden ver
ejemplos arquitectónicos de las tres culturas.

40 Antropología que el parque Chapultepec. No hay ningún otro
   museo más bello, y en todo el mundo, sólo hay seis que son
   más grandes. El famoso castillo de Chapultepec está situado en
   la cima° de un cerro° del parque y contiene el Museo Nacional   *peak/hill*
   de Historia. Aquí la gente puede ver los objetos históricos en
45 los amplios salones del castillo, y disfrutar del ambiente del
   parque.

   El santuario más importante de México es la Basílica de la
   Virgen de Guadalupe. En este gran relicario° se venera la capa   *shrine*
   del indio Juan Diego. En 1531 la Virgen se le apareció, de-
50 jándole su rostro impreso° en la capa. La aparición tuvo un   *imprinted*
   profundo efecto en la conversión de los indios al catolicismo,
   pues se decía que la piel° de la Virgen era de un color más   *skin*
   parecido al de los indios que al de los europeos. Además de
   los miles de mexicanos devotos que van cada año en coche,
55 autobús y a pie, acuden también gentes de todos los conti-
   nentes para venerar a la Virgen. No es raro ver a mucha
   gente cruzando de rodillas el inmenso patio hacia la basílica.

   Si le interesa a Ud. la vida nocturna°, así es México: desde   *night life*
   los más típicos y populares «mariachis» hasta los más sofi-
60 sticados clubes nocturnos. Los turistas suelen acudir a la
   famosa Zona Rosa para gozar de los restaurantes elegantes y
   de las discotecas que están abiertas hasta muy tarde.

   Hasta el metro es digno de verse. Es uno de los más
   modernos del mundo, y tiene, en el interior de sus túneles,
65 una gran pirámide que descubrieron mientras lo construían. La
   excavación del metro fue para los arqueólogos un sueño
   hecho realidad. Encontraron muchos tesoros que, por más de
   400 años, estuvieron enterrados debajo de las calles de la
   ciudad. Éstos incluyen esculturas pintadas, huesos,° cerámica,   *bones*
70 cementerios y un templo pequeño.

Acapulco

   Esta ciudad tropical, fundada en 1550 y situada a la orilla
   del Pacífico, fue durante algún tiempo un importante centro
   comercial. Hoy se llama la Riviera del Pacífico, por sus
75 maravillosas playas, visitadas por el turismo cosmopolita y
   elegante del mundo entero. Lujosos hoteles y pequeñas y
   selectas boutiques proliferan por todas partes.

   Aquí se puede practicar esquí acuático, pesca submarina y
   windsurfing. Son muy interesantes las excursiones en barcos
80 que tienen el fondo de cristal, y permiten observar las
   numerosas especies que pueblan las transparentes aguas.
   Acapulco presenta uno de los espectáculos más extraordinarios

del mundo. Son universalmente conocidos los arriesgados° *daring*

nadadores que saltan con sus antorchas° a las aguas del *torches*

85 Pacífico desde las cortadas° de la Quebrada. Los clavadistas° *cliffs/divers*

reciben un sueldo bastante alto, pues se tiran desde una altura
de 118 pies a una profundidad de sólo 13 pies.

Conozca México a fondo, desde la gran vida cosmopolita
de la capital hasta las magníficas ruinas aztecas y las exquisitas
90 playas de Acapulco.

Vocabulario

SUSTANTIVOS

el castillo *castle*
el fondo *bottom*
el (la) nadador(a) *swimmer*
el paisaje *landscape*
la profundidad *depth*
el rostro *face*
el sueldo *salary*
el tesoro *treasure*

ADJETIVOS

devoto *devout*
fundado *founded*
lujoso *luxurious*
parecido *similar*

VERBOS

acudir *to go*
desarrollarse *to develop*
poblar (ue) *to populate*
probar (ue) *to taste, try*
saltar *to jump*
tirarse *to throw oneself*

EXPRESIONES

a base de *based on*
a pie *on foot*
de rodillas *kneeling*
hoy día *nowadays*
junto a *next to*

Según la lectura

Escoja Ud. la respuesta correcta.

1. En México...
   a. hay algo para todos los gustos.   **b.** el paisaje no varía mucho.
   c. hay muy poco de lo antiguo.
2. La Basílica de Guadalupe...
   a. fue construida por los aztecas.   **b.** todavía no se conoce bien.
   c. es el santuario principal de México.
3. La aparición de la Virgen afectó mucho a los indios porque ella...
   a. apareció de rodillas.   **b.** tenía aspecto indio.
   c. mandó construir la Basílica.
4. Uno va a la Zona Rosa para...
   a. nadar en el lago.   **b.** ir a los clubes sofisticados.   **c.** ver las pirámides.

5. La «margarita» se hace con tequila, sal y...

    a. piña.   **b.** mole.   **c.** limón.

6. Acapulco tiene un clima...

    a. primaveral.   **b.** otoñal.   **c.** tropical.

7. Acapulco se conoce por...

    a. sus maravillosas playas y clubes.   **b.** sus famosas pirámides.

    c. sus grandes museos y avenidas.

Según usted

1. México es el país que «colma todos los gustos». Explique. ¿Conoce Ud. otro lugar parecido en este aspecto?
2. ¿Le gustaría viajar a México algún día? ¿Preferiría Ud. ir a la Ciudad de México o a Acapulco? ¿Por qué?
3. Describa Ud. su viaje más interesante. ¿Adónde fue? ¿Cuándo? ¿Con quién fue? ¿Qué es lo que más le gustó? ¿Fue para divertirse? ¿para estudiar? ¿para trabajar?

Conversemos

Ud. está planeando un viaje a México y quiere estar muy bien preparado(a) antes de irse. ¿Qué preguntas quiere hacer acerca de la comida, la documentación necesaria, el clima, las costumbres, los peligros posibles, etcétera? ¿Qué hace Ud. para obtener esta información? ¿Qué más hace para prepararse para su viaje?

Composición

1. Prepare Ud. un folleto turístico que describa su ciudad o pueblo, o un lugar que Ud. conoce bien, con el fin de atraer a muchos turistas.
2. Escriba Ud. un diálogo entre padres e hijo(a) en el cual el (la) hijo(a) intenta convencerlos de que lo (la) dejen pasar el verano en México.

Minidrama

En grupos, preparen un anuncio comercial para una de las compañías siguientes. Empleen por lo menos cinco mandatos en su anuncio.

a. Aeroméxico
b. la oficina de turismo de México
c. la cadena hotelera Camino Real
d. una línea de barcos cruceros°   *cruise ships*
e. coches de alquiler Avis

Repasemos el vocabulario

A. Cognados. *Busque en el texto los cognados de las siguientes palabras en inglés*

1. vegetation _____
2. mystery _____
3. volcano _____
4. valley _____

5. appropriate _____
6. center _____
7. tunnel _____
8. cascade _____

B. Sinónimos. *Busque Ud. el sinónimo de las palabras siguientes.*

1. lugar
2. rostro
3. bello
4. acudir
5. enorme
6. devoto

a. ir
b. cara
c. sitio
d. religioso
e. hermoso
f. inmenso

C. Antónimos. *Busque Ud. el antónimo de las palabras siguientes.*

1. ordinario
2. apropiado
3. interior
4. realidad
5. debajo de
6. raro

a. común
b. fantasía
c. exterior
d. extraordinario
e. inadecuado
f. encima de

D. Juego de palabras. *Siguiendo los modelos, forme Ud. una palabra de otra.*

VERBO	SUSTANTIVO
1. luchar	**lucha** _____
2. conquistar	_____
3. visitar	_____
4. pescar	_____
5. mezclar	_____

VERBO	SUSTANTIVO
1. centrar	**centro** _____
2. desarrollar	_____
3. tirar	_____
4. pagar	_____
5. saltar	_____

El turista inglés. El turista yanqui. El turista español.*

JULIO CAMBA

Para comenzar...

A. En la siguiente lectura el autor ofrece descripciones de tres turistas distintos: el inglés, el norteamericano y el español. ¿Qué cree Ud. que va a leer en estas páginas? ¿Qué diferencias puede haber entre estos tres tipos de viajeros? Piénselo bien y exprese sus opiniones.

B. A ver si Ud. puede adivinar el significado de las siguientes palabras subrayadas, según el contexto.

---

* **(adaptado)**

1. Un hotel donde no haya un inglés no parecerá un hotel, sino una <u>pensión</u> de familia.

   a. boardinghouse   **b.** salary   **c.** problem

2. El inglés admira en la misma <u>jornada</u> dos iglesias, un paisaje, un viejo castillo, la casa donde nació un hombre célebre.

   a. journal   **b.** way   **c.** day

3. A veces el inglés confunde <u>los cuadros</u>, y en vez del Rubens a que alude el guía, admira una porquería° de un pintor local.   *piece of junk*

   a. sculptures   **b.** paintings   **c.** junk

4. Cuando los otros turistas se extasían° ante las ruinas, el yanqui los <u>desprecia</u> como gente poco práctica.   *are delighted*

   a. scorns   **b.** describes   **c.** praises

5. No he estado en Gante, ni en Brujas, ni en Amberes, <u>ni siquiera</u> en el «Bois de la Cambre».

   a. not only   **b.** not even   **c.** not ever

El turista inglés

1   *E*l turismo, como el «roast beef», fue inventado en Inglaterra, y el verdadero turista es el turista inglés. Ningún otro país puede considerarse como lugar de turismo mientras no vayan a él los turistas ingleses. Un hotel donde no haya

5   un inglés no parecerá un hotel, sino una pensión de familia.

El inglés es turista por naturaleza. Es el que consume más cupones de hotel, más kilómetros de vías férreas,° más guías,   **vías...** *train tracks* más tarjetas postales. Es el hombre que tiene más capacidad admirativa para las ruinas, para los museos, para las estatuas,

10   para las catedrales góticas, para las tumbas célebres. Admira en la misma jornada dos iglesias, un paisaje, un viejo castillo, la casa donde nació un hombre célebre, una biblioteca pública, un río, una montaña, un trozo de mar y las botas de un general heroico. Lo admira todo sin cansarse, con una

15   resistencia para la admiración que no tiene ningún otro turista.

   — Permítanme ustedes solicitar su admiración sobre este cuadro de Rubens — dice el guía en un museo.

Y el primer turista que se adelanta y que abre la boca es el turista inglés. A veces confunde los cuadros, y en vez del

20   Rubens a que alude el guía, admira una porquería de un pintor local; pero en cuanto advierte° su error, lo rectifica.   *notices*

   — ¡Ah! ¿No es esto lo que hay que admirar? «No matter. It is all right.»

La atracción del turista inglés sólo depende de una cosa: de
25 que el citado turista se encuentre en España, como en
Inglaterra, con un criado que le hable inglés en el hotel, con
un buen trozo de »roast beef» a la hora de almorzar, con su té
de las cinco y con su campo de golf. Porque al inglés le
gusta visitar los países exóticos a condición de encontrarse
30 como en Inglaterra. Es inglés siempre; es siempre turista.

El turista yanqui

El turista yanqui mira todas las cosas con aire de
comprador. Ante una catedral como ante una montaña, yo
siempre me figuro que va a preguntar lo que cuestan.

35 Le presenta usted un duque a un turista yanqui, y si el
turista yanqui tiene hijas casaderas,° es capaz de preguntarle a
usted:

    eligible for marriage

— Y ese duque que usted me ha presentado, ¿cuánto cree
usted que puede costar?

40 Cuando los otros turistas se extasían ante las ruinas, el
yanqui los desprecia como gente poco práctica, que pierde el
tiempo en palabras inútiles, y dirigiéndose° al guía, le
pregunta:

    addressing

— Estas ruinas, ¿qué es lo que valen?

45 — ¡Oh! Estas ruinas, sabe usted...

— Nada, nada. ¿Cuánto valen?

— Mire usted. Estas ruinas tienen un gran valor histórico,
un gran valor artístico...

— Pero, en fin, ¿cuánto valen en dinero? ¿Cuántos miles de
50 dólares?

Si los turistas yanquis no han comprado ya el Mont Blanc
es porque piensan hacer en Chicago uno mucho más grande,
con mucha más nieve y con muchas más «crevasses»...

En el hotel, el turista yanqui toma el ascensor para subir,
55 no porque pueda cansarle una docena de escaleras, sino
porque se debe a su calidad de yanqui el ir al cuarto con
mucha maquinaria° y de un modo muy moderno.

    machinery

El turista yanqui no abunda tanto como el turista inglés;
pero tiene mucho más dinero. Lo gasta de una manera
60 ordinaria, pero lo gasta. Un viaje de placer es para él tanto
mejor cuanto más dinero le ha costado.

El turista español

En París me encontré un día a Félix Azzati, que volvía con su familia de una excursión por Bélgica y Holanda. Azzati
65 estaba muy enfermo del estómago, y el objeto de su excursión era visitar a un célebre especialista. Se le acabó el dinero° antes de ver a especialista ninguno, y en París, estaba el hombre esperando un cable para volver a Valencia. Así viaja el turista español. A lo mejor viene a Suiza por motivos de
70 salud, a respirar el aire de las montañas, y luego se pasa todo el tiempo levantándose a las cuatro de la tarde y yendo del hotel al café.

Se... He ran out of money

No hablemos° de ruinas ni de catedrales exóticas. Al revés del inglés, el español es el turista que tiene menos capacidad
75 admirativa para las catedrales góticas y para las ruinas. Es también el turista que compra menos tarjetas postales y es el que posee menos dinero de todos.

No... Let's not speak

Yo me he pasado mes y medio en Bruselas, y no conozco de toda Bélgica más que el «Boulevard du Nord» y un bar de
80 noche. No he estado en Gante, ni en Brujas, ni en Amberes, ni siquiera en el «Bois de la Cambre». En Constantinopla yo viví cuatro o cinco meses, y — si ustedes me guardan el secreto — voy a hacerles una confesión terrible. Ni una sola vez durante esos meses se me ocurrió entrar en Santa Sofía.

85 Para el español, lo más importante es él mismo. El español se da a sí mismo° mucha más importancia de la que puede darle al paisaje o a una catedral, obra de varias generaciones.

sí... himself

Realmente, el español no tiene naturaleza de turista. Ni naturaleza ni dinero.

Vocabulario

SUSTANTIVOS

el castillo *castle*
el cuadro *painting*
la escalera *stair*
el extranjero *abroad*
la jornada *day*
la naturaleza *nature*
la pensión *boardinghouse*
la salud *health*
la tarjeta postal *postcard*
el trozo *piece*

ADJETIVOS

capaz *capable*
célebre *famous*
extranjero *foreign*

VERBOS

cansarse *to become tired*
confundir *to confuse*
encontrarse (ue) *to meet, find oneself*
gastar *to spend*

guardar *to keep*
valer *to be worth*

EXPRESIONES

a lo mejor *probably, at best*
al revés *on the contrary*

darse importancia *to consider oneself important*
depender de *to depend on*
en cuanto *as soon as*
en vez de *instead of*
ni siquiera *not even*

Según la lectura

Escoja Ud. la respuesta correcta.

1. El... tiene naturaleza de turista.
   a. inglés.　　**b.** español.　　**c.** yanqui.
2. No hay otro turista... como el inglés.
   a. con tanto dinero.　　**b.** tan desinteresado.
   c. capaz de tanta admiración.
3. Cuando viaja, al inglés le gusta...
   a. descansar mucho durante el día.
   b. comer la comida típica de los países exóticos.
   c. estar en otros países como en su casa.
4. Al turista yanqui se le nota el aire de...
   a. desinterés.　　**b.** superioridad.　　**c.** admiración.
5. En cada situación turística, el yanqui siempre...
   a. gasta mucho dinero en tarjetas postales.
   b. se interesa por el precio.　　**c.** se confunde y comete errores.
6. En un país extranjero, al yanqui *no* le interesa...
   a. lo moderno.　　**b.** lo práctico.　　**c.** lo artístico.
7. El turista yanqui es más... que el inglés.
   a. culto.　　**b.** rico.　　**c.** admirador.
8. En cualquier país, el turista español se puede encontrar...
   a. en las montañas, respirando el aire puro.
   b. en los museos, admirando los objetos de arte.
   c. en su hotel, levantándose muy tarde.
9. Para el viajero español, lo más importante es...
   a. la comida.　　**b.** él mismo.　　**c.** los cuartos de baño.
10. El autor de la lectura confiesa que...
    a. no le gusta viajar.　　**b.** se parece al «típico» turista español.
    c. no se puede identificar con el turista español.

Según usted

1. ¿Cuál es el motivo por el que viaja cada uno de los turistas? Describa el itinerario de un día de viaje para cada uno. Cuando Ud. viaja, ¿dónde y cómo pasa la mayoría de su tiempo?

2. Imagínese Ud. que los tres turistas son amigos suyos y todos lo (la) invitan a Ud. a acompañarlos en un viaje al extranjero. ¿Con cuál prefiere ir? ¿Por qué?

3. Ahora que Ud. conoce a estos tres personajes, imagínese cómo pasan un día común y corriente en su propia ciudad (trabajo, familia, pasatiempos, etcétera).

Conversemos

1. ¿Es su pueblo o ciudad un lugar turístico? ¿Qué atractivos ofrece? ¿Cuándo suelen acudir los turistas? ¿Cuáles son las ventajas y desventajas de vivir en un centro turístico?

2. ¿Está Ud. de acuerdo con la descripción del turista yanqui? Según lo que dice el autor, ¿es Ud. un(a) típico(a) turista yanqui? ¿Por qué sí o por qué no? ¿Cree Ud. que hay exageraciones en las otras descripciones? ¿Cuáles son?

Composición

1. Los tres turistas se encuentran en Nueva York por primera vez. Escriba Ud. una composición describiendo sus experiencias o aventuras allí.

2. Describa Ud. al turista ideal.

Minidrama

El inglés, el yanqui y el español se encuentran en el mismo grupo turístico. En grupos, escojan uno de los siguientes viajes y representen el papel de los tres turistas.

a. un safari por la selva Amazónica   *c.* una excursión al Oriente

b. un crucero por el Caribe   *d.* una semana en Disneylandia

Repasemos el vocabulario

A. *Cognados.* *Busque en el texto los cognados de las siguientes palabras en inglés.*

1. cathedral	_____	**5.** capacity	_____
2. duke	_____	**6.** gothic	_____
3. ruins	_____	**7.** appearance	_____
4. resistance	_____	**8.** stomach	_____

B. *Sinónimos.* *Busque Ud. el sinónimo de las palabras siguientes.*

1. al revés   *a.* día

2. jornada   *b.* probablemente

3. en vez de   *c.* viaje

4. excursión   *d.* en lugar de

5. a lo mejor   *e.* hacia atrás

C. Antónimos. *Busque Ud. el antónimo de las palabras siguientes.*

1. verdadero	*a.* desconocido
2. comprador	*b.* cobarde
3. subir	*c.* sano
4. heroico	*d.* bajar
5. célebre	*e.* vendedor
6. enfermo	*f.* falso

D. Juego de palabras. *Siguiendo los modelos, forme Ud. una palabra de otra.*

VERBO	SUSTANTIVO
1. imaginar	**imaginación**
2. participar	_____
3. crear	_____
4. indignar	_____
5. documentar	_____

VERBO	SUSTANTIVO
1. importar	**importancia**
2. estar	_____
3. abundar	_____
4. ganar	_____
5. tolerar	_____

VERBO	SUSTANTIVO
1. turista	**turismo**
2. comunista	_____
3. optimista	_____
4. idealista	_____
5. periodista	_____

Las boticas*

JULIO CAMBA

Para comenzar...

Aunque los grandes almacenes y supermercados son cada vez más populares en el mundo hispánico, todavía se hace la mayoría de las compras en tiendas especializadas. ¿Dónde cree Ud. que los españoles compran los siguientes artículos mencionados en el texto?

_____

* (adaptado)

ARTÍCULO	TIENDA
1. helado	*a.* un correo
2. bombones	*b.* una relojería
3. artículos de «toilette»	*c.* una farmacia
4. sellos	*d.* una perfumería
5. artículos de escritorio	*e.* una papelería
6. medicina	*f.* una heladería
7. tarjetas postales	*g.* un quiosco
8. despertadores	*h.* una dulcería

1   **¿P**or qué se dice en España eso de «haber de todo, como en botica»? ¿Qué es lo que vamos a ver en las boticas españolas? ¿Es que hay cigarros, por ejemplo? ¿Es que hay pañuelos de bolsillo? ¿Es que hay artículos de escritorio?...¿Qué
5 dice un boticario español si un señor le pide una máquina fotográfica? Y si una señora se acerca a la botica para tomarse un helado, o un chocolate o una taza de caldo, ¿es probable que el boticario conserve ante ella su buen humor?

    Pues aquí en los Estados Unidos, en las boticas, venden
10 verdaderamente de todo. Cigarros y artículos de escritorio, pañuelos de bolsillo y máquinas fotográficas, chocolates y helados y tazas de caldo. Venden sellos de correos, venden caserolas,° venden bombones, venden despertadores, venden   *pans* máquinas de afeitar, venden fonógrafos y hasta° creo que   *even*
15 venden medicamentos.

    La gente, a falta de cafés, se pasa aquí el día en las boticas. Examina los puestos de libros, las vitrinas° de   *glass case* bisutería,° los álbumes de tarjetas postales, los artículos de   *costume jewelry* «toilette». Hay música, hay luz, hay risas, hay buen olor. Un
20 europeo vacilaría mucho antes de confiarle a ninguno de estos boticarios la confección° de una receta...   *preparation*

    Y es que el europeo tiene una idea supersticiosa de los boticarios y de las boticas. Para él, hacer una poción es algo más difícil que hacer un refresco. Un europeo considera la
25 raíz de ruibarbo° una sustancia sagrada, que debe ser vendida   *rhubarb* por un hombre muy triste en un lugar también muy triste y que huela a raíz de ruibarbo precisamente. Vender medicinas es algo tan importante para nosotros que lo consideramos incompatible con la venta de ninguna otra cosa. El boticario
30 nos parece todavía un mago, un alquimista con sus etiquetas latinas.

    Y en América, el boticario es un comerciante como los demás, y las boticas son tiendas igual que las otras. El

boticario americano no se da importancia. Si usted le pide un
35 medicamento porque la tía de usted está muriendo, él se lo
despacha° a usted sin ponerse grave ni solemne. Y si usted   *sells*
conquista a una mujer y quiere regalarle una caja de bom-
bones, el boticario le da a usted la caja de bombones de la
misma manera. El boticario americano no se identifica con las
40 cosas que vende. Vende bombones como vende medicinas,
vende papel de escribir como vende petacas.° Vende las cosas   *tobacco pouches*
más contradictorias del mundo. Vende de todo, como en
botica.

Vocabulario

SUSTANTIVOS

la botica *drugstore*
el (la) boticario(a) *druggist*
el caldo *broth*
el (la) comerciante *merchant*
el despertador *alarm clock*
la etiqueta *label*
el (la) mago(a) *magician*
el medicamento *medicine*
el pañuelo *handkerchief*
la raíz *root*
la receta *prescription*
la venta *sale*

VERBOS

afeitar *to shave*
confiar *to entrust*
oler a *to smell like*
vacilar *to hesitate*

ADJETIVO

sagrado *sacred*

EXPRESIONES

a falta de *for lack of*
los demás *the rest*

Según la lectura

Termine Ud. las frases siguientes con sus propias palabras.

1. En las boticas españolas se vende(n)...
2. En las boticas norteamericanas se vende(n)...
3. Los españoles suelen pasar mucho tiempo en...
4. Algunas actividades en una botica norteamericana son...
5. Un europeo no confía en un boticario norteamericano porque...
6. El ambiente de una botica norteamericana es...
7. La actitud del boticario norteamericano...
8. Este artículo probablemente fue escrito en la década de los... porque...

Según usted

1. ¿Va Ud. con frecuencia a la botica? ¿Qué suele comprar? ¿Va Ud. a la
   botica para pasar el tiempo? ¿Qué hace allí?

2. Explique Ud. el dicho «haber de todo, como en botica». ¿Es más apropiado para una botica española o norteamericana? ¿Por qué? ¿Cuáles son algunas de las cosas típicas no mencionadas en el artículo que se venden en una botica norteamericana?

3. ¿Es ésta una descripción auténtica de una botica norteamericana de hoy día? Explique. ¿Qué cosas han cambiado en los últimos años?

Conversemos

1. Según el autor, ¿cuál es la actitud del europeo hacia las medicinas y hacia el boticario? ¿y la del norteamericano? ¿Está Ud. de acuerdo? ¿Cómo explica Ud. esta diferencia?

2. «El boticario norteamericano no se identifica con las cosas que vende.» Explique Ud. esta frase en el contexto de la lectura. ¿Hay ejemplos en este país de esta actitud en otras profesiones? ¿Qué implica esta frase en cuanto al carácter de la sociedad norteamericana? ¿Está Ud. de acuerdo?

Repasemos el vocabulario

A. Cognados. *Busque en el texto los cognados de las siguientes palabras en inglés.*

1. contradictory	_____	**5.** phonograph	_____
2. photographic	_____	**6.** superstitious	_____
3. medicines	_____	**7.** incompatible	_____
4. substance	_____	**8.** melody	_____

B. Juego de palabras. *Siguiendo los modelos, forme Ud. una palabra de otra.*

VERBO	SUSTANTIVO
1. ensayar	**ensayo** _____
2. sellar	_____
3. dibujar	_____
4. votar	_____
5. progresar	_____

VERBO	SUSTANTIVO
1. despertar	**despertador** _____
2. mostrar	_____
3. nadar	_____
4. comprar	_____
5. admirar	_____

Los viajeros*

MARCO DENEVI

*Marco Denevi, nacido en la Argentina en 1922, fue premiado en 1955 por su
novela* Rosaura a las diez. *Ha recibido otros honores por sus producciones
teatrales pero sus fábulas se consideran sus obras más destacadas. El autor
percibe la condición humana de una manera única, satírica e irónica.*

Para comenzar...

Usando las siguientes palabras, trate de adivinar el tema central de la siguiente
lectura. Después de hacer la lectura, compare su versión con la del autor.

_____

* **(adaptado)**

el matrimonio Ponzevoy   más tarde   museos   los idiomas
viajar   fotografías   Europa   comidas
cuando eran jóvenes   «souvenirs»   más exóticos   graves confusiones

1   *E*l matrimonio Ponzevoy, gente encantadora, tiene la
manía de viajar. No le falta dinero y puede darse este lujo.
Empezaron hace muchos años, cuando aún eran jóvenes.
Entonces hacían excursiones en automóvil por los alrededores
5   de la ciudad. Visitaban pueblecitos, los balnearios° de la costa   *spas*
del río. Volvían cargados de caracoles, de frutas, de pescados,
en tales cantidades que la mayor parte de las frutas iban a la
basura.°   *garbage*

Después hicieron viajes al interior del país. Utilizaban el
10   servicio de ómnibus y ya no llevaban simples bolsones° sino   *large purses*
maletines° de fibra. Había que oírlos a la vuelta: hablaban   *small suitcases*
entusiastamente de iglesias, de cementerios, de museos. Abrían
los maletines y aparecían frascos° de dulce, hongos,° mate,   *bottles/mushrooms*
ponchos, tarjetas postales. Los amontonaban en un rincón y ya
15   no les prestaban atención alguna porque preferían hacernos el
relato de sus aventuras. A través de sus palabras uno adivi-
naba que no habían permanecido más de uno o dos días en
cada ciudad y que ese tiempo lo habían dedicado a las visitas
a los museos, a las iglesias y a los cementerios y a comprar
20   lo que ellos llamaban *souvenirs*.

Más tarde recorrieron el continente, cada año un país
distinto. Viajaban en ferrocarril, cargados de valijas de cuero.°   *leather*
Ya tenían un aparato fotográfico y al regresar nos mostraban
tantas fotografías que era imposible verlas todas. También nos
25   mostraban los *souvenirs*. Pero jamás, lo anoto entre paréntesis,
nos trajeron un modesto regalito. Creo que fue por esa época
cuando comenzaron las disputas sobre fechas y lugares. El
señor Ponzevoy decía, por ejemplo:

— ¿Te acuerdas, en Isla Verde, de aquellas ruinas?

30   — No era en Isla Verde — le respondía su mujer — sino
en Puerto Esmeralda.

Discutían durante una hora seguida. Yo, harto de presenciar°   **harto...** *sick of*
esas escenas, una vez les pregunté: *witnessing*

— ¿Por qué no llevan un diario de viaje?
35   Me contestaron de mal modo:

— ¡Qué disparate! No hay tiempo, mientras se viaja, de escribir.

Si alguien les preguntaba:

— ¿Y la gente? ¿Cómo es la gente allí? ¿Es hermosa, es fea?
40 ¿Es amable? ¿Qué piensa? ¿Cómo vive?

Ponían cara de fastidio:°   *annoyance*

— La gente es la misma en todas partes — y añadían, sonriendo:

— En cambio, qué edificación. Trescientas cincuenta y
45 cuatro iglesias, cinco museos, un cementerio de veinte hectáreas.

Aclaro que, al cabo de varios viajes, la casa de los Ponzevoy estaba tan atestada de objetos de toda clase que tuvieron que deshacerse° de los muebles.   *to get rid*

50 El matrimonio fue a Europa en avión. Ya no cargaban valijas sino baúles de madera. Regresaron con montañas de *souvenirs*, a tal punto que se mudaron a una casa más grande, pues ahora los *souvenirs* incluían relojes, cuadros, alfombras, espejos, tapices,° estatuas de tamaño natural, un   *tapestries*
55 trozo de columna del Partenón, cráteras,° mosaicos robados de   *craters*
la Villa de Adriano en Tívoli y los inevitables ceniceros.° En   *ashtrays*
cuanto a las fotografías, que eran cientos, nadie las vio. La señora Ponzevoy dijo:

— Más adelante.

60 Y las guardó dentro de las cráteras.

Los viajes se sucedieron uno tras otro° y por esa causa el   **uno...** *one after the*
matrimonio no pudo tener hijos ni asistir al entierro° de sus   *other/burial*
parientes. Iban a Europa, al Asia y al África. Permanecían en Buenos Aires apenas una semana, de la cual tres días los
65 consagraban° a desembalar° los *souvenirs* y el resto a hacer los   *dedicated/to unpack*
preparativos para la próxima expedición a lugares cada vez más lejanos, más exóticos: Ubanqui, Nagar Ave, María Galante. Disponían° no sólo de varios aparatos fotográficos sino   *They made use of*
también de cámaras filmadoras, pero jamás proyectaron las
70 películas. No había tiempo, en una semana, de ver la proyección de miles de metros de celuloide, ni una pared libre donde desplegar la pantalla.° Las discusiones sobre fechas   **desplegar...** *to*
y lugares eran sumamente° violentas.   *unfold the screen*
          extremely

Además mezclaban los idiomas.

75   — *I think* — decían — que *quello cimitero*[1] estaba en *les environs*[2] del *Gemeinderat*.[3]

Cuando nos veían no nos reconocían.

— ¿Quién es usted? — preguntaban —. ¿Dónde lo vi? ¿En Tarcoola Goldfield o en Axixá?

80   Sé que tienen el estómago estragado° por las comidas devoradas a toda prisa en los hoteles y en los aeropuertos. La señora Ponzevoy sufre de flebitis[4] y el señor Ponzevoy de callos plantales° de tanto caminar por los museos, por las iglesias y cementerios. Los bruscos cambios de clima les han
85 afectado los pulmones.° Como están siempre de paso no se cambian de ropa y la llevan sucia y arrugada.° Entretanto° en su casa ya no cabe un alfiler.° Los rollos de celuloide se entretejen° como trenzas° y no hay forma de desenredarlos.° Las fotos cubren el piso, la mayoría rotas. Hay por todas
90 partes baúles sin abrir, colmados° de recuerdos de viaje.

Últimamente el matrimonio Ponzevoy padece de graves confusiones. Cuando llegan a Buenos Aires de vuelta de Big Stone City o de Mukauuar, preguntan:

— ¿Cuál es el nombre de *cette ville*?[5] Es muy hermosa.
95 ¿Dónde están sus iglesias, sus *museums*, sus *cimiteri*?

Toman fotografías, hacen funcionar las cámaras filmadoras. Es necesario guiarlos hasta su casa. Al entrar gritan:

— ¡*Wonderful*...! ¡Cuántos *souvenirs*! ¡Los compramos!

Han olvidado quiénes son. El otro día los vi.

100   — Señora Ponzevoy, señor Ponzevoy.

La mujer frunció el entrecejo° y miró al marido.

— ¿Ponzevoy?

— ¿Ya no te *souviens pas*?[6] Una isla del Caribe.

— *You are wrong*, como siempre. Una aldea del Kurdistán.

105   — Estuvimos allí en 1958. ¿*Ja*?[7]

— *Mio caro*,[8] en 1965.

Los dejé discutiendo agriamente.°

	destroyed
	callos... *corns on his feet*
	lungs
	wrinkled/meanwhile
	pin
	are mixed up/ braids/to untangle them
	overflowing
	frunció... *knitted her brow*
	bitterly

---

[1] Italian for *that cemetry*.   [2] French for *outskirts*.   [3] German for *city council*.
[4] Phlebitis: *inflammation of the veins (usually of the legs)*.   [5] French for *this city*.
[6] French for *remember*.   [7] German for *yes*.   [8] Italian for *My dear*.

Vocabulario

SUSTANTIVOS

los alrededores *outskirts*
   el aparato fotográfico *camera*
   el baúl *trunk*
   el lujo *luxury*
   el recuerdo *souvenir*
   el relato *account, story*
   la valija *valise*

VERBOS

amontonar *to pile up*
caber *to fit*
cargar *to load; to bring*
discutir *to argue*
mezclar *to mix*
mudarse *to move*
padecer *to suffer*
permanecer *to remain*
prestar atención *to pay attention*
recorrer *to travel*

ADJETIVOS

atestado *crowded*
encantador *charming*
inevitable *unavoidable*
sucio *dirty*

EXPRESIONES

a la vuelta *on returning*
al cabo de *at the end of, after*
apenas *scarcely*
a través de *by means of*
aún *still*
de paso *passing*
de vuelta de *on one's return from*
en cambio *on the other hand*
en cuanto a *as far as*
jamás *never*

Según la lectura

¿Verdad o mentira? Si la frase es falsa, corríjala.

1. Hace mucho tiempo que los Ponzevoy empezaron a viajar.
2. Al principio, hacían sus viajes al continente.
3. Cuando ellos viajan no llevan mucho equipaje.
4. En cada ciudad se quedan por lo menos una semana.
5. Ellos nunca sacan fotos en sus viajes.
6. A los señores Ponzevoy les gusta conocer a la gente.
7. A causa de tanto viajar no recuerdan su nacionalidad.
8. La comida y los cambios no han afectado a la salud de los Ponzevoy.
9. La casa de los Ponzevoy está llena de recuerdos de los viajes.

Según usted

1. ¿Por qué motivos viajan los Ponzevoy? ¿Son buenos sus motivos? ¿Por qué sí o por qué no?
2. ¿Son turistas típicos los Ponzevoy? ¿Por qué sí o por qué no? ¿Cuáles son las características del turista típico?
3. ¿Es cómico este cuento? ¿Por qué? ¿Hay una nota trágica? ¿Cuál puede ser?

Conversemos

1. Imagínese que el pasatiempo de los Ponzevoy es una de las siguientes actividades en vez de viajar. ¿Cómo la practicarían?
   a. el comer   **b.** la naturaleza   **c.** los deportes
2. Prioridades. Cuando Ud. viaja, ¿qué es más importante? Arregle Ud. las siguientes actividades en orden de importancia y explique por qué.
   a. aprender el idioma   **d.** visitar los lugares de interés
   b. sacar muchas fotos   **e.** probar la comida típica
   c. conocer las costumbres **f.** ir a los clubes nocturnos

Minidrama

Los Ponzevoy están de viaje con sus vecinos, los Menotti. Representen los papeles de las dos parejas en uno de los siguientes sitios.

a. París   *b.* Inglaterra   *c.* Washington, D. C.   *d.* Egipto

Repasemos el vocabulario

A. Sinónimos. *Busque Ud. el sinónimo de las palabras siguientes.*

1. amontonar   *a.* sufrir de
2. permanecer   *b.* viajar
3. recorrer   *c.* al final de
4. al cabo de   *d.* conflicto
5. disputa   *e.* acumular
6. padecer   *f.* quedarse

B. Juego de palabras. *Siguiendo los modelos, forme Ud. una palabra de otra.*

VERBO	SUSTANTIVO
1. adivinar	**adivinanza**
2. mudar	_____
3. andar	_____
4. confiar	_____
5. enseñar	_____

VERBO	SUSTANTIVO
1. bailar	**baile**
2. nombrar	_____
3. tardar	_____
4. viajar	_____
5. escapar	_____

A. *La maleta.* *Haga las siguientes actividades.*

1. Siempre es difícil decidir qué cosas llevar en un viaje. Aparte de la ropa, nombre Ud. seis cosas que son esenciales para cualquier viaje. Justifique sus selecciones. Compare su lista con la de sus compañeros.

2. ¿Qué cosas no se deben traer de vuelta a los EE.UU.? Imagínese que pasa por la aduana con algo prohibido. Invente tres posibles razones por las que Ud. trae el objeto. ¿Qué le dice el agente de la aduana?

B. *Un viaje inolvidable.* *Al viajar siempre le pasan cosas inesperadas... a veces no muy agradables. Ud. acaba de volver de un viaje al extranjero. Termine Ud. las siguientes frases de una forma original. Use el imperfecto y el pretérito.*

1. Llegué al aeropuerto dos horas antes de la salida pero...
2. Por fin, conseguí un vuelo a...
3. No podía dormir en el avión porque...
4. Al pasar por la inmigración, me dijeron que...
5. Cuando llegué al hotel...
6. Luego, en el restaurante cuando pedí la cuenta descubrí que...
7. Durante una gira turística por la ciudad, el guía nos explicó que...
8. En la capital un policía nos paró y...
9. En la noche, tomé un taxi para ir a un concierto pero...
10. Cuando volví a los EE.UU....

C. *Conversemos.* *Conteste Ud. las siguientes preguntas.*

1. Un extra-terrestre acaba de llegar a este planeta. ¿Qué fotos saca él de la Tierra y qué recuerdos se lleva a su planeta para mostrárles a sus compatriotas? ¿Por qué?

2. Muchos turistas creen que pueden captar toda la cultura de un país a través de las fotos, diapositivas° y recuerdos. ¿Es esto posible? ¿Qué es lo que estas cosas pueden comunicar? ¿Qué aspectos de una cultura son los que no aparecen en las fotos?

slides

D. *Composición.* *Escoja Ud. una de las frases siguientes y escriba una composición breve.*

1. El viaje más extraño de mi vida fue...
2. Es importante viajar a países extranjeros porque...

3. El refrán° «Adonde fueres, haz lo que vieres°» significa...

*proverb/
"When in
Rome..."*

E. Minidrama. *En grupos, representen una de las escenas siguientes.*

1. Ud. es pasajero(a) a bordo de un avión que va con retraso. Tiene que tomar otro avión muy pronto. Explíquele a la azafata su situación. ¿Qué le contesta? ¿Cómo reaccionan los otros pasajeros al saber su problema? Incluya: el avión que va a tomar y el destino; por qué no puede perder el segundo avión; su preocupación por su equipaje.

2. Un(a) marciano(a) visita su ciudad por primera vez. Con un(a) compañero(a), preparen un diálogo. ¿Qué preguntas le hace a Ud. el (la) extra-terrestre sobre los habitantes, la cultura, las costumbres, etcétera de la Tierra? ¿Qué le contesta Ud.?

Hoy en las noticias

Menudencias

¿SABÍA UD. QUE...?

1. Hasta finales de la década de los ochenta, en España había sólo dos cadenas° de televisión. La programación no empezaba hasta la hora de comer, (1:30-2:00 de la tarde). Pero las cosas han cambiado mucho. Además de las tres cadenas nacionales, hay muchos canales° locales. También hay disponible° programación de otros países europeos.

networks

channels/ available

2. La corrida de toros realmente se considera un arte y no un deporte. Es el tema de algunos de los dibujos que se encontraron en las cuevas de Altamira, en el norte de España, que datan del año 20.000 a. de C. Ha habido mujeres toreras; la primera fue Nicolasa Escamilla en 1748. La primera corrida de toros en los EE.UU. fue en Houston, Tejas, en 1966.

3. En el juego de pelota por excelencia, la "pelota vasca", los jugadores lanzan la pelota contra una pared, o "frontón", usando una pala, una cesta o las manos. Este juego se originó en el País Vasco, en el norte de España. Aunque se practica mayormente en España se va extendiendo, al igual que el jai alai, a otras partes del mundo hispánico y a las zonas de habla española de los EE.UU. El tenis se ha hecho popular en los países hispánicos, pero por la escasez de canchas° de tenis públicas, sigue siendo un deporte para los de alto nivel económico. El fútbol, en cambio, no requiere instalaciones costosas. En España, Colombia, México y otros países latinoamericanos, es el deporte que se practica con más entusiasmo.

escasez...
scarcity of courts

4. A los mexicanos les gustan mucho los caballos, y el arte ecuestre llamado "charrería" es considerado por muchos el deporte nacional de México. Esta diversión nació en las grandes fincas° rurales en la época colonial (1524-1821). Los dueños de las fincas, los ricos ganaderos° españoles, empleaban a campesinos mexicanos para enlazar°, atar° y marcar el ganado°. para realizar estas faenas°, el campesino o el "charro", tenía que ser muy hábil en el manejo del caballo. Así se originó la "charrería". Las charreadas, que hoy son el equivalente del rodeo del suroeste de los EE.UU., se celebran en las grandes ciudades de México los domingos por la mañana.

ranches

cattlemen

lasso/tie/ brand the cattle/chores

Contrastes culturales

1. ¿Cuántas cadenas de televisión mira Ud.? ¿Recibe Ud. televisión por cable en su casa? ¿Cuáles son las ventajas de poder mirar tantas cadenas? ¿Hay desventajas? Explique. ¿Cuándo dan el noticiero por la televisión en su ciudad? ¿A qué hora lo mira Ud.? ¿Qué opina Ud. del programa?

2. ¿Por qué será la corrida de toros más un arte que un deporte? ¿Cree Ud. que las mujeres están tan capacitadas como los hombres para torear, o quizás más capacitadas? Explique. ¿Le gustaría a Ud. torear algún día? ¿Por qué sí o por qué no?

3. ¿Cuál es el deporte nacional de los EE.UU.? ¿Qué deporte es más interesante? ¿más difícil? ¿más peligroso? Justifique Ud. su selección. ¿Hay deportes en este país que sólo practican los de alto nivel económico? Explique. ¿Qué importancia tiene el fútbol en los EE.UU.? En 1994 se celebrará la Copa Mundial de Fútbol en Los Ángeles, California. ¿Asistirá Ud.? ¿Cree que va a ser un evento muy importante en este país? Explique.

4. ¿Ha asistido Ud. alguna vez a un rodeo? ¿Le gustaría? ¿Por qué sí o por qué no? ¿En qué otros deportes participan los caballos? ¿Sabe Ud. montar a caballo? ¿Le gustan los caballos? ¿En qué estados de los EE.UU. se encuentran muchos caballos?

Una corrida de toros en Sevilla.

Hoy en las noticias (selecciones periodísticas)

Para comenzar...

¿Leyó Ud. el periódico hoy? ¿Cuáles son los titulares que Ud. más recuerda? ¿De qué trataba el artículo?

A los hombres del GEO° no les gusta tener que matar

1 **Ll**evan munición que puede atravesar las paredes y usan las armas más sofisticadas del mercado. Pero a los geos,

grupos especiales
de operaciones,
como el
S.W.A.T.
norteamericano

el cuerpo élite de la Policía Nacional, no les gusta tener que usar las armas.

5 «No somos una unidad para matar, sino para defender a la sociedad del terrorismo y de la alta criminalidad. Sólo si nos disparan, disparamos», dice el jefe de los geos, el comandante Carlos Holgado.

Asegura que odian la «rambomanía»° y que en una   *Rambo-mania*
10 operación delicada salvarían primero la vida de los rehenes; luego, la del público; después, las suyas; y, finalmente, la de los terroristas.

Creada en abril de 1978, esta unidad especial ha realizado hasta la fecha más de 30 intervenciones, con un balance de
15 seis terroristas-delincuentes muertos y ninguna baja° entre sus   *casualty*
130 hombres ni entre los más de 200 ciudadanos que fueron víctimas de secuestros.

«Nuestra intensa preparación está orientada a conseguir el mínimo daño en las intervenciones. Si éstas son espectaculares,
20 violentas, y no deben durar más de seis segundos es para impedir que los terroristas reaccionen y no tener que matarlos», asegura Holgado.

El geo ideal debe ser una persona entre veinticinco y treinta años, con una vida estable, formado culturalmente y
25 con un valor consciente y no temerario.° «No nos gustan ni   *rash, fearless*
nos sirven los del valor alocado»,° comentan.   *foolish*

Para lograr el éxito en sus operaciones, los geos realizan un duro entrenamiento básico y diario y, periódicamente, simulan asaltos a aviones, autobuses, trenes y edificios. Los ejercicios
30 se efectúan con fuego real y en condiciones más duras que las que se encontrarían en un incidente normal.

Esta unidad no deja nada a la improvisación. «Tenemos estudiados todos los modelos de aviones que aterrizan en España, así como los autobuses que circulan por nuestras
35 carreteras. Ante un caso real de incidentes con rehenes no podemos correr riesgos al tener que improvisar.»

Entre las acciones más importantes realizadas por los geos figuran la liberación del padre de Julio Iglesias y la liberación de los asaltantes del Banco Central de Barcelona.
40 (DE LA REVISTA *Cambio 16*)

Viuda trece veces recuerda el fin trágico de sus maridos

Margaret Denbeyer, de 87 años, debe ser la mujer más desafortunada del mundo. Ha enterrado a 13 esposos... ¿Se casaría Ud. con ella?

45   Aunque sus últimos siete esposos murieron por causas naturales, los seis primeros perecieron a causa de disparos.

Ⓐ   El primer esposo de Margaret murió cuando ésta tenía sólo 16 años de edad. «Fue muerto durante la Primera Guerra Mundial. Estaba muy guapo con uniforme. Me enamoré de él

50   desde el primer momento. Su nombre era Hernán y era piloto de guerra y su avión fue derribado.»

Al segundo esposo lo conoció poco después de empezar la Segunda Guerra Mundial. Sus padres le recomendaron que se casara y así lo hizo, pero seis meses después, el hombre

55   murió en la guerra.

Para olvidar sus penas, la viuda decidió entrar en el servicio militar y trabajar como enfermera del campo de batalla.

En menos de un año, ya había conocido a un soldado

60   con quien se casó poco después. Cinco meses más tarde, el número tres cayó en una batalla contra los nazis.

La mujer regresó a la casa de sus padres en Inglaterra. «Allí pasé mucho tiempo pensando que a lo mejor era portadora° de mala suerte», señala Margaret.

bearer

65   Pero el tiempo fue pasando y un joven que visitaba la casa frecuentemente fue el nuevo candidato de Margaret. Estuvieron felices por ocho años y tuvieron un hijo. Sin embargo, una tarde un ladrón entró en la casa y mató a Mark (el esposo) de un disparo.

70   El esposo número cinco murió a causa de un disparo mientras estaban de vacaciones. El número seis fue muerto a tiros durante un robo en un mercado.

El resto de los infelices murieron de ataques del corazón y otras causas naturales.

75   «Me he resignado a aceptar que estas cosas pasan y que no tienen nada que ver conmigo. Yo amaba a cada uno de mis esposos y tengo recuerdos muy bellos», concluyó Margaret.

Una fortuna de $87.000 en latas de galletas

Un grupo de voluntarios que ayudaron a limpiar el interior

80   de la casa de Virginia Riderours, inundada° por el agua, descubrieron mientras hacían el trabajo, varias vasijas° en los estantes de la cocina, rellenas° de billetes de $100,00.

flooded
receptacles
filled

Los cajeros,° después de contar el dinero, dijeron que había $87.394,97 y que algunos billetes databan del año 1927.

cashiers

85   Virginia, de 83 años, fue evacuada a la casa de su hija hasta que descendieron las aguas. Su esposo vive en un asilo de ancianos.

   El jefe de la policía dijo que aparentemente el billete de $100,00 de 1927 encontrado con el dinero demostraba que la
90 señora venía ahorrando desde hacía mucho tiempo y que en esa época la gente no confiaba en los bancos para guardar su dinero.

(DEL PERIÓDICO El Mundo)

Vocabulario

SUSTANTIVOS

el asilo de ancianos *nursing home*
la carretera *highway*
el disparo *gunshot*
el entrenamiento *training*
la galleta *cookie*
el (la) rehén *hostage*
el riesgo *risk*
el secuestro *hijacking*

ADJETIVO

desafortunado *unfortunate*

VERBOS

aterrizar *to land*
derribar *to destroy*
disparar *to shoot*
enterrar (ie) *to bury*
matar *to kill*
perecer *to perish*

EXPRESIONES

a tiros *by gunshots*
tener que ver con *to have to do with*

Según la lectura

Resuma Ud. en sus propias palabras los tres artículos.

Según usted

1. ¿Qué es el terrorismo? ¿Cuál es la diferencia entre el terrorismo y la guerra?
2. Jamás se pueden justificar los actos terroristas. Explique. ¿Qué castigo se les debería dar a las personas que cometen estos actos?
3. En el caso de un acto terrorista, explique las responsabilidades de:
   a. el aeropuerto o la línea aérea
   b. los líderes mundiales
   c. el líder del país donde tiene lugar el acto
   d. los pilotos y las azafatas
   e. los rehenes
   f. el equipo antiterrorista

4. ¿Por qué cree Ud. que Virginia Riderours no guardaba su dinero en un banco? ¿Cuáles son los posibles peligros de tener dinero en un banco? ¿y en su casa? ¿Dónde guarda Ud. su dinero? ¿Por qué?

Conversemos

1. Describa Ud. algunos actos terroristas que ocurrieron en esta década. ¿Qué habría hecho Ud. en una de estas crisis si Ud. hubiera sido...
   a. un(a) pasajero(a) o rehén?
   b. uno de los líderes mundiales?
2. Describa Ud. las emociones de un(a) rehén. ¿y las de su familia?
3. Dicen que los periodistas influyen mucho en los actos de terrorismo en un sentido positivo, pero también negativo, porque glorifican a los terroristas. ¿Qué opina Ud.? Hay veces en que «la libertad de prensa» no debe ser respetada. ¿Cuáles serían la repercusiones?

Debate

1. Los periódicos imprimen noticias negativas, violentas y sensacionales para vender más periódicos.
2. A veces es necesario que el gobierno esconda hechos o detalles de la prensa para la seguridad nacional.

Repasemos el vocabulario

A. Cognados. *Busque en el texto los cognados de las siguientes palabras en inglés.*

1. incident	_____	**5.** intense	_____
2. violent	_____	**6.** preparation	_____
3. victim	_____	**7.** evacuated	_____
4. sophisticated	_____	**8.** count	_____

B. Sinónimos. *Busque Ud. el sinónimo de las palabras siguientes.*

1. enterrar   *a.* peligro
2. entrenamiento   *b.* infeliz
3. desafortunado   *c.* sepultar
4. derribar   *d.* destruir
5. riesgo   *e.* instrucción

C. Juego de palabras. *Siguiendo los modelos, forme Ud. una palabra de otra.*

VERBO	SUSTANTIVO
1. asaltar	**asalto** _____
2. rezar	_____

3. aumentar   _____

4. aliviar   _____

5. mandar   _____

VERBO	SUSTANTIVO
1. fechar	**fecha** _____
2. idear	_____
3. arrugar	_____
4. obrar	_____
5. cargar	_____
6. formar	_____

Jaque mate en dos jugadas°*

ISAAC AISEMBERG

Jaque... *Checkmate in two moves*

Nacido en 1919, Isaac Aisemberg, autor argentino, estudió leyes y trabajó como periodista y escritor para la televisión y el cine. Sobresale en el terreno del cuento policíaco. Escribió también novelas policíacas, entre ellas Manchas en el Río Bermejo *y* Tres negativos para un retrato.

Para comenzar...

A ver si Ud. puede adivinar el significado de las palabras subrayadas, según el contexto.

---

* **(adaptado)**

1. Y si de pequeños nos <u>tiranizó</u>, cuando crecimos se hizo cada vez más intolerable.

a. spoiled.   **b.** confused.   **c.** oppressed.

2. Vamos a guardar cada uno los apuntes en <u>libretas</u> para compararlas.

a. booklets.   **b.** bags.   **c.** jars.

3. — Jugaré solo — dijo. — <u>Despaché</u> a los sirvientes. Quiero estar tranquilo.

a. dismissed.   **b.** assembled.   **c.** invited.

4. Luego <u>me serené</u> y eché a caminar tranquilamente por la avenida en dirección al puerto.

a. cried out   **b.** calmed down   **c.** panicked

5. El tictac del reloj cubría todos los <u>rumores</u>. Hasta los de mi corazón.

a. rumors   **b.** sounds   **c.** feelings

1   ***Y****o lo envenené. En dos horas quedaría liberado. Dejé a mi tío Néstor a las diez. Lo hice con alegría. Me ardían las mejillas. Me quemaban los labios. Luego me serené y eché a caminar tranquilamente por la avenida en dirección al puerto.

5   Me sentía contento. Liberado. Hasta° Guillermo saldría bien en el asunto. ¡Pobre Guillermo! Era evidente que yo debía pensar y obrar° por ambos. Siempre fue así. Desde el día en que nuestro tío nos llevó a su casa. Nos encontramos perdidos.en el palacio. Era un lugar seco, sin amor. Sólo el 10 sonido metálico de las monedas. Y si de pequeños nos tiranizó, cuando crecimos se hizo cada vez más intolerable.

    Guillermo se enamoró un buen día. A nuestro tío no le gustó la muchacha.

    — ¡Puaf! Es una ordinaria°... — sentenció.

15   Conmigo tenía otra clase de problemas. Era un carácter contra otro. Insistió en que yo estudiara bioquímica. ¿Resultado? Un experto en póquer y en carreras de caballo.

    Un día me dijo:

    — Observo que te aplicas en el ajedrez. Eso me demuestra 20 dos cosas: que eres inteligente y un perfecto holgazán.° Sin embargo, tu dedicación tendrá su premio. Vamos a guardar cada uno los apuntes de los juegos en libretas para compararlas. ¿Qué te parece?

    Aquello me podría ganar muchos pesos, y acepté. Desde 25 entonces, todas las noches apuntábamos.

    Ahora todo había concluido. Cuando uno se encuentra en un callejón sin salida,° el cerebro trabaja, busca. Y encuentra. Siempre hay salida para todo. No siempre es bueno. Pero es salida.

Even

act

a nobody
(low class)

loafer

callejón... *dead*
end street

30   En la esquina, un policía me hizo saltar el corazón.°   me... *made my*
heart jump

El veneno, ¿cómo se llamaba? Aconitina. Varias gotitas° en   *little drops*
el coñac mientras conversábamos. Mi tío esa noche estaba
encantador.

— Jugaré solo — dijo. — Despaché a los sirvientes. Quiero
35   estar tranquilo. Puedes irte.

— Gracias, tío.

El veneno producía un efecto lento, a la hora, o más,
según la persona. Justamente durante el sueño. El resultado: la
apariencia de un pacífico ataque cardíaco, sin huellas
40   comprometedoras.° ¿Y si me descubrían? ¡Imposible!   *compromising*

Pero, ¿y Guillermo? Sí. Guillermo era un problema. Lo
encontré en el hall. Descendía la escalera, preocupado.

— ¡Estoy harto! — dijo.

— ¡Vamos! — le toqué la espalda.

45   — Es que el viejo me enloquece. Desde que le llevas la
corriente en el ajedrez, se la toma conmigo. Y Matilde me dio
un ultimátum: o ella, o tío.

— Opta por ella. Es fácil elegir. Es lo que yo haría...
Me miró desesperado. Con brillo demoníaco en las pupilas;
50   pero el pobre tonto jamás buscaría el medio de resolver su
problema.

— Yo lo haría — siguió — pero, ¿con qué viviríamos? Ya
sabes cómo es el viejo. ¡Me cortaría el dinero! No hay
escapatoria. Pero yo hablaré con el viejo tirano. ¿Dónde está
55   ahora?

Me asusté. Si el veneno resultaba rápido... Al notar los
primeros síntomas alguien podría ayudarlo...

— Está en la biblioteca — exclamé — pero déjalo en paz.
Acaba de jugar la partida de ajedrez, y despachó a los
60   sirvientes. Consuélate en un cine o en un bar.

Se encogió de hombros. — Lo veré en otro momento.
Después de todo... — Miré el reloj: las once y diez de la
noche.

Ya comenzaría a producir efecto. Primero un leve malestar,
65   nada más. Después un dolorcillo agudo,° pero nunca   *sharp*
demasiado alarmante. Debía de estar leyendo los diarios de la
noche, los últimos. Y después, el libro, como gran epílogo.
Sentía frío.

Decidí regresar. Nuevamente por la avenida; luego a la
70 Plaza Mayor. El reloj me volvió a la realidad. Las once y
treinta y seis. Si el veneno era eficaz, ya estaría todo listo. Ya
sería dueño de millones. Ya sería libre... Ya sería... , ya sería
asesino.

Por primera vez pensé en la palabra misma. Yo ¡asesino!
75 Las rodillas me flaquearon.° Las manos traspiraban.° Un rubor *weakened/were*
me subió a las mejillas, me quemó las orejas. El frasquito° de *perspiring/vial*
aconitina en el bolsillo pesaba una tonelada.° Era un *ton*
insignificante cuentagotas° y contenía la muerte; lo arrojé lejos. *eyedropper*

Yo, asesino, Recordé la descripción del efecto del veneno:
80 «en la lengua, sensación de hormigueo° que se extiende a la *itching*
cara y a todo el cuerpo».

Entré en un bar. «En el esófago y en el estómago, sen-
sación de ardor° intenso.» Millones. Póquer. Carreras. Viajes... *burning*
«Sensación de angustia, de muerte próxima, enfriamiento
85 generalizado...»

Habría quedado solo. En el palacio. Con sus escaleras de
mármol. Frente al tablero de ajedrez°. Allí el rey, la dama, la *chessboard*
torre negra. Jaque mate.

El tictac del reloj cubría todos los rumores. Hasta los de mi
90 corazón. La una. Bebí mi coñac de un trago.

A las dos y treinta de la mañana regresé a casa. Al
principio no lo advertí. Hasta que un agente de policía me
cerró el paso.° Me asusté. **me...** *blocked my*
way

— ¿El señor Claudio Álvarez?

95 — Sí, señor... — respondí humildemente.

— Pase usted...

En el hall, cerca de la escalera, varias personas de
uniforme. Guillermo no estaba presente.

Uno de los uniformados avanzó hacia mí, y me inspeccionó
100 como a un cobayo.° *guinea pig*

— Lamento decírselo, señor. Su tío ha muerto... asesinado
— anunció.

— Dios mío! — exclamé — ¡Es inaudito!° *unheard of*
Las palabras sonaron a hipócritas. (¡Ese dichoso veneno
105 dejaba huellas! ¿Pero, cómo... cómo?)

— ¿Puedo... puedo verlo? — pregunté.

— Por el momento, no. Además, quiero que me conteste algunas preguntas.

— Como usted quiera...

110   Lo seguí a la biblioteca. Me dijo que se llamaba inspector Villegas, y me indicó un sillón y se sentó en otro.

— Usted es el sobrino... Claudio.

— Sí, señor.

— Pues, bien: explíqueme qué hizo esta noche.

115   — Cenamos los tres, juntos como siempre. Guillermo se retiró a su habitación. Quedamos mi tío y yo charlando un rato; pasamos a la biblioteca. Después jugamos nuestra habitual partida de ajedrez; me despedí de mi tío y salí. En el hall me encontré con Guillermo, que salía a la calle.
120 Cambiamos unas palabras y me fui.

— ¿Y los sirvientes?

— Mi tío deseaba quedarse solo. Los despachó después de cenar.

— De manera que jugaron la partidita, ¿eh?

125   — Sí, señor... — admití.

    No podía desdecirme. Eso también se lo había dicho a Guillermo. Y probablemente Guillermo al inspector Villegas. Porque mi hermano debía de estar en alguna parte. El sistema de la policía: aislarnos, dejarnos solos, indefensos, para
130 pillarnos.°   *to catch us*

— Tengo entendido que ustedes llevaban un registro de las jugadas. ¿Quiere mostrarme su libreta de apuntes, señor Álvarez?

— ¿Apuntes?

135   — Sí, hombre — el policía era implacable — deseo verla. Si jugaron como siempre...

    Comencé a tartamudear.°   *to stutter*

— Es que... ¡Claro que jugamos como siempre!

    Las lágrimas comenzaron a quemarme los ojos. Miedo. Un
140 miedo espantoso. Como debía de sentirlo tío Néstor. El silencio era absoluto. Dos ojos, seis ojos, ocho ojos, mil ojos. ¡Oh, qué angustia!

    Me tenían... me tenían... Jugaban con mi desesperación. Se divertían con mi culpa.

145   De pronto el inspector gruñó:

— ¿Y?

Una sola letra, ¡pero tanto!

— ¿Y? — repitió —. Usted fue el último que lo vio con
vida. Y, además, muerto. El señor Álvarez no hizo anotación
150 alguna esta vez, señor mío.

No sé por qué me puse de pie. Tenso. Elevé mis brazos,
los estiré.° Al final chillé con voz que no era la mía: *stretched*

— ¡Basta! Si lo saben, ¿para qué lo preguntan? ¡Yo lo maté!
¡Yo lo maté! ¿Y qué hay? ¡Lo odiaba con toda mi alma! ¡Estaba
155 cansado de su despotismo! ¡Lo maté! ¡Lo maté!

El inspector no pareció muy sorprendido.

— ¡Cielos! — dijo —. Fue más pronto de lo que yo
esperaba. Ya que se le soltó la lengua, ¿dónde está el
revólver?

160   El inspector Villegas insistió imperturbable.

— ¡Vamos, no se haga el tonto ahora! ¡El revólver! ¿O ha
olvidado que lo mató de un tiro? ¡Un tiro en la mitad de la
frente, compañero! ¡Qué puntería!°   **¡Qué...** *What an aim!*

Vocabulario

SUSTANTIVOS

el ajedrez *chess*
el cerebro *brain*
la culpa *guilt*
la esquina *the corner*
la huella *trace, clue*
el labio *lip*
la lágrima *tear*
la libreta *booklet*
el malestar *discomfort*
el mármol *marble*
la mejilla *cheek*
la partida *game*
el premio *reward*
la rodilla *knee*
el rubor *blush*
el rumor *sound*
el sueño *sleep*

el tiro *shot*
el trago *gulp*
el veneno *poison*

VERBOS

advertir (ie) *to warn*
animarse *to feel encouraged*
arder *to burn*
arrojar *to hurl, throw*
asustarse *to get scared, be startled*
chillar *to shriek*
desdecir (i) *to take back*
despachar *to dismiss*
enloquecer *to drive crazy*
envenenar *to poison*
extenderse (ie) *to stretch out, extend*
gruñir *to growl*

optar (por) *to choose*
quemar *to burn*
serenarse *to calm oneself*
soltar (ue) *to loosen*
tiranizar *to oppress*

ADJETIVOS

ambos *both*
encantador *delightful*
espantoso *terrible, awful*
seco *dry*

EXPRESIONES

encogerse de hombros *to shrug one's shoulders*
estar harto *to be fed up*
hacerse el tonto *to play dumb*
llevar a uno la corriente *to let one have one's way*
tener entendido *to be under the impression; to understand*
tomársela con alguien *to pick on someone*

Según la lectura

Ponga Ud. los siguientes sucesos en orden cronológico.

1. El narrador habla con Guillermo.
2. Los sirvientes se van.
3. El narrador entra en un bar.
4. El inspector Villegas interroga al narrador.
5. La familia cena.
6. El asesino confiesa su crimen.
7. El narrador arroja el frasquito de aconitina.
8. Guillermo le cuenta sus problemas a su hermano.

Ahora, complete Ud. las frases siguientes.

1. Guillermo odiaba a su tío porque...
2. El narrador odiaba a su tío porque...
3. El narrador pensaba que su hermano era...
4. La libreta de apuntes tenía importancia porque...
5. Los efectos del veneno eran...
6. El narrador confesó su crimen porque...
7. El final del cuento es sorprendente porque...
8. El verdadero asesino fue...

Según usted

1. ¿Qué significa «jaque mate»? Explique el significado del título. ¿Quién gana al final? Justifique su respuesta.
2. ¿Cuándo miente el narrador por primera vez? ¿Cómo afecta esa mentira al desarrollo del cuento? ¿Recuerda Ud. alguna vez en que una mentira le afectó la vida de alguna forma? ¿Cómo? ¿Lo haría otra vez? ¿Por qué?

3. «Siempre hay salida para todo.» «No hay escapatoria.» ¿Quién dijo cada frase? ¿Cuál de los dos tiene razón al final? ¿Cuál suele ser la filosofía de Ud.? ¿Estuvo Ud. alguna vez en un callejón sin salida? ¿Cómo resolvió la situación?

4. ¿Qué impresión tiene Ud. de Guillermo al principio del cuento? ¿y al final? ¿Por qué cambió su impresión? ¿Le sorprendió a Ud. el final del cuento? ¿Recuerda Ud. alguna vez cuando las acciones de un amigo contradijeron su carácter? Describa las circunstancias.

Conversemos

1. Cuente Ud. el final del cuento desde el punto de vista de Guillermo.

2. Piense en otro final para el cuento, empezando en el momento en que Claudio vuelve a casa.

3. ¿Cuáles son los programas policíacos° populares hoy día? ¿Quiénes son los protagonistas? ¿Son realistas? ¿Cómo son? ¿Cómo presentan a los criminales?

detective shows

Minidrama

En grupos, representen un reportaje «en vivo» para el noticiero sobre el asesinato del tío Néstor Álvarez. Incluyan entrevistas con el inspector, Claudio, Guillermo y los sirvientes.

Repasemos el vocabulario

A. Cognados. *Busque en el texto los cognados de las siguientes palabras en inglés.*

1. tyrant	_____		**5.** assassin	_____
2. symptom	_____		**6.** palace	_____
3. attack	_____		**7.** profound	_____
4. metallic	_____		**8.** hypocritical	_____

B. Sinónimos. *Busque Ud. el sinónimo de las palabras siguientes.*

1. arder   *a.* avisar
2. arrojar   *b.* gritar
3. espantoso   *c.* tirar
4. chillar   *d.* quemar
5. advertir   *e.* terrible

C. Sustantivos y verbos. *¿Qué sustantivo corresponde a cada verbo?*

1. lágrima   *a.* gruñir
2. carrera   *b.* beber

3. trago   *c.* pensar
4. labio   *d.* llorar
5. cerebro   *e.* correr
6. garganta   *f.* besar

D. *Palabras compuestas.* *Un «cuentagotas» se usa para contar gotas. ¿Para qué se usa...?*

1. un sacacorchos   **4.** un limpiadientes
2. un abrelatas   **5.** un lavaplatos
3. un tocadiscos   **6.** un limpiaparabrisas

E. *Juego de palabras.* *Siguiendo los modelos, forme Ud. una palabra de otra.*

VERBO	SUSTANTIVO
1. dedicar	**dedicación** _____
2. traspirar	_____
3. anotar	_____
4. animar	_____
5. indicar	_____

VERBO	ADJETIVO
1. contar	**incontable** _____
2. controlar	_____
3. aguantar	_____
4. consolar	_____

Golpe doble*

VICENTE BLASCO IBÁÑEZ

Periodista, político y gran novelista, Blasco Ibáñez nació en Valencia, España, en 1867. Es quizás más conocido por sus novelas regionales, en las cuales describe la vida campestre de Valencia. En los Estados Unidos se hizo famoso por su novela Los cuatro jinetes del Apocalipsis. Murió en 1928.

Para comenzar...

A. Imagínese que en un periódico local Ud. lee el siguiente titular: «Golpe doble:° asesinato en el campo». ¿En qué pensaría?

Golpe... *Two birds with one stone*

---

* (adaptado)

B. A ver si Ud. puede adivinar el significado de las palabras subrayadas, según el contexto.

1. Toda la huerta fue <u>aterrada</u> por aquellos bandidos.
   a. surprised.　　**b.** terrified.　　**c.** delighted.
2. ...Al pensar que tras aquella pared de barro dormían Pepeta y los chiquitines sin otra defensa que sus brazos, y al pensar en los que querían robar, Sènto se sintió otra vez <u>fiero</u>.
   a. pensive.　　**b.** relieved.　　**c.** savage.
3. Uno de ellos <u>se inclinó</u>, metiendo la mano en la boca del horno.
   a. bent over.　　**b.** ran around.　　**c.** jumped up.
4. Y cuando Sènto y Pepeta con aterrada curiosidad alumbraron los cadáveres para verles las caras, <u>retrocedieron</u> con exclamaciones de asombro.
   a. they rejoiced.　　**b.** they went forward.　　**c.** they drew back.

1　　*A*l abrir la puerta de su barraca,° encontró Sènto un papel en el ojo de la cerradura.°

Era anónimo, lleno de amenazas. Le pedían cuarenta duros° y debía dejarlos aquella noche en el horno que tenía frente a
5　su barraca.

Toda la huerta estaba aterrada por aquellos bandidos. Si alguien se negaba a obedecer las demandas, sus campos aparecían destruidos, las cosechas perdidas, y hasta podía despertar a media noche sin tiempo apenas para huir de la
10　techumbre de paja,° que se venía abajo entre llamas° y asfixiando con su humo nauseabundo.

Gafarró, que era el mozo más fuerte de la huerta de Ruzafa, juró° descubrirles, y se pasaba las noches emboscado° en los cañares,° con la escopeta al brazo; pero una mañana lo
15　encontraron con el vientre° acribillado° y la cabeza deshecha°...

Hasta los periódicos de Valencia hablaban de lo que sucedía en la huerta, donde al anochecer se cerraban las barracas y reinaba un pánico egoísta, buscando cada cual su salvación, olvidando al vecino. El tío Batiste era alcalde de
20　aquel distrito de la huerta. Las autoridades, que le respetaban como potencia electoral, le hablaban del asunto, y el tío Batiste les aseguraba que él y su fiel alguacil, Sigró, bastaban para acabar con aquella calamidad.

A pesar de esto, Sènto no pensaba acudir al alcalde. ¿Para
25　qué? No quería oír mentiras.

Lo cierto era que le pedían cuarenta duros, y si no los dejaba en el horno le quemarían su barraca, aquella barraca

cabin

lock

form of money

techumbre. . .
　roof of straw/
　flames

swore/hidden

cane fields

abdomen/riddled/
　crushed

con sus paredes blancas, las ventanas azules, los macizos° de
geranios° y dompedros° orlando° la casa, y más allá de la
30 vieja higuera° el horno, de barro y ladrillos, redondo y
achatado° como un hormiguero° de África. Aquello era toda su
fortuna, el nido que protegía a lo más amado: su mujer, los
tres chiquillos, el par de viejos rocines,° fieles compañeros en
la diaria batalla por el pan, y la vaca blanca y sonrosada° que
35 iba todas las mañanas por las calles de la ciudad despertando
a la gente con su triste cencerreo.°

Él era un hombre pacífico, toda la huerta podía responder
por él. Ni riñas° por el riego,° ni visitas a la taberna. Trabajar
mucho para su Pepeta y los tres chiquillos era su única
40 afición; pero ya que querían robarle, sabría defenderse. ¡Cristo!
En su calma de hombre cariñoso despertaba la furia.

Como se aproximaba la noche y no tenía nada resuelto,
fue a pedir consejo al viejo de la barraca inmediata.

Le escuchó el viejo. Hacía bien en no querer soltar el
45 dinero°. Que roben en la carretera° como los hombres, cara a
cara. Vamos a ver, ¿tenía valor para defender lo suyo?

La firme tranquilidad del viejo contagiaba a Sènto, que se
sentía capaz de todo para defender el pan de sus hijos.

El viejo, con la solemnidad de una reliquia,° sacó de detrás
50 de la puerta la joya de la casa: una escopeta.

La cargaría él, que entendía mejor a aquel amigo. ¡Allá va
pólvora!° Ahora una ración de postas,° cinco o seis; los
perdigones° grandes, metralla° fina, y al final un taco° bien
golpeado. Si la escopeta no reventaba con aquella indigestión
55 de muerte,° sería misericordia de Dios.

Aquella noche dijo Sènto a su mujer que esperaba turno
para regar,° y toda la familia le creyó, acostándose temprano.

Cuando salió, dejando bien cerrada la barraca, vio a la luz
de las estrellas, bajo la higuera, al viejo.

60 Le daría a Sènto la última lección, para no errar el golpe.
Apuntar bien a la boca del horno y tener calma. Se inclinarán
buscando el «gato»° en el interior... ¡fuego! Era tan sencillo que
podía hacerlo un chico.

Sènto, por consejo del viejo, se escondió entre dos macizos
65 de geranios a la sombra de la barraca. La pesada escopeta
apuntaba fijamente a la boca del horno. No podía perderse el
tiro. ¡Adiós, muchacho! Al viejo le gustaban mucho aquellas
cosas; pero tenía nietos, y además estos asuntos los hace
mejor uno solo. Y con esto, se fue.

flower beds
*geraniums/morning
glories/bordering/
fig tree/flattened/
antbill*

hacks

pink

tinkling cowbells

arguments/irrigation

soltar... *to give up
the money/road*

relic

*powder/BB shot/
birdshot/bits of
broken metal/wad/*
indigestión...
deadly load

esperaba... *it was
his turn to water*

money bag

70　　Sènto creyó que quedaba solo en el mundo, que en toda la
inmensa vega,° no había más seres vivientes que él y
«aquéllos» que iban a llegar. ¡Ojalá no vengan! Sus pies
tocaban la barraca, y al pensar que tras aquella pared de
barro dormían Pepeta y los chiquitines, sin otra defensa que
75　sus brazos, y al pensar en los que querían robar, el pobre
hombre se sintió otra vez fiero.

　　Eran las nueve. Se oía el chirrido° de un carro rodando°
por un camino lejano. Ladraban° los perros, y el rac-rac de las
ranas° se interrumpía con los chapuzones° de las ratas que
80　saltaban de las orillas por entre las cañas.

　　Sènto contaba las horas que sonaban en el Miguelete.° ¡Las
once! ¿No vendrían ya? ¿Les habría tocado Dios en el corazón?

　　Las ranas callaron repentinamente. Por la senda° avanzaban
dos cosas obscuras que a Sènto le parecieron dos perros
85　enormes. Eran hombres que avanzaban encorvados,° casi de
rodillas.

　　— Ya están ahí — murmuró; y sus mandíbulas° temblaban.

　　Los dos hombres miraban por todos lados, como temiendo
una sorpresa. Se acercaron a la puerta de la barraca, pegando
90　el oído a la cerradura, y en estas maniobras° pasaron dos
veces por cerca de Sènto, pero éste no los reconoció. Iban
envueltos en mantas,° debajo de las cuales asomaban° las
escopetas.

　　Esto aumentó el valor de Sènto. Serían los mismos que
95　asesinaron a Gafarró. Había que matar para salvar la vida.

　　Ya iban hacia el horno. Uno de ellos se inclinó, metiendo
las manos en la boca y colocándose ante la apuntada
escopeta. Magnífico tiro. Pero ¿y el otro que quedaba libre?

　　El pobre Sènto comenzó a sentir las angustias del miedo, a
100　sentir en la frente un sudor frío. Matando a uno, quedaba
desarmado ante el otro. Si les dejaba ir sin encontrar nada, se
vengarían quemándole la barraca.

　　Pero el otro se cansó de la torpeza de su compañero y fue
a ayudarle en la busca. Los dos formaban una obscura masa
105　obstruyendo la boca del horno. Aquélla era la ocasión. ¡Alma,
Sènto!

　　El trueno° conmovió toda la huerta, despertando una
tempestad de gritos y ladridos. Sènto sintió quemaduras en la
cara; la escopeta se le fue,° y agitó las manos para
110　convencerse de que estaban enteras.

plain

screeching/rolling
were barking
frogs/splashes

tower in Valencia

path

bent over

jaws

maneuvers

envueltos...
　wrapped in
　blankets/became
　visible

thunder

se... *got away from*
　him

No vio nada en el horno; habrían huido; y cuando él iba a escapar también, se abrió la puerta de la barraca y salió Pepeta, con un candil. Salía impulsada por el miedo, temiendo por su marido, que estaba fuera de casa.

115   La roja luz del candil llegó hasta la boca del horno.

Allí estaban dos hombres en el suelo, uno sobre otro, cruzados, confundidos, formando un solo cuerpo.

No había errado el tiro. El golpe de la vieja escopeta había sido doble.

120   Y cuando Sènto y Pepeta, con aterrada curiosidad, alumbraron los cadáveres para verles las caras, retrocedieron con exclamaciones de asombro.

Eran el tío Batiste, el alcalde, y su alguacil, Sigró.

La huerta quedaba sin autoridad, pero tranquila.

Vocabulario

SUSTANTIVOS

el alcalde *mayor*
el alguacil *constable*
la amenaza *threat*
la batalla *battle*
la escopeta *shotgun*
el golpe *blow, hit*
el horno *oven*
la huerta *orchard*
la joya *jewel*
el mozo *young man*
el nido *nest*
la potencia *power*
la torpeza *foolishness*
el valor *bravery*

ADJETIVOS

aterrado *terrified*
fiel *loyal, faithful*
fiero *fierce, savage*
lleno *full*
redondo *round*

VERBOS

amenazar *to threaten*
apuntar *to aim*
bastar *to be sufficient*
errar *to miss*
inclinarse *to bend over*
negarse (ie) a *to refuse*
retroceder *to back up*
reventar (ie) *to explode*
suceder *to happen*
temblar (ie) *to tremble*
vengarse *to avenge*

ADVERBIOS

apenas *scarely, hardly*
repentinamente *suddenly*

EXPRESIONES

a pesar de *in spite of*
más allá *away from, beyond*
tras *across*

Según la lectura

Escoja Ud. la respuesta correcta.

1. En la huerta...
   a. los campesinos temen perder sus casas y cosechas.
   b. todos dejan la puerta abierta toda la noche.
   c. las autoridades hacen mucho para proteger a la gente.
2. Sènto es un hombre...
   a. perezoso y mentiroso.   b. pacífico y trabajador.
   c. pacífico pero perezoso.
3. A Gafarró, el más fuerte de la huerta, los bandidos...
   a. lo mataron.   b. lo escondieron.   c. lo amenazaron.
4. Los bandidos le piden a Sènto que...
   a. se vaya de la huerta.   b. les robe dinero a los ricos.
   c. les deje dinero en su horno.
5. Sènto no va a ver al alcalde porque...
   a. sabe que éste está haciendo todo lo que puede.
   b. sabe que éste no le dirá la verdad.
   c. el oficial no tiene tiempo para hablar con los campesinos.
6. Sènto escucha lo que dice el viejo y decide...
   a. hablar con las autoridades.   b. seguir sus consejos.
   c. hacer su propio plan.
7. Hacía... cuando vio avanzar a los hombres.
   a. dos horas que Sènto estaba escondido entre los macizos de geranios
   b. unos minutos que Sènto esperaba en la barraca
   c. mucho tiempo que Sènto estaba dentro del horno
8. Los bandidos llevaban... y traían...
   a. uniformes... bolsos.   b. mantas... escopetas.   c. trajes... ladrillos.
9. Al ver avanzar a los dos hombres, Sènto temía...
   a. matar a gente inocente.
   b. matar a uno y dejar libre al otro.   c. matarse a sí mismo.
10. El tiro de Sènto...
   a. erró. Se escaparon los bandidos.
   b. no erró. Murió uno y el otro quedó gravemente herido.
   c. no erró. Solucionó el problema de los bandidos en la huerta.

Según usted

1. Describa la fortuna de Sènto. ¿Cuál es la fortuna de Ud. (las cosas más importantes)?
2. ¿Qué le parece a Ud. Sènto? ¿Cuáles de sus cualidades admira Ud. más? ¿Puede Ud. identificarse con él? ¿en qué sentido?
3. En el cuento, el campesino siente muchas emociones diferentes. Descríbalas. ¿En qué situaciones las siente? ¿Cuáles son sus momentos más angustiosos? ¿Qué sentimientos evoca este cuento?

4. ¿Cree Ud. que para Sènto había una alternativa? ¿Qué haría Ud. en su lugar? ¿Sería esta situación un conflicto moral para Ud.? Explique.

5. ¿Por qué es irónica la frase «La huerta quedaba sin autoridad, pero tranquila»? ¿Cuáles son las posibles complicaciones de las acciones de Sènto?

Conversemos

1. ¿Cree Ud. que se pueden justificar las acciones de Sènto? ¿Conoce Ud. algún caso, real o ficticio, en que una persona se tomó la justicia por su propia mano? ¿Qué pasó?

2. ¿Hay mucha corrupción hoy día en el gobierno de este país? Explique.

3. Describa un día típico en la vida de un campesino como Sènto. ¿Le gustaría a Ud. vivir una vida así? ¿Por qué?

Composición

1. Imagínese que Ud. es periodista. Está encargado(a) de escribir un artículo sobre lo que sucedió en la huerta. Incluya Ud. titulares, fondo y los detalles necesarios.

2. Suponga Ud. que Sènto mató a dos personas inocentes o que erró completamente su tiro. ¿Qué le pasaría? Escriba otro final para el cuento.

3. Las autoridades han arrestado a Sènto. Él tiene que ir a juicio. Escriba Ud. un artículo periodístico describiendo algún aspecto del proceso en la corte.

Debate

El control de las armas. «No son las armas las que matan a la gente, sino que es la gente la que mata a la gente.»

Repasemos el vocabulario

A. Cognados. *Busque en el texto los cognados de las palabras siguientes en inglés.*

1. firm _____
2. solemnity _____
3. anonymous _____
4. bandits _____

5. demands _____
6. panic _____
7. district _____
8. calamity _____

B. Sinónimos. *Busque Ud. el sinónimo de las palabras siguientes.*

1. aterrar	*a.* estallar
2. mozo	*b.* poder
3. potencia	*c.* aterrorizar
4. repentinamente	*d.* de pronto
5. reventar	*e.* joven

C. Juego de palabras. *Siguiendo los modelos, forme Ud. una palabra de otra.*

ADJETIVO **SUSTANTIVO**

1. redondo redondez _____

2. maduro _____

3. rápido _____

4. estúpido _____

5. honrado _____

6. ridículo _____

SUSTANTIVO **ADJETIVO**

1. sudor sudoroso _____

2. horror _____

3. temblor _____

4. olor _____

Orden jerárquico*

EDUARDO GOLIGORSKY

Eduardo Goligorsky nació en Buenos Aires, Argentina en 1931. Reside en Barcelona, España desde 1976. Es conocido como traductor y director de colecciones de novelas policiales y es un autor prolífico. Escribe muchas novelas y cuentos policiales negros, imitando el estilo de Mickey Spillane y la escuela negra norteamericana.

Para comenzar...

¿Cuáles son ejemplos de algo que tiene un orden jerárquico? ¿Forma Ud. parte de una jerarquía? ¿Qué parte ocupa?

———————————

* **(adaptado)**

1   *A*bascal lo perdió de vista entre las sombras de la calle
solitaria. Ya era casi de madrugada°. Sin embargo, no se   *early morning*
inquietó. A él, a Abascal, nunca se le había escapado nadie.
Ese infeliz° no sería el primero. Correcto. El Cholo reapareció   *unfortunate*
5 en la esquina. Caminaba excesivamente erguido, con la rigidez
artificial de los borrachos que tratan de disimular° su condi-   *cover up, hide*
ción. Y no hacía ningún esfuerzo por ocultarse. Se sentía
seguro.

     Abascal había empezado a seguirlo a las ocho de la noche.
10 Lo vio bajar, primero, al sórdido subsuelo° de la Galería   *underground*
Güemes.[1] Los carteles° multicolores prometían un espectáculo   *posters*
estimulante. Abascal se preguntó qué atractivo podía encontrar
el Cholo en ese lugar. Y la respuesta surgió, implacable.

     El Cholo se encuadraba° en otra categoría humana, cuyos   *fit*
15 gustos y placeres él jamás lograría entender. Vivía en una
pensión de Retiro,[2] compartiendo una pieza minúscula con
varios comprovincianos° recién llegados a la ciudad. Vestía   *those from the*
miserablemente, incluso cuando tenía los bolsillos bien   *same province*
forrados.° Era, apenas, un cuchillero° sin ambiciones, o con   **los...** *his pockets*
20 una imagen ridícula de la ambición. Útil en su hora, pero   *well-lined (with*
peligroso, desde el instante en que había ejecutado su último   *money)/one who*
trabajo, en una emergencia, cuando todos los expertos de   *kills with a knife*
confianza y responsables, como él, como Abascal, se hallaban
fuera del país. Porque últimamente las operaciones se reali-
25 zaban, cada vez más, en escala internacional.

     Recurrir° al Cholo había sido, de todos modos, una impru-   *To resort to*
dencia. Con plata en el bolsillo, ese atorrante° no sabía ser   *beggar*
discreto. Abascal lo había seguido del teatrito subterráneo a un
piringundín,° y después a otro, y a otro, y lo vio tomar todas   *seedy night club*
30 las porquerías que le sirvieron, y manosear° a las coperas°, y   *paw/waitresses*
darse importancia hablando de lo que nadie debía hablar. No
mencionó nombres, afortunadamente, ni se refirió a los hechos
concretos, identificables, porque si lo hubiera hecho, Abascal
habría tenido que rematarlo° ahí nomás, a la vista de todos.   *finish him off*

35   No era sensato° arriesgar así una organización que tanto   *wise*
había costado montar, amenazando la doble vida que él,
Abascal, siempre había protegido con tanto celo. Es que él
estaba en otra cosa, se movía en otros ambientes. Sus
modelos, aquellos cuyos refinamientos procuraba copiar, los

---

[1] *night club area of Buenos Aires*   [2] *Park and residential area of Buenos Aires*

40 había encontrado en las recepciones de las embajadas°, en los
    grandes casinos, en los salones de los ministerios°, en las
    convenciones empresarias°. Cuidaba, sobre todo, las apariencias:
    ropa bien cortada, restaurantes escogidos, starlets trepadoras°,
    licores finos, autos deportivos, vuelos en cabinas de primera
45 clase. Por ejemplo, ya llevaba encima el pasaje que lo
    transportaría, pocas horas más tarde, a Caracas. Lejos del
    cadáver del Cholo.

embassies
(government)
ministries/business
conventions
social-climbing
starlets

    En eso, el Doctor había sido terminante.° Matar y esfu-
    marse°. El número del vuelo, estampado en el pasaje, ponía
50 un límite estricto a su margen de maniobra°. Lástima que el
    Doctor, tan exigente con él, hubiera cometido el error de
    contratar, en ausencia de los auténticos profesionales, a un
    rata como el Cholo. Ahora, como de costumbre, él tenía que
    jugarse el pellejo° para sacarles las castañas del fuego° a los
55 demás. Aunque eso también iba a cambiar, algún día. El
    apuntaba alto, muy alto, en la organización.

final, definitive/
disappear

maneuver

jugarse... *risk his*
*neck/***sacarles...***
save their skin

    Abascal deslizó° la mano por la abertura del saco. Sus
    dedos encontraron las cachas estriadas° de la Luger[3], las
    acariciaron, casi sensualmente, y se cerraron con fuerza,
60 apretando° la culata.°

slipped

cachas... *striated*
handle sides

squeezing/butt

    El orden jerárquico también se manifestaba en las armas. El
    había visto, hacía mucho tiempo, la herramienta predilecta del
    Cholo. Un puñal de fabricación casera, cuya hoja se había
    encogido tras infinitos contactos con la piedra de afilar°. Por
65 supuesto, el Cholo había usado ese cuchillo en el último
    trabajo, dejando un sello peculiar, inconfundible. En cambio, la
    pistola de Abascal llevaba impresa, sobre el acero azul, la
    nobleza de su linaje. Cuando la desarmaba se complacía en°
    fantasear sobre la personalidad de sus anteriores propietarios.

piedra...
sharpening stone

took pleasure in

70 Eso sí, la Luger tampoco colmaba sus ambiciones. Conocía
    la existencia de una artillería más perfeccionada, más mortífera°
    cuyo manejo° estaba reservado a otras instancias del orden
    jerárquico, hasta el punto de haberse convertido en una
    especie de símbolo de status. A medida que él ascendiera,
75 como sin duda iba a ascender, también tendría acceso a ese
    arsenal lengendario, patrimonio exclusivo de los poderosos.

deadly
handling

    Curiosamente, el orden jerárquico tenía, para Abascal, otra
    cara. No se trataba sólo de la forma de matar, sino, para-
    lelamente, de la forma de morir. La regla del juego estaba

---

[3] *German Semiautomatic pistol*

80 cantada y él, fatalista por convicción, la aceptaba: no iba a morir en la cama. Lo único que pedía era que, cuando le tocara el turno, sus verdugos° no fueran chapuceros° y supiesen elegir instrumentos nobles.

executioners/crude

La brusca detención de su presa le cortó el hilo de los
85 pensamientos.° Probablemente el instinto del Cholo le había advertido algo. La conciencia del peligro lo había ayudado a despejar la borrachera y giró en redondo,° agazapándose°

hilo... *his train of thought*

giró... *turned right around/crouching to take out*

Abascal terminó de desenfundar° la Luger. Disparó desde una distancia segura, una sola vez, y la bala perforó un
90 orificio de bordes nítidos en la frente del Cholo.

Misión cumplida.

El Doctor tomó, en primer lugar, el cable fechado en Caracas que su secretaria acababa de depositar sobre el escritorio. Conocía, de antemano, el texto del cable: "firmamos
95 contrato." No podía ser de otra manera. La organización funcionaba como una maquinaria bien sincronizada. En eso residía la clave del éxito.

Primero había sido necesario recurrir al Cholo, un malevito marginado,° que no ofrecía ninguna garantía para el futuro.
100 Después, lógicamente, había sido indispensable silenciar al Cholo. Y ahora el círculo acababa de cerrarse. "firmamos contrato" significaba que Abascal había sido recibido en el aeropuerto de Caracas, en la escalerilla° misma del avión, por un proyectil de un rifle Browning calibre 30, equipado con
105 mira telescópica Leupold M8-100. Un fusil, se dijo el Doctor, que Abascal habría respetado y admirado, en razón de su proverbial entusiasmo por el orden jerárquico de las armas.

malevito... *marginalized delinquent*

steps

Abascal siempre había sido muy eficiente, pero su intervención, obligada en ese caso, lo había condenado. La
110 orden recibida de arriba había sido inapelable:° no dejar rastros, ni nexos° delatores. Aunque desde luego, resultaba imposible extirpar° todos, absolutamente todos, los nexos. Él, el Doctor, era, en última instancia, otro de ellos.

unavoidable
links
eradicate

A continuación, el Doctor recogió el voluminoso sobre de
115 papel manila que su secretaria le había entregado junto con el cable. El matasellos era de Nueva York. El membrete° era el de la firma que servía de fachada° a la organización. Habitualmente, la llegada de uno de esos sobres marcaba el comienzo de otra operación. El código para descifrar las
120 instrucciones descansaba en el fondo de su caja fuerte.°

letterhead
facade

safe

El Doctor metió la punta del cortapapeles debajo de la solapa° del sobre. La hoja se deslizó hasta tropezar, brevemente, con un obstáculo. La inercia determinó que siguiera avanzando. El Doctor comprendió que para descifrar el mensaje
125 no necesitaría ayuda. Y le sorprendió descubrir que en ese trance no pensaba en su mujer y sus hijos, sino en Abascal y en su culto por el orden jerárquico de las armas. Luego, la carga explosiva, activada por el tirón° del cortapapeles sobre el hilo del detonador, transformó todo ese piso del
130 edificio en un campo de escombros.°

flap

tug, pull

debris, rubble

Vocabulario

SUSTANTIVOS

la abertura *opening*
el acero *steel*
el bolsillo *pocket*
el borracho *drunk*
la clave *key*
el cortapapeles *paper cutter*
el culto *worship, cult*
la escala *scale*
la herramienta *tool*
la hoja *blade*
el matasellos *postmark*
la plata *money (slang)*
la presa *prey*
el puñal *dagger*
el rastro *trace*
el sello *stamp*

VERBOS

apretar (ie) *to tighten, squeeze*
apuntar *to aim*
arriesgar *to risk*
colmar *to fulfill*
despejar *to clear up*

disparar *to shoot*
encoger *to shrink*
inquietarse *to worry*
lograr *to succeed in*
ocultarse *to hide*
procurar *to try*

ADJETIVOS

anterior *former*
brusco *abrupt*
casero *homemade*
cumplido *accomplished*
erguido *straight*
inconfundible *unmistakable*
jerárquico *hierarchical*
nítido *neat*
predilecto *favorite*

EXPRESIONES

ahí nomás *right then and there*
de antemano *beforehand*

Según la lectura

Termine Ud. las frases siguientes.

1. Abascal seguía al Cholo porque...
2. El Cholo era apenas un... Vivía... y vestía...

3. El Cholo había ejecutado el último trabajo en vez de Abascal porque...
4. Para Abascal, las buenas apariencias consistían en...
5. Abascal consideraba que el Doctor cometió un error en contratar al Cholo porque...
6. El arma predilecta del Cholo era...
7. En cambio, el arma de Abascal era...
8. Para Abascal, el orden jerárquico se trataba de...
9. En el caso de su propia muerte, Abascal esperaba...
10. El Doctor insistía en que Abascal tomara el vuelo a Caracas porque...
11. La clave del éxito para la organización consistía en...
12. El mensaje del cable, "firmamos contrato," significaba que...
13. El sobre de Nueva York contenía...
14. Antes de morir, el Doctor pensaba en... porque...

Según usted

1. Cite Ud. los contrastes entre el Cholo y Abascal. ¿Por qué se sentía superior Abascal al Cholo?
2. ¿Cuál era la ambición de Abascal? ¿A qué estaba dispuesto para realizarlo? ¿Lo realizó al final? Explique.
3. Siga Ud. el orden jerárquico de las armas en el cuento. ¿Qué otra jerarquía hay? ¿Quién ocupaba el eslabón° superior de esa jerarquía?   *link*
4. ¿Por qué es irónico el final del cuento?

Conversemos

1. "Las operaciones se realizaban, cada vez más, en escala internacional..." ¿Qué ejemplos de operaciones criminales a escala internacional aparecen en las noticias hoy día? ¿Cómo intentamos combatirlos?
2. Cree Ud. que las armas tienen un orden jerárquico? Explique. ¿Cuál es la clase de armas más peligrosa? ¿más difícil de controlar? ¿Por qué? Cite Ud. algunos intentos recientes por los gobiernos para controlar las armas. ¿Han tenido éxito? Explique.
3. ¿Cree Ud. que un orden jerárquico se justifica en ciertos casos? Cite Ud. ejemplos. ¿Cuáles son algunos de los peligros de una organización de ese tipo? ¿Cuáles son las responsabilidades de los que ocupan los "eslabones inferiores"? ¿y los «superiores»?

Composición

Prepare Ud. el relato periodístico de la muerte de a. el Cholo. b. Abascal. c. el Doctor.

Debate

En grupos, defiendan Uds. una de las siguientes frases.

Las armas deben restringirse de las siguientes maneras:

a. Debe haber un período de espera antes de poder comprar un revólver.

b. Debe prohibirse la venta de armas a otros países.

c. Deben aumentarse las sentencias para los crímenes cometidos con armas.

d. Debemos destruir las armas químicas, biológicas y nucleares.

Repasemos el vocabulario

A. Cognados. *Busque en el texto los cognados de las siguientes palabras en inglés.*

1. spectacle _____

2. refinement _____

3. appearances _____

4. decipher _____

5. code _____

6. attraction _____

7. nobility _____

8. fantasize _____

B. Asociaciones. *Escoja Ud. las respuestas que correspondan.*

1. plata   *a.* chaqueta

2. matasellos   *b.* hoja

3. bolsillo   *c.* dólares

4. puñal   *d.* borracho

5. bebida   *e.* sobre

6. código   *f.* clave

C. Juego de palabras. *Siguiendo el modelo, forme Ud. una palabra de las expresiones.*

FUNCIÓN	HERRAMIENTA
1. cortar un papel	**el cortapapeles** _____
2. abrir una lata	_____
3. sacar un corcho	_____
4. abrir una carta	_____
5. matar un sello	_____
6. limpiar una pipa	_____

A. *Los medios de comunicación.* *Conteste Ud. las siguientes preguntas.*

1. Hay mucha polémica sobre la violencia presentada en los medios de comunicación. ¿Cree Ud. que hay demasiada violencia? Explique. Algunas personas dicen que esta violencia influye en la gente. ¿Qué piensa Ud.? Dé ejemplos.

2. ¿Cuáles son los medios de comunicación que Ud. usa para informarse sobre las noticias mundiales? ¿sobre las noticias locales? ¿Cuáles son las diferencias entre las noticias por la televisión, las por la radio y las que se encuentran en los periódicos y las revistas? ¿Cuáles son las ventajas y desventajas de cada uno?

B. *Temas literarios.* *Haga las siguientes actividades.*

1. ¿Qué papel juega «la ironía» en la literatura? ¿en la vida? ¿En qué consiste la ironía en estos cuentos?

2. La venganza es un tema que aparece frecuentemente en la literatura. ¿En qué cuento(s) de esta unidad es la venganza una fuerza que motiva a los protagonistas? Explique. ¿Ha hecho Ud. algo por venganza? ¿Cómo se sintió Ud. después? ¿Consiguió solucionar el problema? ¿Por qué sí o por qué no?

3. Explique el significado del dicho «Ojo por ojo». En su opinión, ¿cuál es la mejor manera de resolver un problema entre dos personas?

C. *Temas gramaticales.* *Haga la siguiente actividad.*

Busque Ud. en los cuentos cinco frases que emplean el tiempo condicional y tradúzcalas. ¿Cuáles se traducen por «probably» en inglés? ¿Por qué cree Ud. que aparece con frecuencia esta forma en estos cuentos?

D. *La celebridad.* *Haga la siguiente actividad.*

El artista moderno norteamericano Andy Warhol dijo que cada persona tendrá sus quince minutos de celebridad... reconocida por el público de una forma u otra. ¿Ha gozado Ud. de sus quince minutos todavía? Explique. Si no, ¿cuándo será y por qué? Cite Ud. ejemplos de gente común y corriente que apareció por unos breves momentos en las noticias. ¿Cuál fue el motivo de su fama instantánea?

E. *Debate.* *En grupos, discutan la idea de la libertad de prensa.*

¿Debe ser algo que nunca se le puede quitar a la prensa, o es posible que haya excepciones? Por ejemplo, en los casos siguientes...
1. una guerra
2. un proceso judicial
3. una tragedia familiar
4. la vida privada de un personaje público.

El legado hispano en los Estados Unidos

Menudencias

¿SABÍA UD. QUE...?

1. Cuando General Motors intentó vender uno de sus coches, el Chevy Nova, en Puerto Rico, fue un fracaso tremendo. Claro, porque ¿quién iba a comprar un coche que *no va*? Cambiaron el nombre a *Caribe* y tuvo mucho éxito.

2. Hay muchos hispanos famosísimos en todos los campos profesionales, tales como:
   a. Rita Moreno, estrella de *West Side Story*, del programa de televisión «9 to 5» y de muchos otros programas y películas.
   b. Pablo Casals, que era un violonchelista conocido en todo el mundo.
   c. Edward Roybal, diputado de California.
   d. Jimmy Smits, estrella del programa de televisión «L.A. Law».

3. EE.UU. sigue siendo el único país donde se puede graduar de la universidad sin haber estudiado un idioma extranjero por lo menos un año. Hay más profesores de inglés en Rusia que estudiantes de ruso en los EE.UU.

4. Muchos religiosos acompañaron a los colonizadores españoles al Nuevo Mundo con el fin de convertir a los indios al catolicismo. Este esfuerzo misionero dio por resultado la creación de las misiones, grandes complejos de residencias, capillas°, talleres y campos cultivados. Allí los indios aprendían destrezas° como la carpintería mientras estudiaban la lengua española y se asimilaban al catolicismo y a la cultura de España. «El Camino Real» es el nombre de las misiones californianas establecidas por Fray Junípero Serra en el siglo XIX. Forman una cadena que comienza en San Diego en el sur y termina en San Francisco en el norte. La misión, «El Álamo», fue establecida en 1718 en San Antonio, Tejas. Con sus cuatro misiones hermanas, forman el conjunto de misiones más completas del país.

chapels
skills

5. Casas de adobe, barrios pintorescos, calles estrechas y nombres como Hotel La Fonda, Camino del Monte Sol y La Plaza reflejan la intensa herencia hispánica de Santa Fe, Nuevo México. Allí, la influencia amerindia, espànola y mexicana caracterizan la ciudad, y los rígidos códigos arquitectónicos aseguran la conservación de este ambiente único. En el centro de la ciudad se encuentra La Plaza que, como todas las plazas de ciudades hispánicas, sirve de núcleo de toda actividad social y cultural. A causa de su belleza natural, Santa Fe es un gran centro artístico.

Contrastes culturales

1. ¿Es importante que en el mundo de los negocios se estudien las culturas extranjeras y se aprenda algo del idioma? Explique. Cuando Ud. compra un producto, ¿es importante el nombre? ¿Cuál es un ejemplo de un producto con un nombre que atrae al público? ¿y uno que carece de atracción?

2. ¿Cuáles son algunos otros famosos hispanos no mencionados aquí? ¿Conoce Ud. a alguna persona famosa que tenga el mismo origen étnico que Ud.? ¿Ayuda a la identidad de la gente el tener algunos representantes famosos? Explique.

3. ¿Es importante que los estadounidenses aprendan a hablar un idioma extranjero? ¿Cuáles son las ventajas? ¿Cuáles son las desventajas de no aprender ninguno? ¿Debe ser un requisito en la universidad? ¿Por qué? ¿Por cuántos años?

4. Aunque la mayor parte de los indios se adaptaron bien a la vida de las misiones, otros resistieron. En su opinión, ¿por qué sería? Muchas de las misiones en California y Tejas son monumentos históricos abiertos al público. ¿A Ud. le gustaría visitarlas? ¿Por qué sí o por qué no?

5. ¿Qué otras ciudades de los EE.UU. tienen una fuerte influencia hispánica? Describa Ud. cómo se ve manifestada esta influencia. ¿La hay en su pueblo o ciudad? Descríbala. Si no, ¿qué influencia étnica se ve en su pueblo o ciudad? Descríbala.

Fernando Bujones, bailarín principal del Boston Ballet, baila con una bailarina del Bolshoi Ballet.

Antonia Novello, Médico Mayor de los EE.UU.

Olmos, Estefan, Canseco: ¿Españoles o hispanos?

NANCY LEVY-KONESKY Y LOIS CECSARINI

Para comenzar...

¿Verdad o mentira? A ver cuánto sabe Ud. del mundo hispano.

1. Un mexicano es español.
2. Todos los hispanos son morenos.
3. Se habla español en quince países.
4. Un español come enchiladas y tacos con frecuencia.
5. Todos los países hispanos son tropicales.

6. La corrida de toros y la siesta son costumbres de origen español.

7. Según las estadísticas, los hispanos van a ser el grupo minoritario más grande de los Estados Unidos a fines de esta década.

*D*efinición: **GENERALIZACIÓN:** *Formación de una idea general por reunir a todos los individuos que tienen una o más características comunes en un grupo.*

Con frecuencia tenemos la tendencia a generalizar. Es decir, ponemos las cosas y las personas que nos rodean, en categorías, según sus características. Lo hacemos todos los días sin darnos cuenta. En ciertas ocasiones las generalizaciones nos ayudan a comprender un mundo variado y complejo. Pero con demasiada frecuencia, estas mismas generalizaciones pueden ser engañosas, injustas y dañinas.

Vamos a mirar las siete generalizaciones que ofrecimos al principio. Compare Ud. sus respuestas con las que siguen. ¿Tenía Ud. razón?

1. Un mexicano *no* es español.

Muchas personas tienden a llamar «español» a alguien de habla española, cuando en realidad el adjetivo «español« se refiere a una persona o una cosa de España. Por eso, el mexicano no es español, pero sí, es hispano. Según el diccionario, el término «hispano» significa lo que es relativo a las gentes de origen español. Entonces un niño de Cuba es cubano e hispano; una mujer de Chile es chilena e hispana; los mexicanos, los colombianos y los salvadoreños son todos hispanos.

Es muy importante diferenciar entre las muchas gentes hispanas. El hecho de que se hable inglés en los Estados Unidos no significa que los ciudadanos sean ingleses. Hablan el mismo idioma, pero tienen diferencias culturales muy marcadas.

Estas costumbres y tradiciones, la manera en que interpretamos el mundo que nos rodea, son las cosas que nos definen y que nos dan nuestra identidad nacional.

2. *No* todos los hispanos son morenos.

Al contrario, se ve la influencia de varios grupos étnicos en diversas combinaciones por todo el mundo hispano. En España, por ejemplo, hay gente rubia con ojos azules de origen germánico y también gente morena de origen árabe o romano.

En Hispanoamérica la variedad étnica es aún más amplia. Aunque en algunas partes la influencia europea predomina
40 casi por completo, en la mayor parte el elemento indio[1] se combina con el europeo.

En una gran parte de la zona caribeña esa mezcla fue enriquecida por un tercer elemento, el africano negro. Por eso, el hispano puede ser blanco, negro o trigueño°, de pelo rubio, *brown-skinned*
45 moreno o castaño, de ojos azules, negros o almendrados°. El *almond-shaped* pueblo hispano es un verdadero arco iris.

3. Se habla español en *más* de quince países.

Uno de los factores que une al mundo hispano es el idioma. De hecho, el español es el cuarto idioma más hablado
50 del mundo después del mandarín, el inglés y el ruso. Hay aproximadamente 341 millones de personas que hablan español en unos veinte países.

Aunque los países comparten la lengua española, el acento y el vocabulario varían según la región. Los europeos, los
55 indios y los africanos han aportado muchas de sus palabras y ritmos.

4. Un español *no suele* comer ni enchiladas ni tacos.

Estos platos son típicamente mexicanos. La comida española es muy diferente. La tortilla española de patatas y huevos no
60 tiene nada que ver con la tortilla de maíz tan común en México. La paella, un plato hecho de arroz y azafrán° con *saffron* mariscos, carnes y legumbres, es el plato más conocido de España.

Una chica que fue a España para pasar un año como
65 estudiante de intercambio contaba que al llegar a la casa de la familia con la cual iba a vivir, la señora le preguntó, — ¿Tienes hambre? —. — Sí, mucha —, contestó la chica, — y tengo ganas de probar las enchiladas —. La señora la miró un poco confusa, pero después de un rato, le trajo a la chica
70 «ensalada», pensando que eso era lo que quería la recién llegada.° **recién...** *newly-arrived girl*

5. *No todos* los países hispanos son tropicales.

---

[1] Según una teoría, los indios americanos son de origen asiático.

Muchos países hispanos se encuentran dentro de los límites de la zona tropical. En esta zona hay playas hermosas con
75 palmeras y arena blanca. Hay regiones de mucho calor donde crecen plantas y frutas exóticas como el mango y la papaya. Hay selvas lozanas° y fértiles y bosques pluviosos° donde la vegetación es tan densa que no se pueden construir caminos. Sin embargo, estas imágenes configuran sólo una parte del
80 mundo hispano.

lush/rain forests

Mucha gente cree que España es un país soleado y caluroso. En realidad, en invierno hace frío y nieva en muchas partes. La Tierra del Fuego en la Argentina es una de las regiones más frías del mundo. También en el trópico el clima
85 varía mucho. En Bogotá, capital de Colombia, situada a una altura de unos 8.500 pies, llueve mucho y la temperatura media es de 57°F.

6. La corrida de toros y la siesta *no* son de origen español.

En realidad, la corrida de toros es una costumbre romana,
90 llevada a España por los romanos en el primer siglo a. de C. La siesta es otra costumbre romana. Viene de la palabra «sexta», que se refería a la sexta hora del día laboral, el mediodía, cuando el sol es más fuerte y hace mucho calor. Hacía demasiado calor para trabajar y entonces los campesinos se
95 retiraban a dormir unas horas antes de volver a los campos.

7. Sí. Según las estadísticas, los hispanos van a ser el grupo minoritario más grande de los EE.UU. a fines de esta década.

La población hispana ha aumentado más de un 60 por ciento en la última década, más rápidamente que cualquier
100 otro grupo étnico. Ahora hay unos 20 millones de hispanos en los EE.UU. El 63 por ciento son de origen mexicano, el 12 por ciento son puertorriqueños (2 millones viven en el continente y 3 millones viven en la isla, que es parte de los EE.UU.), el 5 por ciento son de origen cubano y el 20 por
105 ciento son de Centro y Sudamérica y de otras naciones.

De esta población hispana, la gran mayoría vive en el sur y el oeste de los EE.UU., con otra concentración importante en el noreste.

Esta presencia hispana se siente cada vez más en todos los
110 aspectos de nuestra sociedad. Hay políticos hispanos como los alcaldes de Miami, Denver, y otras ciudades. Hay diputados y senadores hispanos. Hay más de veintisiete periódicos en español, cien emisoras de televisión y doscientas emisoras de radio. Hay un gran número de deportistas y artistas hispanos

115 conocidos nacionalmente, tales como José Canseco, Edward James Olmos, Plácido Domingo y Gloria Estefan, entre muchos otros.

Como se puede ver, no es fácil definir en pocas palabras un concepto tan amplio como «lo hispano». Quizás es porque 120 el mundo hispano ofrece numerosas paradojas y paralelismos, disonancias y armonías. Es una fuente inagotable de contrastes entre lo antiguo y lo moderno, lo rico y lo pobre, entre regiones desarrolladas y las que están en vía de desarrollo. Allí se encuentran pueblos rústicos y ciudades cosmopolitas, 125 casuchas de paja y viviendas lujosas. Allí la gente se viste con ponchos tejidos a mano y a la última moda europea. Allí se ven el burro y el Volkswagen, el caballo y el Cadillac.

Ahora, vamos a ver el reverso de la medalla.° Se ofrecen aquí opiniones de varios hispanos respecto a los norteame- 130 ricanos y a sí mismos.

reverso... *the other side of the coin*

La comunidad hispana de Nueva York lucha por mantener sus tradiciones y su lengua, y muchos de sus integrantes no se consideran norteamericanos, según una detallada encuesta del diario *New York Times*.

135 El estudio de la comunidad hispana realizado° por el diario se basa en entrevistas con 566 personas que integran uno de los cinco principales grupos hispanos de Nueva York: puertorriqueños, dominicanos, colombianos, cubanos y ecuatorianos. Las entrevistas se efectuaron durante un período 140 de seis meses e incluyeron tanto a hombres como a mujeres, profesionales y empleados, individuos con títulos universitarios y personas que no completaron la escuela primaria.

carried out

Una universitaria de origen puertorriqueño nacida en los Estados Unidos se describió como, — puertorriqueña primero 145 y norteamericana después —.

— Hay dos lados de mi persona y yo soy dominicano en mi corazón —, declaró un hombre joven. — He estado aquí casi 20 años, pero no puedo olvidar de donde vengo.

Por su parte, Edward González, profesor universitario, 150 afirmó que — Soy norteamericano y algo más. Ese «algo más» es [que soy] étnicamente puertorriqueño.

En general, los entrevistados expresaron orgullo por su herencia hispánica, pero la mayoría coincidió en que los hispanos en Nueva York ocupan el último peldaño en la 155 escala social y reciben el peor trato.

Muchos de ellos opinaron que los norteamericanos son «fríos» y no prestan atención a la familia y las relaciones personales, por lo que no pueden comprender a los hispanos. También criticaron a los norteamericanos por juzgar sobre la
160 base del color de la piel en lugar del valor individual de cada persona.

— No pueden aceptar otras razas y otras tradiciones —, observó una puertorriqueña de veinticinco años, y añadió que — nos consideran inferiores. Piensan que somos ruidosos —,
165 se quejó otra encuestada, — cuando manifestamos nuestra alegría a través del canto y la danza.

Vocabulario

SUSTANTIVOS

el encanto *charm*
la encuesta *poll*
la escala *ladder*
la fuente *fountain, source*
el lado *side*
el peldaño *step*
la piel *skin*
la población *population*
el rato *short time, while*
la selva *tropical forest, jungle*
el senador *senator*
el siglo *century*
el trato *treatment*

EXPRESIONES

de hecho *as a matter of fact*
en lugar de *in place of*
tanto... como *as much (many)... as*
tener que ver con *to have to do with*

ADJETIVOS

amplio *wide, large*
caluroso *hot*
complejo *complex*
dañino *harmful*
detallado *detailed*
engañoso *deceiving*
inagotable *inexhaustible*
injusto *unjust*
medio *average*
ruidoso *noisy*

VERBOS

enriquecer *to enrich*
juzgar *to judge*
opinar *to give one's opinion*
quejarse de *to complain*
rodear *to surround*

Según la lectura

Subraye Ud. la(s) respuesta(s) correcta(s).

1. Un hispano puede ser de...
   a. Puerto Rico.   **b.** Uruguay.   **c.** España.

2. Un hispano puede ser...

    a. negro.   **b.** blanco.   **c.** trigueño.

3. Los elementos étnicos más dominantes en el Caribe son...

    a. el africano.   **b.** el español.   **c.** el alemán.

4. Hay más gente de habla española en el mundo que gente de habla...

    a. francesa.   **b.** rusa.   **c.** japonesa.

5. La tortilla mexicana está hecha de...

    a. maíz.   **b.** patatas.   **c.** huevos.

6. Un plato español muy conocido es...

    a. la paella.   **b.** el taco   **c.** la enchilada.

7. El clima en los países hispanos puede ser...

    a. tropical.   **b.** frío.   **c.** fresco.

8. La corrida de toros es una costumbre de origen...

    a. sudamericano.   **b.** caribeño.   **c.** romano.

9. El grupo de hispanos más grande en los EEUU es de origen...

    a. cubano.   **b.** puertorriqueño.   **c.** mexicano.

10. Se ve la presencia hispana en los EEUU en...

    a. la política.   **b.** las artes.   **c.** los medios de comunicación.

11. La comunidad hispana de Nueva York quiere conservar...

    a. sus leyes.   **b.** sus tradiciones.   **c.** su idioma.

12. Los entrevistados criticaron a los norteamericanos por...

    a. ser fríos.   **b.** tener prejuicios.   **c.** ser ruidosos.

Según usted

Complete Ud. las frases siguientes. Después de leer esta lectura yo aprendí que...

1. la siesta es...

2. la palabra «español» significa...

3. un hispano es...

4. en los Estados Unidos hay...

5. el mundo hispano es...

6. los principales grupos hispanos de Nueva York son...

7. los entrevistados creen que los hispanos...

8. muchos de los entrevistados creen que los norteamericanos...

Conversemos

1. Mire Ud. las fotos y conteste las preguntas siguientes. Describa a esta persona. ¿Qué hace? ¿De dónde es? ¿Es hispana esta persona? ¿Por qué lo cree Ud.?

El actor Andy García en la película
Lluvia negra.

El beisbolista Tony Peña.

Carolina Herrera, modista.

2. Aquí se ofrecen algunas generalizaciones sobre los estadounidenses.
   ¿Está Ud. de acuerdo? Explique. Escriba Ud. tres más.
   a. Son fríos.
   b. Tienen coches grandes.
   c. Llevan *blue jeans* y botas.
   d. Almuerzan un sándwich y una Coca-Cola.
   e. No entienden a otras culturas.

f. Creen que todo el mundo habla inglés.

g. Mastican° chicle.

They chew

h. Están acostumbrados a muchas cosas que en otros países se consideran lujos.

¿Cuáles son las características positivas que deben incluirse para formar una imagen completa del estadounidense?

3. El presidente ha decidido mejorar la imagen de los Estados Unidos en el extranjero. Piensa mandar a un(a) embajador(a) de amistad a todos los países del mundo. Necesita su ayuda. Formen comités de cuatro o cinco personas para elegir al (a la) mejor candidato(a) para representar al país. Defiendan su elección. (Por ejemplo, General Norman Schwartzkopf o Madonna, porque...)

4. ¿Hay «dos lados» de su persona? ¿Cuáles son? ¿Es un lado más importante que el otro? Explique.

5. ¿Mantiene Ud. las tradiciones étnicas de sus antepasados? Dé Ud. ejemplos.

6. ¿Cuáles son los problemas a los que tiene que enfrentarse un grupo de inmigrantes recién llegados a este país?

Minidrama

Prepare Ud. una encuesta y entreviste a algunos de sus compañeros de clase. Su encuesta debe incluir lo siguiente:

a. los apellidos del (de la) encuestado(a), de sus padres y de sus abuelos

b. lugar de nacimiento de los mismos

c. idiomas que se hablan en casa

d. tradiciones étnicas mantenidas en casa (comida, fiestas, música, etcétera)

e. cuándo llegaron sus antepasados a este país

f. proceso de asimilación a los EEUU

g. nivel de enseñanza, trabajo

Ahora comparta los resultados con la clase.

Repasemos el vocabulario

A. Cognados. *Busque en el texto los cognados de las siguientes palabras en inglés.*

1. individual	_____	**5.** rhythm	_____
2. occupy	_____	**6.** decade	_____
3. origin	_____	**7.** varied	_____
4. majority	_____	**8.** element	_____

B. Sinónimos. *Busque Ud. el sinónimo de las palabras siguientes.*

1. dañino   *a.* censo

2. caluroso   *b.* grande

3. mantener   *c.* bosque
4. selva   *d.* cálido
5. amplio   *e.* peligroso
6. encuesta   *f.* conservar

C. *Antónimos.* *Busque Ud. el antónimo de las palabras siguientes.*

1. diferencia   *a.* parecido
2. rústico   *b.* sencillo
3. alegría   *c.* semejanza
4. complejo   *d.* tristeza
5. diferente   *e.* cosmopolita

D. *Juego de palabras.* *Siguiendo los modelos, forme Ud. una palabra de otra.*

PALABRA EN INGLÉS	PALABRA EN ESPAÑOL
1. stupor	**estupor** _____
2. special	_____
3. studio	_____
4. stable	_____
5. spiritual	_____

VERBO	SUSTANTIVO
1. compartir	**compartimiento** _____
2. sentir	_____
3. sufrir	_____
4. cumplir	_____
5. rendir	_____

VERBO	ADJETIVO	ADJETIVO
1. confundir	**confundido** _____	**confuso** _____
2. incluir	_____	_____
3. recluir	_____	_____

Clase de historia

TINO VILLANUEVA

Nacido en 1941 en San Marcos, Tejas de padres obreros inmigrantes, Tino Villanueva es poeta, ensayista y profesor universitario en Boston University. Su poesía emana de un espíritu sumamente chicano. Refleja la angustia y las esperanzas de una persona que ha sufrido una vida dura y sabe que hay algo mejor. De ascendencia mexicana, Villanueva sufrió de niño los agudos prejuicios descritos en el siguiente poema.

Para comenzar...

Cite Ud. los cinco hechos o ideas que más recuerda de una clase de historia. Compare Ud. la lista con las de sus compañeros. ¿Qué cosas suelen enfatizar los libros de historia y los profesores en los EE.UU.? ¿Qué cosas suelen eliminar? ¿exagerar? ¿Cree Ud. que la enseñanza de la historia puede ser objetiva? Explique.

 1 *E*ntrar era aspirar
     la ilegítima razón de la clase,
     ser sólo lo que estaba escrito.
     Sentado en el mismo
 5 predestinado sitio
     me sentía, al fin, descolocado.
     Miraba en torno mío
     y nada alumbraba a mi favor.

     Era cualquier mañana de otoño,
10 o primavera del 59, y ya estábamos
     los de piel trigueña°   *brown-skinned*
     sintiéndonos solos,
     como si nadie abogara por nosotros,
     porque entrar era arrostrar°   *to face*
15 los sofocantes resultados
     del conflicto: el estado
     desde arriba
     contra nosotros sin el arma
     de algún resucitable dato°   *piece of information*
20 para esgrimir°   *to fence, fend off*
     contra los largos parlamentos°   *speeches*
     de aquel maestro
     de sureña frente dura,
     creador del sueño y jerarquías,°   *hierarchies*
25 que repetía,
     como si fuera su misión,
     la historia lisiada° de mi pueblo: *injured, hurt*

     And beware of the Mexicans, when
     they press you to hot coffee and
30 *"tortillas." Put fresh caps on*
     your revolver, and see that your
     "shooting-irons" are all in order,
     for you will probably need them
     before long. They are a great
35 *deal more treacherous than Indians.*

     Entre los autores de la luz
     no estuvo aquel corruptivo preceptor,° *teacher*
     como tampoco fecundó°   *fertilized*
     con fáciles sentencias
40 y cómplice° actitud suprema   *accompanying*
     los cerebros listos de mi raza:

     He will feed you on his best,
     "señor" you, and "muchas gracias"

you, and bow to you like a French
45 *dancing-master, and wind it all up*
by slipping a knife under your
left shoulder-blade! And that's
one reason I hate them so.

Por no gritar mi urgente ira,
50 me encorvaba en el pupitre
como un cuerpo interrogante;°   **cuerpo...**
interrogative
(question mark)
me imaginaba estar en otro estado,
sin embargo, fui cayendo
cada vez hacia el abismo° espeso   *abyss*
55 de la humillación,
tema tenaz de mi tiempo.
¿Quiénes éramos
si no unos niños
detenidos en la frontera perversa
60 del prejuicio, sin documentos
recios° todavía   *severe*
para llamarnos *libertad?*
Se me volvía loca la lengua.
Quería tan pronto saber
65 y decir algo para callar
el abecedario del poder,
levantarme y de un golpe
rajarle al contrincante las palabras°   **rajarle...** *to fend*
off the rival's
words
de obsesión, soltarle
70 los argumentos de nuestra fortaleza
y plantar, en medio de la clase,
el emblema de mi fe.
Pero todo era silencio,
obediencia a la infecta tinta
75 oscura de los textos,
y era muy temprano
en cualquier mañana de otoño,
o primavera del 59
para decir
80 lo que se tenía que decir.

Pero han pasado los años,
y los libros han cambiado
al compás del° pueblo latidor,°   **al...** *in rhythm to*
the/beating
porque sólo por un tiempo puede
85 un hombre llevar a cuestas
el fastidio
de quien se cree el vencedor.

Aquí mi vida cicatriza°
porque soy el desertor,
90   el malvado impenitente° que ha deshabitado
el salón de la demencia,
el insurrecto
despojado de los credos de la negación.

Sean, pues,
95   otras palabras las que triunfen
y no las de la infamia,
las del fraude cegador.

scars

impenitent, hard-hearted

Vocabulario

SUSTANTIVOS

el abecedario *ABCs, alphabet*
el argumento *argument, plot*
el arma (f.) *weapon*
el fastidio *loathing, bother*
la fe *faith*
la fortaleza *fortress, strength*
la frontera *border*
la ira *wrath, anger, ire*
el pupitre *desk*
el (la) vencedor(a) *victor*

EXPRESIONES

de un golpe *all at once*
en torno mío *around me*
llevar a cuestas *to be burdened with*
más que *other than*

VERBOS

abogar *to advocate, back*
alumbrar *to light, enlighten*
aspirar *to breathe, inhale*
callar *to quiet, silence*
deshabitar *to leave, move out*
encorvarse (ue) *to bend over, stoop*
plantar *to establish, plant*

ADJETIVOS

cegador *blinding*
descolocado *displaced*
despojado *stripped*
espeso *dense, thick*
infecto *tainted, corrupt*
malvado *malicious, wicked*
sureño *southern*
tenaz *tenacious*

Según la lectura

Conteste Ud. las preguntas siguientes.

1. ¿Cómo se siente el autor al entrar en el aula? ¿Quiénes son «los de piel trigueña»? ¿Cómo se sienten ellos? ¿Por qué?
2. La metáfora de «un conflicto» aparece en la segunda estrofa. ¿En qué consiste este conflicto? ¿Qué armas necesitan los estudiantes para ganar? ¿Las tienen? Explique.
3. ¿Cómo describe el autor al maestro? Explique sus imágenes.

4. ¿Qué clase de «historia» enseña el maestro? ¿Cómo representan sus libros de texto a los mexicanos? ¿Han cambiado los textos desde que el autor era niño? Explique.
5. ¿Cómo reacciona el niño al escuchar al maestro? ¿Cómo se describe el autor a sí mismo y a sus compañeros de clase? ¿Por qué es muy apta esta imagen?
6. ¿Se ha recuperado el autor de esta experiencia? ¿Qué «palabras» quiere que triunfen al final?

Según usted

1. Repase Ud. la descripción del mexicano que el libro de texto presenta. ¿Cree Ud. que los libros más recientes representan mejor a los grupos étnicos? ¿En qué sentido? ¿Hay ejemplos de prejuicios o de estereotipos en algún libro que Ud. lee o ha leído en sus clases?
2. ¿Por qué dice el autor que el maestro es «creador de sueños y jerarquías»? ¿Qué es el «abecedario del poder»? ¿Qué poder tienen los libros y los maestros sobre un niño? ¿Recuerda Ud. alguna situación en la que Ud. quería protestar contra alguna injusticia? Descríbala.
3. ¿En qué año fue la clase? ¿Por qué cree Ud. que el autor describe la fecha así?
4. ¿Qué imágenes usa el autor para describirse a sí mismo y a sus compañeros? ¿Por qué las usa?
5. ¿Qué haría Ud. en el lugar del niño? ¿Cuáles serían las consecuencias si el niño protestara?

Conversemos

1. ¿Cree Ud. que los niños empiezan a estudiar en la escuela ya con prejuicios o se los enseñan después? ¿Qué podemos hacer para mejorar la comprensión entre los varios grupos étnicos en la escuela?
2. ¿Qué recuerda Ud. de la historia de los EEUU que aprendió en la escuela? ¿Más tarde aprendió algo sobre estos hechos que le hizo cambiar su imagen de una persona o de un momento histórico? Explique.

Minidrama

El niño y sus amigos se reúnen después de la clase. ¿Qué dicen sobre la clase? ¿Qué les dice el niño a sus padres cuando vuelve a casa? ¿Qué le contestan los padres?

Repasemos el vocabulario

A. Cognados. *Busque en el texto los cognados de las siguientes palabras en inglés.*

1. abyss _____
2. humiliation _____
3. creed _____
4. infamy _____

5. obedience _____
6. deserter _____
7. emblem _____
8. negation _____

B. Sinónimos. *Busque Ud. el sinónimo de las palabras siguientes.*

1. alumbrar
2. aspirar
3. abogar
4. compás
5. parlamento
6. ira
7. pupitre
8. fecundar

a. respirar
b. defender
c. alimentar
d. ritmo
e. iluminar
f. escritorio
g. discurso
h. furia

C. Juego de palabras. *Siguiendo los modelos, forme Ud. una palabra de otra.*

VERBO	ADJETIVO
1. sofocar	**sofocante**
2. interrogar	_____
3. humillar	_____
4. inmigrar	_____
5. fascinar	_____

ADJETIVO	SUSTANTIVO
1. penitente	**penitencia**
2. evidente	_____
3. obediente	_____
4. demente	_____
5. elocuente	_____
6. frecuente	_____

La historia me absolverá (selecciones)

FIDEL CASTRO RUZ

Para comenzar...

¿Qué significan para Ud. las siguientes palabras? Compare sus definiciones con las de sus compañeros.

1. la justicia   **4.** la revolución

2. el poder   **5.** el valor

3. la democracia   **6.** la dictadura

El 26 julio de 1953, 170 jóvenes cubanos emprendieron una acción militar contra la opresión política y la explotación económica (tanto doméstica como extranjera) existentes en su país bajo la dictadura de Fulgencio Batista. Esta acción militar encabezada por Fidel Castro Ruz, a pesar de que fue una derrota para los revolucionarios, puso en alerta al pueblo cubano de un nuevo movimiento revolucionario y por la virtud de la calidad oratoria única de Fidel Castro, se produjo un documento que muy pronto pasó a ser un instrumento ideológico-teórico para unirlos contra esa dictadura.

El ataque del 26 de julio al Cuartel Moncada° fue precipitado por el golpe de estado dado por Batista el 10 de marzo de 1952 y por su subsiguiente° acción de suspender la Constitución de 1940. Esta suspensión le dio a Batista el poder de quitarle los derechos civiles y políticos al pueblo cubano en cualquier momento.

Fidel Castro y los otros pocos sobrevivientes del ataque del 26 de julio fueron procesados, y como Fidel era abogado, le concedieron° el derecho de ser su propio abogado defensor.

Aquí se ofrecen selecciones de su autodefensa, que más tarde fue impresa y distribuida entre el pueblo cubano bajo el título de La historia me absolverá.

Moncada barracks

subsequent

conceded, gave

El papel de los soldados [de Batista]

1 **Y**o vi muchos soldados combatir con magnífico valor, como aquéllos de la patrulla que dispararon contra nosotros... Unos están vivos, me alegro; otros están muertos: creyeron que cumplían con su deber y eso los hace para mí dignos de
5 admiración y respeto; sólo siento que los hombres valerosos caigan defendiendo una mala causa. Cuando Cuba sea libre, debe respetar, amparar y ayudar a las mujeres y los hijos de los valientes que cayeron frente a nosotros. Ellos son inocentes de las desgracias de Cuba; ellos son otras tantas
10 víctimas de esta nefasta° situación.

Como quiero ser justo antes de todo, no puedo considerar a todos los militares solidarios° de esos crímenes, esas manchas y esas vergüenzas que son obra de unos cuantos traidores y malvados, pero todo militar de honor y dignidad
15 que ame su carrera y quiera su institución, está en el deber de exigir y luchar para que esas manchas sean lavadas, esos engaños sean vengados y esas culpas sean castigadas.

tragic

jointly liable

Las condiciones en Cuba [bajo Batista]

A las escuelitas públicas del campo asisten descalzos, semidesnudos y desnutridos, menos de la mitad de los niños

20 de edad escolar y muchas veces es el maestro quien tiene que
    adquirir con su propio sueldo el material necesario. ¿Es así
    como puede hacerse una patria grande?

    De tanta miseria sólo es posible librarse con la muerte; y a
    eso sí los ayuda el Estado: a morir. El 90 por ciento de los
25 niños del campo está devorado por parásitos que se les filtran
    desde la tierra por las uñas de los pies descalzos... Y cuando
    un padre de familia trabaja cuatro meses al año, ¿con qué
    puede comprar ropas y medicinas a sus hijos?

    Un millón de personas se encuentran sin trabajo y tan
30 grave o peor es la tragedia de la vivienda. Hay en Cuba
    doscientos mil bohíos° y chozas;° cuatrocientas mil familias del   *huts/hovels*
    campo y de la ciudad viven en viviendas sin las más
    elementales condiciones de higiene y salud.

El poder y los derechos del hombre

    La dictadura que oprime a la nación no es un poder
35 constitucional, sino inconstitucional: se engendró contra la
    Constitución, por encima de la Constitución legítima de la
    República. Constitución legítima es aquella que emana
    directamente del pueblo.

    La Declaración de Independencia del Congreso de Filadelfia
40 el 4 de julio de 1776 consagró este derecho [el de rebelarse
    contra un gobierno] en un hermoso párrafo que dice:
    «Sostenemos como verdades evidentes que todos los hombres
    nacen iguales; que a todos les confiere su Creador ciertos
    derechos inalienables entre los cuales se cuenta la vida, la
45 libertad y la consecución° de la felicidad; que siempre que   *attainment*
    una forma de gobierno tienda a destruir esos fines, el pueblo
    tiene el derecho a reformarla o abolirla, e instituir un nuevo
    gobierno que se funde en dichos principios.»

Las leyes revolucionarias [las promesas de Fidel]

    La primera ley revolucionaria devolvía al pueblo la
50 soberanía y proclamaba la Constitución de 1940 como la
    verdadera ley suprema del Estado.

    La segunda ley revolucionaria concedía la propiedad
    inembargable° e intransferible de la tierra a todos los colonos,   *nonmortgageable*
    subcolonos, arrendatarios,° aparceros° y precaristas° que   *lessees/*
55 ocupasen parcelas de cinco o menos caballerías° de tierra.   *sharecroppers/*
                                                                              squatters/unit
    La tercera ley revolucionaria otorgaba a los obreros y   *of measure*
    empleados el derecho de participar del 30 por ciento de las

utilidades en todas las grandes empresas industriales, mercantiles y mineras.

60 La cuarta ley revolucionaria concedía a todos los colonos el derecho a participar del 55 por ciento del rendimiento° de la caña.°

yield
sugar cane

La quinta ley revolucionaria ordenaba la confiscación de todos los bienes a todos los malversadores° de todos los
65 gobiernos.

ones who misuse funds

Se declaraba además, que la política cubana en América sería de estrecha solidaridad con los pueblos democráticos del continente. Cuba debía ser baluarte° de libertad y no eslabón° vergonzoso de despotismo.

support/link in a chain

Clausura de su discurso de defensa

70 En cuanto a mí, sé que la cárcel será dura como no lo ha sido nunca para nadie, preñada° de amenazas° de ruin y cobarde ensañamiento,° pero no la temo, como no temo la furia del tirano miserable que arrancó° la vida a setenta hermanos míos. Condenadme, no importa, la historia me
75 absolverá.

filled/threats
cruelty
took

Vocabulario

SUSTANTIVOS

los bienes *goods*
el colono *tenant*
la culpa *fault, offense*
la derrota *defeat*
la desgracia *disgrace*
la dictadura *dictatorship*
la empresa *enterprise*
la mancha *stain*
la patrulla *patrol*
el poder *power*
el (la) sobreviviente *survivor*
el (la) traidor(a) *traitor*
la vivienda *housing, dwelling place*

VERBOS

abolir *to abolish*
amparar *to protect*
consagrar *to dedicate*
cumplir con *to fulfill*
disparar *to open fire, shoot*
emanar *to emanate, proceed from*
encabezar *to head, lead*
engendrar(se) *to engender, produce*
exigir *to require, demand*
librarse *to free oneself*
oprimir *to oppress*
otorgar *to grant*
procesar *to prosecute*
quitar *to take away*

ADJETIVOS

descalzo *barefoot*
desnutrido *malnourished*
vengado *avenged*

EXPRESIONES

poner en alerta *to put on guard*
por la virtud *by virtue*
la uña del pie *toenail*

Según la lectura

Conteste Ud. las preguntas siguientes.

1. ¿Qué comentarios hace el autor sobre el papel de los soldados que lucharon contra él en el ataque al Cuartel Moncada? ¿Por qué tiene esa actitud hacia ellos? ¿Cuál es la ventaja de reaccionar en esa forma?
2. Describa las condiciones en Cuba bajo la dictadura de Batista.
3. ¿Por qué no es un poder constitucional la dictadura? ¿Qué documento cita Fidel como buen ejemplo de los derechos del pueblo? ¿Cuáles son los derechos que otorga este documento?
4. En breve, ¿cuáles son las cinco leyes revolucionarias que quería incorporar Fidel?
5. ¿Cómo percibía Fidel las relaciones entre Cuba y los EE.UU. después del «26 de julio»?

Según usted

1. ¿Qué medios usa el autor para convencer al pueblo? ¿Conoce Ud. a otra figura pública que usa los mismos medios? ¿Es importante que un líder sea buen orador? Explique. Dé Ud. ejemplos de otros oradores buenos y describa su papel histórico.
2. Según Fidel, ¿cuándo tiene el pueblo el derecho a rebelarse contra su gobierno? ¿Está Ud. de acuerdo? Cite Ud. otros ejemplos de la historia en que un pueblo se rebeló contra el gobierno.
3. ¿Cumplió Fidel con las promesas que le hizo al pueblo cubano? Dé Ud. ejemplos concretos. ¿Cree Ud. que se realizarán esas promesas en el futuro? Explique.
4. ¿Absolvió la historia a Fidel? Explique.

Conversemos

1. ¿Qué es el comunismo? ¿y la democracia? ¿Existen estos tipos de gobierno en su forma pura? Explique. ¿Cuáles son las semejanzas y las diferencias entre las dos formas de gobierno? ¿Qué otras formas de gobierno hay en el mundo actual?
2. Describa algunos de los cambios que ha habido en el mundo comunista en los últimos años. ¿Ha participado Cuba en estos cambios? En su opinión, ¿cuál es el futuro del comunismo? Explique.
3. ¿Qué sabe Ud. de la situación política en Nicaragua, Chile, El Salvador, la Argentina y Panamá?
4. ¿Qué es un golpe de estado? ¿y una revolución? ¿Quiénes suelen participar en cada uno? ¿Cuáles son algunas de las condiciones socio-económicas que pueden causar un golpe o una revolución?

5. ¿Cuáles son algunas de las libertades de las cuales gozan los estadounidenses pero que parece que no las tienen los cubanos? ¿Es necesario que un estado comunista prescinda de° estas libertades? Explique.   *do without*

6. ¿Cumplen con sus promesas nuestros políticos? ¿Por qué nos hacen promesas?

Debate

«El fin justifica los medios» es un dicho muy conocido y una filosofía adoptada por muchos políticos. ¿Es admisible en algunos casos?

Minidrama

Ud. es un(a) candidato(a) político(a). Descríbale a la clase el cargo° que busca. Luego conteste las preguntas que le hacen sus electores.   *office (political)*

Repasemos el vocabulario

A. Cognados. *Busque Ud. en el texto los cognados de las siguientes palabras en inglés.*

1. to confer   _____

2. domestic   _____

3. precipitated   _____

4. civil   _____

5. to suspend   _____

6. attack   _____

7. fury   _____

8. percent   _____

B. Sinónimos. *Busque Ud. el sinónimo de las palabras siguientes.*

1. amparar   *a.* dirigir

2. exigir   *b.* caserío

3. vivienda   *c.* posesiones

4. encabezar   *d.* proteger

5. bienes   *e.* requerir

6. librarse   *f.* libertarse

C. Definiciones. *Defina en español:*

1. un descalzo   **4.** un cobarde

2. un traidor   **5.** un colono

3. un desnutrido   **6.** un dictador

D. Juego de palabras. *Siguiendo los modelos, forme Ud. una palabra de otra.*

SUSTANTIVO	ADJETIVO
1. valor	valiente _____
2. calor	_____
3. ardor	_____
4. dolor	_____

VERBO	SUSTANTIVO
1. respetar	respeto _____
2. respaldar	_____
3. disparar	_____
4. lograr	_____
5. gozar	_____

La carta
El pasaje*

JOSÉ LUIS GONZÁLEZ

José Luis González nació en Santo Domingo, República Dominicana, en 1926 de padre puertorriqueño y madre dominicana. A los cuatro años se mudó a Puerto Rico. Prefirió la vida de la ciudad. Cursó sus estudios posgraduados en Nueva York. Luego, se estableció en México, donde es ahora profesor en la Universidad Nacional. Dice que es militante marxista y apoya la independencia de Puerto Rico. Cree que el cuento es el producto de una creación personal, pero también debe reflejar la evolución de una literatura nacional.

---

* **(adaptado)**

Para comenzar...

Ud. se encuentra fuera de su ciudad natal por varias razones (un empleo, los estudios universitarios, etcétera) y aunque Ud. salió de casa con muchas ilusiones y esperanzas, pronto se desilusionó. Escriba dos cartas: una a sus padres, a quienes no quiere preocupar con la realidad de su situación deprimente, y otra a un(a) amigo(a) íntimo(a) en quien necesita confiar. ¿Qué les dice a sus padres? ¿y a su amigo(a)?

Como una introducción a estas dos lecturas, se ofrece aquí una parte (adaptada) del ensayo titulado «El bilingüismo en Boston». En él, su autor, el padre Wendill Verrill, intenta explicar el fenómeno del uso de las palabras inglesas dentro del contexto del español, que se conoce como «spanglish». Es una técnica que usan muchos autores puertorriqueños y chicanos para recrear el lenguaje auténtico de sus compatriotas:

Introducción

1　　**Q**uiero hacer resaltar° algunas frases que usamos aquí (en el continente), pero que confunden a los recién llegados.　　*stand out*

Por ejemplo, «el roofo» está encima de «el building» protegiéndolo contra la lluvia, etcétera.

5　　Casi todos saben dónde está «la Welfare» pero nadie puede decirme por qué es femenino.

«Close the window, que viene el agua y se moja el floor» es una frase que entendemos perfectamente bien, pero que causa mucha confusión entre los nuevos en nuestro medio.

10　　El otro día escuché a un tipo° decir, «Yo puse mi lonche ahí y somebody se lo comió».　　*fellow*

Bueno, estoy escribiendo detrás de mi casita en la «yarda» vestido con mis «shorts» pensando que la lengua pura vencerá°　　*will win* «anyway». Buena suerte a los maestros y espero que pasen un
15　año escolar bien «nice».

Además de mezclar el inglés con el español, muchos puertorriqueños tienen una pronunciación especial. Los escritores modernos intentan mostrar esto escribiendo las palabras como las pronunciarían sus personajes. Aquí se ofrece
20　*una pequeña guía. En algunos casos:*

s = **c** o **z**　　*no hay "**u**" después de "**q**" y "**g**"*
b = **v**　　*no hay "**h**"*

i = e   *no hay "**d**" final y a veces falta la "**r**" al final*
                        del infinitivo

25   **ll = y**   **comai = comadre**

La carta

"San Juan, Puerto Rico
8 de marso de 1947

Querida bieja:

30   Como yo le desia antes de vernirme, aqui las cosas me van
vién. Desde que llegé enseguida incontré trabajo. Me pagan 8
pesos° la semana y con eso bivo igual que el administrador   *eight dollars*
de la central allá.

    La ropa aquella que quedé de mandale, no la he podido
35 comprar pues qiero buscarla en una de las tiendas mejóres.
Dígale a Petra que cuando valla por casa le boy a llevar un
regalito al nene° de ella.   *boy*

    Boy a ver si me saco un retrato un día de estos para
mandalselo a uste, mamá.

40   El otro día vi a Felo el ijo de la comai Maria. Él también
está travajando pero gana menos que yo. Es que yo e tenido
suerte.

    Bueno, recueldese de escrivirme y contarme todo lo que
pasa por alla.

45   Su ijo que la qiere y le pide la bendision,
                                                Juan"

    Después de firmar, dobló cuidadosamente el papel arrugado
y lleno de borrones° y se lo guardó en un bolsillo del panta-   *ink blots*
lón. Caminó hasta la estación de correos más cercano, y al
50 llegar se echó la gorra raída° sobre la frente y se acuclilló° en   *frayed/squatted*
el umbral de una de las puertas. Contrajo la mano izquierda,
fingiéndose manco, y extendió la derecha abierta.

    Cuando reunió los cinco centavos necesarios, compró el
sobre y la estampilla y despachó la carta.

55   *El pasaje*

    I

    Se encontraron por casualidad en la salida de la estación
«subway» de la calle 103, y Juan — que tenía empleo —
invitó a Jesús — que no tenía — a tomarse una cerveza.

60   Juan prefirió la bodega de un paisano — «La flor de
Borinquen» — donde servían cerveza en latas en dos mesitas

que había en la trastienda. La bodega estaba más lejos de la estación del «subway» que el bar del irlandés que sabía español y vivía con una cubana, pero Juan explicó:

— Mal rayo me parta° sí me paro delante 'e° un bar. Los pieh no los aguanto.

Mal... *Woe to me/* **de**

— ¿Del trabajo? — preguntó Jesús.

— ¿Tú sabeh lo que es 'tar parao° el día entero apretándole los tuboh a tóh° los radioh que te mandan por el condenao «conveyor line»?

estar parado **todos**

— ¿Y qué, no se pué° sentar uno?

puede

— Pregúntale por qué no al dueño 'e la fábrica. Yo te digo una cosa: este país es la muerte. Mira, ésta es la bodega.

Entraron. Juan saludó al bodeguero:

— Tírame con dos latah pa° la trastienda.°

para/*back room*

— ¿Qué marca? — preguntó el bodeguero.

— La que te dé la gana, mi viejo.

Se sentaron a una de las dos mesitas. La otra estaba ocupada. Jesús preguntó:

— Oye, Juan, ¿y cuánto te pagan en el trabajo?

— Treinticinco a la semana.

— ¡Caray, si yo consiguera una pega° así!

job

— Eso pensaba yo al principio. ¡Y ahora tengo ganah de rajarme!°

to "split"

— ¿Por qué?

— ¿No te digo que tóh los días salgo de la factoría desbaratao?°

wasted, ruined

— Pero como quiera 'tás mejor que yo.

— ¿Tú todavía no has encontrao ná?

— Ayer me dijeron que había un yope° de lavaplatoh en una cafetería y me tiré p'allá. Pero, cuando llegué ya se lo habían dao a otro.

job

— Puertorriqueño también, seguro, porque aquí los únicoh que lavamoh platoh somoh los puertorriqueñoh. Ya ni los negroh americanoh quieren esos trabajoh.

— Pa que tú veah, el que me avisó fue un negrito del West Side que dejó esa pega pa trabajar en un «laundry».

Llegó el bodeguero con las dos latas de cerveza y volvió a su mostrador. Juan, levantando su lata de cerveza, le dijo a Jesús:

— Bueno, mi viejo, a tu salú. Que consigah trabajo pronto.

Jesús no levantó su lata: sólo dijo, con la mirada fija en una mosca° que se agenciaba° con los granitos de azúcar esparcidos sobre la mesa:

fly/**se...** *was negotiating*

— Yo creo que yo me rajo. Me voy pa Puerto Rico.

— ¿Pa Puerto Rico? ¿A qué? ¿A picar caña?°

sugarcane

— A lo que sea. Esto aquí es la muerte. Yo tengo un cuñao mecánico que trabaja en la General Motors en San Juan. A lo mejor me consigue una pega.

— A lo mejor.

— Lo malo es el condenao pasaje. No tengo plata.

— ¿Y no tieneh quien te la preste?

— ¿De dónde? Como no tengo trabajo ni aquí ni allá...

— Caray, si yo tuviera...

— No, chico, no te ocupeh, yo sé que tú lo haríah con gusto, pero...

— Bueno, chico, tómate esa cerveza, que se te va a calentar°. Ya aparecerá algo, no te apureh. Al principio siempre es así.

it's going to get warm

— Sí, eso yo lo sabía. Ya me lo 'bían° dicho allá anteh de venir. Pero es que ya llevo aquí tre meseh.

habían

Y Jesús se llevó su lata de cerveza a los labios y ya no dijo más.

II

Una semana después, Juan salió de la estación del «subway» de la calle 103 y decidió tomarse una cerveza. Pensó en el cercano bar del irlandés que sabía español y vivía con una cubana, pero le dolían mucho la espalda y los pies y prefirió una de las mesitas en la trastienda de «La flor de Borinquen».

Al entrar en la bodega, le sorprendió que el bodeguero, antes de saludarlo, le preguntara:

— Oye, Juan, ¿cómo se llamaba aquél que estuvo aquí contigo el otro día?

— ¿Cuál?

135   — Aquél que se tomó las cervezas contigo en la trastienda.
Juan hizo memoria unos instantes.

     — ¡Ah! — dijo al cabo —. Sería Jesús. ¿Por qué?

     — ¿Tú viste el *Daily News* de hoy?

     — Todavía no. ¿Qué...?

140   — Pues, mira.

     Y el bodeguero, tendiéndole el periódico, le señaló con el
dedo la foto que ocupaba la mitad de la primera plana. Juan
miró. Un hombre aparecía tendido en el piso de un
«delicatessen», a los pies de dos policías que miraban
145 sonrientes al fotógrafo.

     — Mírale la cara — dijo el bodeguero.

     Juan miró la cara del muerto en la fotografía.

     — ¿No es el mismo? — preguntó el bodeguero —. Yo creo
que la memoria no m'engaña, y abajo dice el nombre, fíjate:
150 Jesús Rodríguez. Parece que tu amigo se metió a atracador°   *thief*
con una cuchilla... ¡con una cuchilla, imagínate! ...y la policía
lo limpió.°   **lo...** *wiped him out*

     — Sí, él es — dijo Juan, demudado,° y luego añadió, entre   *pale*
dientes, por lo que el bodeguero apenas le oyó: — El pasaje.

155   — ¿El pasaje? — preguntó el bodeguero, sin comprender.

     — Sí, el maldito pasaje — repitió Juan, y tiró el periódico
sobre el mostrador y salió a la calle. Y el bodeguero se
quedó sin comprender.

Vocabulario

SUSTANTIVOS

la bodega *small store, tavern*
la cuchilla *kitchen knife*
la estampilla *stamp*
la fábrica *factory*
la frente *forehead*
la gorra *cap*
la lata *can*
la marca *brand*
la plata *money*
la salida *exit*
el sobre *envelope*
el umbral *threshold*

ADJETIVOS

arrugado *wrinkled*
esparcido *scattered*
manco *one-handed*
parado *standing*

VERBOS

aguantar *to bear, put up with*
apretar (ie) *to tighten, press*
apurarse *to worry*
despachar *to dispatch*
doblar *to fold*
fijarse *to notice*

hacer memoria *to try to remember*
sacar un retrato *to take a picture*
tender (ie) *to stretch out, offer*

¡caray! *ha!; oh, no!*
darle la gana *to feel like*
lo que sea *whatever*
por casualidad *by chance*

EXPRESIONES
al cabo *finally*

Según la lectura

¿Pasa lo siguiente en «La carta», en «El pasaje», o no pasa en ninguno de los cuentos? Explique.

1. El protagonista tiene un buen empleo.
2. La acción del cuento pasa en un solo día.
3. El protagonista quiere conseguir dinero de sus amigos para el pasaje.
4. El protagonista lleva una vida difícil.
5. En el trabajo, no se puede sentar.
6. El protagonista vive en una ciudad norteamericana muy grande.
7. Su trabajo le permite comprar muchos regalos para sus parientes.
8. Lleva una vida muy feliz en San Juan.

Según usted

1. Compare Ud. a Juan, de «La carta», con Jesús, de «El pasaje». ¿Tienen problemas semejantes? ¿Cuáles son? ¿Cómo los soluciona Juan? ¿y Jesús? ¿Que haría Ud. en su lugar? ¿Son trágicas las dos soluciones? ¿Por qué?
2. ¿Qué razón da Juan por no haberle comprado ropa a su madre todavía? ¿Es la verdad? ¿Por qué lo dice?
3. ¿Por qué tendrán problemas en encontrar trabajo los personajes de los dos cuentos?

Conversemos

1. ¿Cree Ud. que exista trabajo para los que realmente deseen trabajar? ¿Qué se puede hacer para resolver el problema del desempleo en este país?
2. ¿Cuáles son algunos de los problemas a los que se enfrenta el puertorriqueño que viene a vivir al continente? ¿Cuáles son algunas de las posibles soluciones?
3. En el cuento «La carta», el protagonista miente para que su mamá no se preocupe. ¿Miente Ud. a veces? ¿Cuándo? ¿Por qué? ¿Es mejor mentir a veces para proteger a un(a) pariente o a un(a) amigo(a)? ¿En qué circunstancias?

4. Refiriéndose a la primera lectura sobre la lengua española, ¿cree Ud. que la lengua pura vencerá? ¿Es importante que una lengua se mantenga pura? ¿Por qué?

5. ¿Es el inglés americano una lengua pura? ¿Cuáles son ejemplos de la influencia extranjera en el inglés?

Composición

1. Escriba Ud. la carta que Juan no podía escribirle a su mamá — en la que le decía la verdad de su vida.

2. Continúe la historia de Juan en «El pasaje».

3. Imagínese que Ud. es Jesús y que vuelve a Puerto Rico. ¿Cómo sería su vida entonces? Ahora, descríbales a sus amigos su vida en los EE.UU.

Debate

1. En grupos, discutan la necesidad de la educación bilingüe en las escuelas públicas.

2. En grupos, defiendan o refuten la siguiente idea: Los EE.UU. debe ser un país bilingüe.

Repasemos el vocabulario

A. Cognados. *Busque Ud. en el texto los cognados de las siguientes palabras en inglés.*

1. police	_____	**5.** tubes	_____
2. photographer	_____	**6.** mechanic	_____
3. cafeteria	_____	**7.** occupied	_____
4. station	_____	**8.** memory	_____

B. Sinónimos. *Busque Ud. el sinónimo de las palabras siguientes.*

1. estampilla   *a*. accidentalmente
2. al cabo   *b*. sello
3. despachar   *c*. mandar
4. plata   *d*. finalmente
5. por casualidad   *e*. dinero

C. Juego de palabras. *Siguiendo los modelos, forme Ud. una palabra de otra.*

VERBO	SUSTANTIVO
1. marcar	**marca** _____
2. causar	_____
3. fatigar	_____

4. guiar   _____

5. figurar   _____

VERBO	SUSTANTIVO
6. mirar	**mirada** _____
7. parar	_____
8. tirar	_____
9. bajar	_____
10. pasar	_____

VERBO	SUSTANTIVO
11. engañar	**engaño** _____
12. abrazar	_____
13. reinar	_____
14. avisar	_____
15. anunciar	_____

A. Temas centrales. *Haga las siguientes actividades.*

1. Las lecturas en esta unidad hablan de «la libertad». ¿Qué significa para Ud. esta palabra? ¿Cuáles son las cinco libertades más importantes para Ud.? ¿Por qué? Compare sus respuestas con las de la clase.

2. Otro tema presente en algunas de las lecturas es el de la historia. ¿Cómo cambian los hechos históricos con la perspectiva del tiempo? Cite Ud. algunas figuras históricas que la historia «absolvió». Y cite algunas otras que la historia «condenó». ¿Cómo serán considerados los líderes actuales dentro de cien años?

B. Hispanos famosos. *En grupos, hagan la siguiente actividad.*

Citen Uds. cinco hispanoparlantes que son conocidos hoy. ¿Cuáles son sus contribuciones al gran crisol.°

melting pot

C. La emigración. *Conteste las siguientes preguntas.*

¿Por qué cree Ud. que la gente emigra de su país para buscar una nueva vida en el extranjero? ¿En qué circunstancias dejaría Ud. los EE.UU. para vivir en otro país? ¿Cuándo fue la época principal de inmigración de los siguientes grupos y por qué motivos vinieron?

1. los irlandeses
2. los judíos
3. los cubanos
4. los chinos
5. los vietnamitas
6. los italianos
7. los africanos
8. los árabes

UNIDAD

Mujer, adelante

Menudencias

¿SABÍA UD. QUE... ?

1. Es cuestión de palabras. En inglés, para referirse a un chiste que trata del sexo se dice «a dirty joke». Un hombre mayor que se interesa por las chicas se llama «a dirty old man». Cuando dos personas no casadas tienen relaciones sexuales, dicen que es «an affair», lo cual nos hace pensar en los negocios. Al contrario, en español se dice «un chiste verde» (o «amarillo» si no es muy fuerte), «un viejo verde» y «una aventura». Usan el color verde porque simboliza la naturaleza, las cosas puras y naturales.

2. El concepto norteamericano de "boyfriend" o "girlfriend" no tiene equivalente en español. En los países hispanos cuando "se hacen novios" eso quiere decir que la relación es íntima y seria y que se casarán en el futuro. El noviazgo puede durar muchos años porque las parejas tienden a casarse después de terminar los estudios o cuando su situación económica es estable.

3. En España, cuando dos personas deciden casarse, el hombre le regala a la mujer una pulsera, que generalmente es de oro.

4. La actitud machista divide el mundo entre "cosas de mujeres" y "cosas de hombres". Afirma la imagen de la mujer sufrida y abnegada que fue creada sólo para limpiar, barrer y cocinar. El típico machista es el hombre que en todo momento tiene que probar su superioridad. Muchos creen que el machismo se originó en la "profanación" de la raza indígena cuando los españoles conquistaron México en el siglo XVI. Fue esta fusión de razas — la española con la india — la que dio lugar al mestizaje. Según esta teoría, el conquistador, el "macho", representa la fuerza física y la dominación. La víctima inocente de los españoles es la india o la "hembra". Ella encarna la obediencia, la pasividad y la derrota.° El mestizo, el descendiente del español y de la india, se considera la personificación viva de este acto histórico y se siente atrapado sicológicamente entre las dos situaciones. Vive en un estado de frustración y furor que se manifiesta en el maltrato de la mujer.

destruction

5. La primera mujer que llegó a ser presidenta en el hemisferio occidental fue Isabel Perón, de la Argentina, quien, al morir su esposo Juan Perón en 1974, ocupó la presidencia del país por dos años.

Contrastes culturales

1. ¿Cómo se puede explicar las imágenes tan diferentes que se usan para representar el sexo en inglés y en español? ¿Cuáles son más apropiadas en su opinión? ¿Por qué?

2. Explique Ud. el concepto norteamericano de "novio". ¿Cuáles son las ventajas del tradicional noviazgo° hispano? ¿Hay desventajas? Explique.

engagement

3. ¿Cree Ud. que la mujer también debe regalarle algo al hombre como símbolo de su amor? ¿Qué debe darle?

4. En sus propias palabras, explique lo que es el machismo. ¿Existe esta actitud en este país? Explique. ¿Qué factores familiares o culturales contribuyen al machismo?

5. La imagen del hombre hispano no es todo negativa. Al contrario. También tiene fama de ser "caballero".° ¿Qué se entiende por este término? ¿Es importante que un hombre sea caballero? ¿Por qué sí o por qué no? Describa al hombre más caballero que Ud. conoce. ¿Cuál es la imagen del hombre norteamericano?

gentleman

6. ¿Quién será la primera presidenta de los EE.UU.? ¿Cuándo será elegida? ¿Cuáles son algunas características femeninas que contribuyen a que las mujeres puedan ser mejores ejecutivas que los hombres? ¿Hay algunas que puedan ser obstáculos?

Padre e hijos en Barcelona.

La camisa de Margarita*

RICARDO PALMA

Ricardo Palma nació en Lima, Perú, en 1833. Escribió novelas históricas, leyendas y cuentos cortos, pero su fama se debe a la creación de un nuevo género en la narrativa hispanoamericana, «la tradición». Sus Tradiciones peruanas, *basadas en crónicas, anécdotas, refranes y, a veces, en la pura ficción, son de tono satírico. Los temas pueden ser religiosos, románticos o históricos, pero en el fondo en cada relato se encuentra siempre la vida limeña desde la colonización (siglo XVI) hasta la independencia (siglo XIX).*

* **(adaptado)**

Para comenzar...

A. ¿Existe hoy día en los EE.UU. la costumbre de la dote matrimonial? Si Ud. fuera a casarse, ¿qué aportaría al matrimonio?

B. A ver si Ud. puede adivinar el significado de las palabras subrayadas, según el contexto.

1. Tenía un par de ojos negros que eran como dos torpedos <u>cargados</u> con dinamita...
   a. covered.   **b.** blown up.   **c.** loaded.

2. Por supuesto que, mientras le llegaba la ocasión de <u>heredar</u> al tío, vivía don Luis tan pobre como una rata.
   a. harm.   **b.** inherit.   **c.** work for.

3. A don Raimundo no <u>le cayó bien</u> la petición y cortésmente despidió al postulante.
   a. like.   **b.** understand.   **c.** fall.

4. Margarita, pues era muy nerviosa, lloró, <u>se arrancó</u> el pelo, y tuvo convulsiones.
   a. pulled out.   **b.** combed.   **c.** cut.

5. O casarla con el hombre de su gusto o <u>encerrarla</u> en el cajón de palma y corona.
   a. find her.   **b.** carry her.   **c.** lock her.

I

1 *E*s probable que algunos de mis lectores hayan oído decir a las viejas de Lima, cuando quieren ponderar el precio alto de un artículo:

— Que si esto es más caro que la camisa de Margarita
5 Pareja.

Margarita Pareja era (por los años de 1765) la hija más mimada de don Raimundo Pareja, caballero de Santiago, y colector general del Callao.[1]

La muchacha era una de esas limeñitas° que, por su belleza,   *girl from Lima*
10 cautivan al mismo diablo y lo hacen persignarse° y tirar   *make the sign of the cross*
piedras. Tenía un par de ojos negros que eran como dos
torpedos cargados° con dinamita y que hacían explosión en el   *loaded*
alma de los galanes° limeños.   *young men*

Llegó por entonces de España un arrogante mancebo,°   *bachelor, young man*
15 llamado don Luis Alcázar. Tenía en Lima un rico tío solterón°   *old bachelor*
que era más orgulloso que los hijos de un rey.

---
[1] Un puerto no muy lejos de Lima.

Por supuesto que, mientras le llegaba la ocasión de heredar al tío, vivía don Luis tan pobre como una rata.

En la procesión de Santa Rosa conoció Alcázar a la linda
20 Margarita. La muchacha le llenó el ojo[2] y le flechó° el corazón.   *pierced*
Le echó flores,[3] y aunque ella no le contestó ni sí ni no, dio
a entender con sonrisitas y otras armas del arsenal femenino
que el galán era muy de su gusto. La verdad es que se
enamoraron hasta la raíz del pelo.[4]

25   Como los amantes olvidan que existe la aritmética, creyó
don Luis que su presente pobreza no sería obstáculo para el
logro de sus amores, y fue al padre de Margarita y le pidió la
mano de su hija.

A don Raimundo no le cayó bien la petición, y cortésmente
30 despidió al postulante, diciéndole que Margarita era todavía
muy niña para casarse, pues, a pesar de sus diez y ocho
años, todavía jugaba a las muñecas.

Pero ésta no era la verdadera razón. Era que don Raimundo
no quería ser suegro de un pobretón; y así se lo dijo a sus
35 amigos, uno de los cuales fue con el chisme a don Honorato,
que así se llamaba el tío de don Luis. Éste se puso rabioso y
dijo:

— ¿Cómo? Insultar a mi sobrino. Muchos se harían cualquier
cosa para emparentar° con el muchacho. ¡Qué insolencia!   *to be related by marriage*

40   Margarita, pues era muy nerviosa, lloró, se arrancó el pelo,   *perdía... she was losing her color and weight*
y tuvo convulsiones. Perdía colores y carnes° y hablaba de
meterse a monja.°   *hablaba... she talked of becoming a nun*

— O de Luis o de Dios — gritaba cada vez que los
nervios se le sublevaban.°   *excited*

45   Don Raimundo, alarmado, llamó a médicos y curanderos y
todos declararon que la cosa era muy seria, y que la única
medicina salvadora no se vendía en la botica.

O casarla con el hombre de su gusto, o encerrarla en el
cajón de palma y corona.[5] Tal fue el «ultimátum» médico.

---

[2] "filled his eye" = *impressed him.*
[3] "threw her flowers" = *courted her.*
[4] "they fell in love to the root of their hair" = *they fell in love completely and passionately.*
[5] "lock her in a box" = *bury her.*

50   Don Raimundo (¡al fin padre!), se encaminó como loco a casa de don Honorato, y le dijo:

    — Vengo a que consienta usted en que mañana mismo se case su sobrino con Margarita, porque si no, la muchacha se nos va a morir.

55   — No puede ser — contestó sin interés el tío —. Mi sobrino es un pobretón y lo que usted debe buscar para su hija es un hombre que sea rico.

    El diálogo fue violento. Mientras más rogaba don Raimundo, más se enojaba don Honorato. Iba a retirarse don Raimundo
60 cuando apareció don Luis y dijo:

    — Pero, tío, no es de cristianos que matemos a quien no tiene la culpa.

    — ¿Tú estás satisfecho?

    — De todo corazón, tío y señor.

65   — Pues bien, muchacho, consiento en darte gusto: pero con una condición, y es ésta: don Raimundo me tiene que jurar que no regalará un centavo a su hija ni le dejará nada de herencia.

    Aquí empezó de nuevo el argumento.

70   — Pero, hombre — arguyó don Raimundo —, mi hija tiene veinte mil duros de dote.

    — Renunciamos a la dote. La niña vendrá a casa de su marido nada más con la ropa que lleva puesta.

    — Permítame usted entonces darle los muebles y el ajuar°   *trousseau*
75 de novia.

    — Ni un alfiler.° Si no está de acuerdo, que se muera la   *pin*
chica.

    — Sea usted razonable, don Honorato. Mi hija necesita llevar por lo menos una camisa para reemplazar la puesta.

80   — Bien. Consiento en que le regale la camisa de novia, y nada más.

    Al día siguiente don Raimundo y don Honorato se dirigieron muy temprano a la iglesia de San Francisco para oír misa,° y, según lo pactado,° en el momento que el sacerdote   *mass agreement*
85 elevaba la Hostia divina, dijo el padre de Margarita:

    — Juro no dar a mi hija más que la camisa de novia.

II

Y don Raimundo Pareja cumplió *ad pedem litterae*[6] su juramento, porque ni en la vida ni en la muerte dio despúes
90 a su hija cosa que valiera un centavo.

Los encajes de Flandes que adornaban la camisa de la novia costaron dos mil setecientos duros.

El cordoncillo° que ajustaba el cuello era una cadenita° de brillantes, valorizada en treinta mil monedas de plata.

little cord/little chain

95 Los recién casados hicieron creer al tío que la camisa valía muy poco porque don Honorato era tan obstinado que, al saber la verdad, habría forzado al sobrino a divorciarse.

De esto fue muy merecida la fama que alcanzó la camisa nupcial de Margarita Pareja.

Vocabulario

SUSTANTIVOS

el (la) amante *lover*
la belleza *beauty*
el brillante *diamond*
el caballero *gentleman*
el chisme *gossip*
la dote *dowry*
el encaje *lace*
la herencia *inheritance*
el logro *attainment*
la muñeca *doll*
el (la) recién casado(a) *newlywed*

ADJETIVOS

merecido *deserved*
mimado *spoiled*
obstinado *stubborn*
rabioso *furious, raging*
razonable *reasonable*

VERBOS

arrancar *to pull out*
caerle (mal) bien *to (dis)like*
cautivar *to captivate*
dar a entender *to insinuate*
despedir (i) *to dismiss*
enamorarse (de) *to fall in love (with)*
heredar *to inherit*
jurar *to swear*
llenar *to fill*
valer *to be worth*

EXPRESIONES

de su gusto *to one's liking*
mientras más *the more*
por entonces *at that time*

---

[6] **al pie de la letra** = *to the letter, word for word.*

Según la lectura

¿Verdad o mentira? Corrija Ud. las frases falsas.

1. Margarita Pareja y don Luis Alcázar eran limeños ricos.
2. Los dos jóvenes se conocieron y se enamoraron en la procesión de Santa Rosa.
3. A don Raimundo no le gustó la idea del matrimonio porque pensaba que su hija era demasiado joven para casarse.
4. Al tío de don Luis le cayó bien la idea del matrimonio.
5. Don Raimundo prefería que su hija se casara con un hombre rico.
6. Según los médicos, Margarita se moriría si no se podía casar con Luis.
7. Don Honorato consintió en que los dos se casaran a condición de que ella le presentara a don Luis una dote grande.
8. Margarita y Luis comenzaron sus vidas de casados pobres pero felices.

Según usted

1. ¿Qué es el amor? En su opinión, ¿es el amor necesario para que un matrimonio sea feliz? ¿Es el único factor? Explique. ¿Cree Ud. que la mayoría de las parejas se conocen bien antes de casarse?
2. ¿Cree Ud. que el dinero juega un papel importante en el éxito o el fracaso de un matrimonio? ¿Se casaría Ud. con una persona pobre?
3. Por lo general, ¿cuáles son las esperanzas que tienen los padres para sus hijos cuando éstos se casan? ¿Es importante para los padres que sus hijos se casen? ¿Por qué será?
4. ¿Cuánto tiempo debe durar un noviazgo? Hace años, las mujeres se casaban a los dieciséis o diecisiete años. ¿Es esto común hoy día en nuestra sociedad? ¿Cuál es la edad ideal para casarse? ¿Por qué? ¿Cuáles son las consecuencias de haberse casado demasiado joven? ¿Y de casarse cuando se es mayor?
5. ¿Piensa Ud. casarse algún día? Para facilitarle a Ud. la búsqueda de la persona ideal, ¿le gustaría que alguien escogiera para Ud. al (a la) esposo(a)? ¿A quién le confiaría esta misión?
6. ¿Cuál debe ser el papel de los padres en cuanto a las decisiones de los hijos? ¿Ha cambiado el papel de los padres en este sentido?

Conversemos

1. ¿Cuáles son los factores sicológicos, económicos y sociales que influyen en la decisión de casarse o no casarse? ¿Cómo se puede saber si se está listo(a) para casarse? ¿Cómo se puede saber si se está realmente enamorado(a) de una persona? ¿Es posible saberlo con toda seguridad?

2. Compare y contraste las costumbres del cortejo° entre chicos de la *courting* escuela secundaria, estudiantes universitarios y gente mayor (de los treinta años en adelante). ¿Han cambiado estas costumbres en los últimos veinte años? ¿en qué sentido?

3. ¿Qué efecto tienen los medios de comunicación (la televisión, las películas y la prensa) en cuanto a nuestro concepto de lo que debe ser «el amor»? ¿el matrimonio perfecto? Cite Ud. algunas parejas de enamorados famosos. ¿Cómo se caracterizan?

Composición

Comente Ud. lo siguiente:

1. Los factores más importantes en un matrimonio. ¿En qué consiste la felicidad doméstica?

2. Las responsabilidades del marido y de la mujer.

3. Las ventajas y desventajas de vivir con los suegros después de casarse.

4. Los cambios sociales que han contribuido a la confusión de cuál debe ser el papel de la esposa y del esposo.

Minidrama

«Antes que te cases, mira lo que haces.» Con unos compañeros de clase, representen las siguientes escenas.

1. Una pareja joven piensa casarse. ¿Qué consejos les ofrece un(a) consejero(a) matrimonial?

2. Dos jóvenes comienzan su vida de casados con una riña durante la fiesta nupcial.

Repasemos el vocabulario

A. Cognados. *Busque en el texto los cognados de las siguientes palabras en inglés.*

1. fortune _____   **5.** nuptial _____
2. collector _____   **6.** arrogant _____
3. dynamite _____   **7.** petition _____
4. procession _____ **8.** article _____

B. Sinónimos. *Busque Ud. el sinónimo de las palabras siguientes.*

1. consentir   *a.* dar su palabra
2. galán   *b.* demonio
3. dar a entender   *c.* gustarle a alguien
4. jurar   *d.* mancebo
5. diablo   *e.* insinuar
6. caerle bien   *f.* asentir

C. Antónimos. *Busque Ud. el antónimo de las palabras siguientes.*

1. casarse	*a.* humilde
2. heredar	*b.* vaciar
3. belleza	*c.* dama
4. caballero	*d.* desheredar
5. razonable	*e.* fealdad
6. llenar	*f.* divorciarse
7. arrogante	*g.* irracional

D. Juego de palabras. *Siguiendo los modelos, forme Ud. una palabra de otra.*

ADJETIVO	**SUSTANTIVO**
1. bello	belleza
2. puro	_____
3. crudo	_____
4. raro	_____
5. limpio	_____
6. extraño	_____

ADJETIVO	**SUSTANTIVO**
1. triste	tristeza
2. grande	_____
3. noble	_____
4. firme	_____
5. torpe	_____

Rimas

GUSTAVO ADOLFO BÉCQUER

Gustavo Adolfo Bécquer nació en Sevilla, España, en 1836 y murió pobre, solo y enfermo, a los 34 años. Autor de rimas y leyendas, Bécquer es uno de los poetas románticos más conocidos de su época. Encarna lo romántico. Su obra refleja un alma apasionada y angustiada.

Para comenzar...

¿Qué significa «romántico»? ¿Es Ud. romántico(a)? ¿Le importa que su pareja° lo sea? Explique.

partner

 Aquí se ofrecen varias de las bellas rimas becquerianas. Se caracterizan por su brevedad y sencillez de estilo. Su poesía es profundamente personal. Es la clara

205

expresión de los sentimientos y las pasiones del autor y por eso lo real y lo soñado a veces se confunden.

Estas primeras rimas reflejan la alegría y el optimismo que siente el joven poeta al encontrar a la mujer de sus sueños.

XVII   **H**oy la tierra y los cielos me sonríen;
        hoy llega al fondo de mi alma el sol;
        hoy la he visto... , la he visto y me ha mirado...
        ¡Hoy creo en Dios!

XXI   «¿Qué es poesía?», dices mientras clavas
        en mi pupila tu pupila azul.
        «¿Qué es poesía?» ¿Y tú me lo preguntas?
        Poesía... eres tú.

XXIII   Por una mirada, un mundo;
        por una sonrisa, un cielo;
        por un beso... , ¡yo no sé
        qué te diera por un beso!

Más tarde se apaga su optimismo cuando fracasa este amor, quizás en parte por culpa del orgullo.

XXX   Asomaba a sus ojos una lágrima
        y a mi labio una frase de perdón;
        habló el orgullo y se enjugó° su llanto,°   *dried up/crying*
        y la frase en mis labios expiró.

        Yo voy por un camino, ella por otro;
        pero al pensar en nuestro mutuo amor,
        yo digo aún: «¿Por qué callé aquel día?»
        y ella dirá: «¿Por qué no lloré yo?»

XXXIII Es cuestión de palabras, y, no obstante,
        ni tú ni yo jamás,
        después de lo pasado, convendremos°   *will agree*
        en quién la culpa está.
        ¡Lástima que el amor un diccionario
        no tenga dónde hallar
        cuándo el orgullo es simplemente orgullo
        y cuándo es dignidad!

Tristemente el autor pierde toda esperanza de encontrar a una mujer de carne y hueso° que pueda satisfacerlo y amarlo. Por eso, persigue a la mujer inalcanzable.   **carne...** *flesh and blood*

XI   — Yo soy ardiente, yo soy morena,
        yo soy el símbolo de la pasión;
        de ansia de goces° mi alma está llena.   *pleasure*

— ¿A mí me buscas? — No es a ti, no.

— Mi frente es pálida; mis trenzas,° de oro;   *braids*
puedo brindarte° dichas° sin fin;   *offer/happiness*
yo de ternura° guardo un tesoro.°   *tenderness/treasure*
— ¿A mí me llamas? — No; no es a ti.

— Yo soy un sueño, un imposible,
vano fantasma de niebla y luz;
soy incorpórea, soy intangible;
no puedo amarte. — ¡Oh, ven; ven tú!

Según la lectura

Conteste Ud. las preguntas siguientes.

1. ¿Por qué cree en Dios Bécquer?
2. ¿Cuál es su definición de «poesía»?
3. ¿Qué le daría el poeta a su amada a cambio de un beso? ¿Por qué?
4. ¿Por qué no le pidió perdón Bécquer a su amada?
5. ¿Por qué riñeron° los amantes en la rima XXXIII?   *argued*
6. Describa a las tres mujeres en la última rima. ¿Cuál prefiere el autor? ¿Por qué?

Según usted

1. ¿Qué quiere decir Bécquer cuando compara a su amada con la poesía?
2. ¿Cuál es la diferencia entre la dignidad y el orgullo? ¿Cuál es más importante? ¿Por qué?
3. ¿Por qué rechaza° Bécquer a las primeras dos mujeres en la última   *rejects*
   rima? ¿Por qué llama a la tercera?

Conversemos

1. En España es muy común que un joven, al enamorarse de una chica, le recite algunas de las rimas de Bécquer. ¿Qué hace Ud. cuando se enamora?
2. Bécquer siempre perseguía a la mujer ideal. ¿Qué persigue Ud.?
3. El (La) poeta romántico(a) expresa sus emociones por medio de su pluma. ¿Cómo expresa Ud. sus sentimientos?

Composición

1. Escriba Ud. una rima usando el estilo de Bécquer.
2. Escriba Ud. un anuncio clasificado en que busca a la pareja ideal. Incluya las características y cualidades más importantes que Ud. busca en una pareja.

Sí, señor*

EMILIA PARDO BAZÁN

Emilia Pardo Bazán nació en la provincia española de Galicia en 1852. Fue la primera mujer catedrática en la Universidad de Madrid. Era una escritora muy conocida por el naturalismo que se ve reflejado por toda su obra literaria. Ella expresa su filosofía en su obra La cuestión palpitante *escrita en 1883. Nacida de una familia noble, la Condesa de Pardo Bazán era conocida como cuentista por excelencia.*

* **(adaptado)**

Para comenzar...

A. A ver si Ud. puede adivinar el significado de las palabras subrayadas, según el contexto.

1. Los enamorados... son más <u>desventurados</u> que el sentenciado, que en su cárcel cuenta las horas que le quedan de vida horrible.
   a. adventuresome.   **b.** unfortunate.   **c.** happy.
2. Agustín... aun ignoraría el sonido de su voz si no hubiese <u>prestado</u> ansioso <u>oído</u> a las conversaciones que ella sostenía con otras personas.
   a. listened.   **b.** borrowed.   **c.** missed.
3. Ella le observaba y viéndole tan cerca, de pronto sintió impulsos de <u>dirigirle la palabra</u>.
   a. approach him.   **b.** direct him.   **c.** speak to him.
4. Fue como si otro hubiese hablado... Un individuo dentro de Agustín, se reía sardónico, <u>se mofaba</u> de la extravagante respuesta.
   a. was making fun.   **b.** was praising.   **c.** was singing.
5. De cuantos homenajes han podido tributarme, el que más agradecí, porque era el más sincero, era de un joven, que me seguía como <u>sombra</u>.
   a. bird.   **b.** target.   **c.** shadow.

B. ¿Es Ud. tímido(a)? Explique. ¿En qué ocasiones puede ser una característica positiva? ¿negativa? ¿En qué circunstancias se siente la gente tímida? ¿Qué se puede hacer para conquistar la timidez?

1   **L**o que voy a contar no lo he inventado. Si lo hubiese inventado alguien, si no fuese la exacta verdad, digo que bien inventado estaría; pero también me corresponde declarar° que lo he oído referir... Lo cual disminuye muchísimo el mérito de
5 este relato, y obliga a suponer que mi fantasía no es tan fértil y brillante como se ha solido suponer°, en momentos de benevolencia.

   ¿Eres tímido, oh tú que me lees? Porque la timidez es uno de los martirios ridículos; nos pone en berlina°, nos amarra a
10 banco duro. La timidez es un dogal° a la garganta, una piedra al pescuezo° una camisa de plomo° sobre los hombros, una cadena a las muñecas°, unos grillos° a los pies. Y el peor género de timidez no es el que procede de modestia, de recelo por insuficiencia de facultades. Hay otro más terrible: la
15 timidez por exceso de emoción; la timidez del enamorado ante su amada, del fanático ante su ídolo.

   De un enamorado se trata en este cuento, y tan enamorado, que no sé si nunca Romeo el Veronés, Marsilla el

me... it is up to me to declare

se... is assumed

in a ridiculous position/noose
neck/lead
wrists/shackles

turolense, o Macías el galaico[1], lo estuvieron con mayor
20 vehemencia. No envidiéis nunca a esta clase de locos. A los
que mucho amaron se les podrá perdonar y compadecer; pero
envidiarles, sería conocer la vida. Son más desventurados que
el mendigo° que pide limosna; más que el sentenciado° que   *beggar/sentenced*
en su cárcel cuenta las horas que le quedan de vida horrible...   *prisoner*
25 Son desventurados porque tienen dislocada el alma, y les
duele a cada movimiento... Doble su desdicha si la acompaña
el suplicio° de la timidez. Y la timidez, en bastantes casos, se   *torture*
cura con la confianza; pero la hay crónica e invencible; la hay
en maridos que llevan veinte años de unión conyugal y no se
30 han acostumbrado a tener franqueza con sus mujeres; en
mujeres que, viviendo con un hombre en la mayor intimidad,
no se acercan a él sin temor y temblor... Generalmente, sin
embargo, se presenta el fenómeno durante ese período en que
el amor, sin fueros° y sin gallardías°, se estremece ante un   *pride/gallantry*
35 gesto o una palabra... Y éste era el caso de Agustín Oriol,
perdidamente esclavo de la coquetela° y encantadora Condesa   *coquettish*
viuda de Dolfos.

Dícese° que una viuda es más fácil de galantear° que una   *Se dice/to court*
soltera; pero en estas cuestiones tan peliagudas°, yo digo que   *sticky*
40 no hay reglas ni axiomas; cada persona difiere o por su
carácter o por el mismo exceso de su apasionamiento.
Agustín sentía, al acercarse a la Condesa, todos los síntomas
de la timidez enfermiza, y mientras a solas preparaba
declaraciones abrasadoras°, discursos perfectamente hilados° y   *burning/spun*
45 tan persuasivos que ablandarían las piedras, lo cierto es que
en presencia de su diosa no sabía despegar los labios; su
garganta no formaba sonidos, ni su pensamiento coordinaba
ideas... Todos reconocerán que este estado tiene poco de
agradable, y que Agustín no era dichoso, ni mucho menos.

50 Vanamente apelaba a su razón para vencer aquella timidez
estúpida... Su razón le decía que él, Agustín Oriol de Lopardo,
caballero por los cuatro costados°, joven, con hacienda,   *by birth*
inteligencia y aptitudes para abrirse camino, era un excelente
candidato a la mano de cualquier mujer, por bonita y
55 encopetada° que se la suponga... ¿Por qué no había de   *aristocratic*
quererle la Condesa? ¿Por qué, vamos a ver, por qué? El debía
acercarse a ella ufano, arrogante, seguro de su victoria. Y
todas las noches, al retirarse a su casa, se lo proponía... , y al
día siguiente procedía lo mismo que el anterior. Se insultaba a

---

[1] Romeo is a Shakespearian character, Marsilla is a Spanish romantic hero and Macías is a
legendary medieval Spanish lover and poet.

60 sí mismo; se trataba de menguado°, de necio, pero no podía   *cowardly*
    vencerse... No podía, y no podía.

    De modo que, al año, próximamente de un enamoramiento
    tan intenso que le ocasionaba trastornos cardíacos, violentos
    hasta el síncope°, Agustín no había cruzado aún palabra, lo   *swoon*
65 que se dice palabra con su idolatrada viuda. Iba a todas
    partes donde podía encontrarse con ella, pasaba muchas veces
    por debajo de sus balcones, se trasladaba a San Sebastián el
    mismo día que ella y en el mismo tren... , y aun ignoraría el
    sonido de su voz si no hubiese prestado ansioso oído a las
70 conversaciones que ella sostenía con otras personas...

    Por fin, un día — precisamente en San Sebastián —
    presentóse rodada° la ocasión de romper el hielo. Fue en la   *by chance*
    terraza del Casino, a la hora en que una muchedumbre
    elegantemente ataviada° respira el aire y escucha, o, por mejor *dressed*
75 decir, no escucha la música, sino las infinitas charlas, que
    hacen rumor más contenido y más suave, como de colmena°.   *beehive*
    Agustín estaba muy próximo a su amada, y devoraba con los
    ojos el perfil° fino, asomando bajo el sombrero todo empena-   *profile*
    chado° de plumas. Ella le observaba de reojo; y viéndole tan   *adorned*
80 cerca, de pronto sintió impulsos de dirigirle la palabra. No era
    correcto, no era serio, no era propio de una señora... Bueno.
    Por encima de las fórmulas sociales están las circunstancias, y
    hay de estas irregularidades que todo el mundo comete,
    cuando a ello le empuja un fuerte estímulo... La viudita no
85 podía menos de haber notado° aquella adoración profunda,   **no...** *couldn't help*
    continua, que la rodeaba como el cuerpo astral° al cuerpo   *noticing/heavenly*
    visible, y sentía una curiosidad femenil, ardorosa, el afán de   *body*
    saber qué diría aquel adorador mudo, que la bebía y la
    respiraba. Resuelta, con sonriente afabilidad, con un alarde
90 infantil que disimulaba lo aturdido del procedimiento, exclamó:

    — ¡Qué noche tan hermosa! ¿Verdad que es una delicia?

    Agustín sintió como si campanas doblasen° en su cerebro,   *bells were ringing*
    no sabía si a muerte o si a gloria; su sangre giró de súbito,
    sus oídos zumbaron°... , y con tartajosa lengua°, con voz   *buzzed/***con...***
95 imposible de reconocer, con un acento ronco y balbuciente,   *stuttering*
    soltó esta frase:

    — ¡Sí,... señor! ¡Sí,... señor!

    Fue como si otro hubiese hablado... Un individuo zumbón°,   *joking*
    dentro de Agustín, se reía sardónico, se mofaba de la
100 extravagante respuesta...¡Acababa de llamar "señor" a la única
    mujer que para él existía en el mundo! ¡No se le había
    ocurrido sino tal inepcia°! Y ahora, con la lengua seca y el   *silliness*
    corazón inundado de bochorno°, tampoco se le ocurría más.   *humiliation*

¡Qué había de ocurrírsele! La terraza daba vueltas, el suelo
105 huía bajo sus pies... Exhaló un gemido ronco, se llevó las
manos a la cabeza, y levantándose, tambaleándose°, huyó sin   *staggering*
volver la vista atrás. Aquella noche pensó varias veces en el
suicidio.

A la mañana siguiente, sintiéndose incapaz de presentarse
110 de nuevo ante la que ya debía despreciarle, salió para Francia
en el primer tren. Estuvo ausente muchos años; en ellos no
volvió a saber de su adorada. Un día leyó en un periódico
que se había casado. Todavía la noticia le causó grave pena.
Después, lentamente, fue olvidando, nunca del todo.°   **del...** *completely*

115 Había corrido cerca de cuatro lustros°, las canas   *5-year periods*
rafagueaban° el negro cabello de Agustín, cuando en uno de   *streaked*
sus viajes entró una señora con dos señoritas en el mismo
departamento. Agustín la reconoció... , y aún su corazón (del
cual padecía) le avisó de que era ella — muy cambiada, muy
120 envejecida — , pero ella. ¿Fue reconocido Agustín? No se
sabe. Lo cierto es que se trabó° conversación entre ambos   *started*
viajeros, y que esta vez, no habiendo el estorbo° de un amor   *disturbance*
tan insensato, Agustín charló sin recelo, y las horas corrieron
sin sentir. La viajera habló de su juventud, y murmuró
125 confidencialmente:

— De cuantos homenajes° han podido tributarme, el que   *homage*
más agradecí, porque era el más sincero, consistió en que un
joven, que me seguía como sombra, me contestase, al dirigirle yo por primera vez la palabra: "Sí, señor..." ¿Comprende
130 usted? Era tal su aturdimiento, que no acertó a decir otra
cosa... Los requiebros° más entusiastas no pueden halagar°   *compliments/to*
tanto a una mujer como una turbación°, que sólo puede   *flatter/embarrassment*
interpretarse como señal de pasión verdadera...

— ¿De modo... que usted no se rió de aquel hombre? —
135 preguntó Agustín.

— Al contrario... — respondió la señora, con acento en que
parecía temblar una lágrima.

Vocabulario

SUSTANTIVOS

el afán *eagerness*
el alma (f.) *soul*
la cana *gray hair*
la desdicha *misfortune*
el discurso *speech*

el (la) esclavo(a) *slave*
la franqueza *frankness, candor*
el gemido *moan*
el género *type, kind*
el ídolo *idol*
el recelo *fear, distrust*

el (la) soltero(a) *unmarried person*
la sombra *shadow*
el sonido *sound*
el temor *fear*
la timidez *shyness*
el trastorno *upset*
el (la) viudo(a) *widower (widow)*

VERBOS

ablandar *to soften*
acertar (ie) (a) *to succeed (in)*
amarrar *to tie, bind*
apelar *to appeal*
compadecer *to pity*
despegar *to unstick*
despreciar *to scorn, despise*
diferir (ie) *to differ*
disimular *to disguise, make inconspicuous*
envidiar *to envy*
estremecer *to tremble*
huir *to flee, escape*
mofarse (de) *to make fun (of)*
reconocer *to recognize*
referir (ie) *to tell, relate*
rodear *to surround*
soltar (ue) *to let go, let loose*
trasladarse *to move*
vencer *to overcome, conquer*

ADJETIVOS

ardoroso *burning*
aturdido *confused*
balbuciente *stammering*
desventurado *unfortunate*
dichoso *lucky*
encantador *charming, delightful*
enfermizo *unhealthy, morbid*
envejecido *aged, old*
mudo *mute*
necio *stupid*
próximo *near, next*
ronco *hoarse*
ufano *arrogant, stuck-up*

ADVERBIOS

perdidamente *hopelessly*
vanamente *in vain*

EXPRESIONES

a solas *alone*
ante *before, in front of*
dar vueltas *to spin around*
de pronto *suddenly*
de reojo *askance, out of the corner of one's eye*
de súbito *suddenly*
del todo *completely*
pedir limosna *to beg for alms*

Según la lectura

Basándose en la lectura, termine Ud. las frases de una forma lógica.

1. La timidez nos afecta...
2. Los motivos de la timidez son...
3. La timidez se cura...
4. Al enamorado debemos... porque...
5. No hay reglas ni axiomas en cuanto a...
6. Cuando Agustín se acercaba a la Condesa...
7. Él se consideraba digno del amor de la Condesa porque...
8. Para encontrarse con la viuda, Agustín...
9. La ocasión de romper el hielo se presentó...
10. La viuda le dirigió la palabra a Agustín porque...
11. Él le respondió...

12. A la mañana siguiente, él... porque...

13. La siguiente vez que se encontró con la Condesa...

14. La Condesa consideró la respuesta de Agustín... porque...

Según usted

1. ¿Cuáles son algunos de los síntomas que se presentan cuando uno es tímido?

2. ¿Afecta la timidez más a los hombres o a las mujeres? Explique.

3. ¿Cómo describe la autora la timidez de Agustín? ¿A qué situaciones compara ella la timidez? ¿Son buenas sus descripciones? ¿Qué siente Ud. al leerlas, (por ejemplo, "una camisa de plomo sobre los hombros")? ¿Por qué describe ella la timidez de esta manera? ¿Cómo describiría Ud. la timidez?

4. ¿Cómo describe la autora la vergüenza que sintió Agustín después de decir las dos palabras, "Sí, señor"? Describa Ud. una situación en la que Ud. sintió mucha vergüenza.

Conversemos

1. ¿Cómo empieza la Condesa la conversación con Agustín? ¿Cómo empieza Ud. una conversación con alguien que no conoce?

2. Hoy día hay clínicas para vencer la timidez. ¿Qué técnicas se recomendarían en ellas para ayudar a conquistar la timidez?

3. El amor ha sido responsable por mucha tragedia en la literatura. ¿Qué le pasó a Romeo como resultado de su amor por Julieta? ¿A Scarlett O'Hara? ¿Quiénes son otros personajes que han sufrido por el amor?

Minidrama

1. Ud. ve a una persona muy interesante en una fiesta. Escriba tres frases para romper el hielo. Con un(a) compañero(a) ponga las frases a prueba. ¿Cómo responde el (la) compañero(a)?

2. Su compañero(a) de cuarto está perdidamente enamorado(a) de un(a) estudiante que no conoce y no sabe cómo conocerla(lo). Déle consejos de cómo conquistar a su ídolo.

Composición

Vuelva a escribir el final del cuento, empezando en uno de los puntos siguientes:

1. Justamente antes de que Agustín diga "Sí,... señor".

2. En el tren, años más tarde, cuando la señora entra con sus dos hijas.

Repasemos el vocabulario

A. Cognados. *Busque Ud. en el texto los cognados de las siguientes palabras en inglés.*

1. phenomenon   _____
2. chronic   _____
3. circumstance   _____
4. conjugal   _____

5. enthusiastic   _____
6. character   _____
7. signal   _____
8. fertile   _____

B. Sinónimos. *Busque Ud. el sinónimo de las palabras siguientes.*

1. género   *a.* estúpido
2. temor   *b.* cercano
3. disimular   *c.* tipo
4. desdicha   *d.* miedo
5. necio   *e.* esconder
6. próximo   *f.* mala suerte

C. Antónimos. *Busque Ud. el antónimo de las palabras siguientes.*

1. envejecido   *a.* desventurado
2. afortunado   *b.* amar
3. próximo   *c.* quedarse
4. mudo   *d.* hablador
5. trasladarse   *e.* lejano
6. despreciar   *f.* joven

D. Juego de palabras. *Siguiendo los modelos, forme Ud. una palabra de otra.*

VERBO	SUSTANTIVO
1. estorbar	**estorbo** _____
2. recelar	_____
3. avisar	_____
4. halagar	_____
5. despreciar	_____
6. odiar	_____

VERBO	SUSTANTIVO
1. temblar	**temblor** _____
2. doler	_____
3. temer	_____
4. arder	_____
5. amar	_____

Poemas

MARJORIE AGOSÍN

Poetisa chilena y profesora universitaria de literatura española e hispano-americana, Marjorie Agosín se ocupa de la lucha de la mujer en la sociedad.

Para comenzar...

En la dedicatoria de su libro de poemas, Agosín dice así:

A todas nosotras entre las artesas°
y el paredón,°

troughs (for washing clothing)

thick wall

---

* **(adaptado)**

entre las aulas deceptivas y jaulas°   *cages*
llamadas hogar,
a todas nosotras violadas por palabras
y silencios,
este homenaje° al derecho a hablar.   *homage*

1. ¿Dónde está la mujer en el poema? ¿Qué representan estos sitios para ella?

2. ¿Es posible ser «violada» por palabras o el silencio? Explique. ¿Qué derecho reclama la autora al final del poema?

I

1   *I*ndocumentada
soy la mujer
sin consonantes
ni sonidos,°   *sounds*
5 sin un nombre
para llamarme.

II
Nosotras, las mujeres,
las que andan
con apellidos prestados°   *borrowed*
10 y pañales° debajo   *diapers*
de la boca.
Mujeres...

III
Deja que la vida sea tuya
y vive mujer,
15 porque hoy tus pies
no están atados°   *bound*
son para recorrer caminos
y alcanzar el viaje del mar.

Según la lectura

Conteste Ud. las preguntas siguientes.

1. ¿Qué cosas le hacen falta a la mujer en el primer poema? ¿Son importantes estas cosas? ¿Por qué?

2. ¿Qué imágenes escoge la autora para representar a la mujer en el segundo poema?

3. ¿Qué consejos le da la autora a la mujer en el último poema? ¿Por qué puede hacer estas cosas la mujer de hoy?

Según usted

1. Compare Ud. las imágenes que emplea la autora para describir a la mujer y lo que la rodea en las cuatro obras. ¿Qué intenta expresar al usar esas imágenes?

2. ¿Está Ud. de acuerdo que el hogar es en realidad «una jaula»? Explique. ¿Ha cambiado el trabajo de «ama de casa» en los últimos años en este país? ¿En qué sentido?

3. ¿De qué «mujer» habla la autora en sus poemas? ¿Se identifica Ud. con ella? ¿Por qué?

4. ¿En qué sentido son «deceptivas» las aulas? ¿Cuál es la actitud de la familia de Ud. frente a su educación? Compare sus respuestas con las de sus compañeros(as). ¿Sabe Ud. cuál fue la actitud de sus abuelos frente a la educación de su madre?

5. ¿Qué significa para Ud. la palabra feminista? ¿Es Ud. feminista? Explique.

Conversemos

Un artículo sobre el papel de las mujeres salió recientemente en una revista popular colombiana. Las siguientes preguntas presentan algunas selecciones del artículo.

1. El artículo comienza así:

"Una buena noticia para las mujeres: parece que sí tienen alma. Al menos así dictaminaron° papas° y arzobispos tras agotadoras° deliberaciones, allá por 1545. Eso, que hoy parece chiste, les significó el permiso para pasar de ser animal o cosas, a compartir la jerarquía de "seres humanos".

decreed/popes/ exhausting

¿Por qué cree Ud. que hasta 1545, la Iglesia sabía que los hombres tenían almas pero no estaban seguros en el caso de las mujeres? ¿Qué otros conceptos se han tenido de la mujer por la historia? ¿Cuáles son algunos conceptos erróneos que permanecen hoy día? ¿Cuáles son algunos de los factores que influyen en la formación de estos conceptos?

2. En el artículo describen el trabajo interminable de ama de casa° y comentan que, "Pero su trabajo no es reconocido por nadie ni es remunerado; en síntesis no es trabajo, o es "trabajo invisible".

ama... *housewife*

¿Por qué lo llaman "trabajo invisible"? ¿Por qué es irónico que frecuentemente los hombres digan que sus esposas no trabajan? ¿Qué sugiere la frase? En realidad, ¿qué significa? ¿Cree Ud. que el trabajo doméstico debe ser remunerado? ¿Qué otra solución hay?

3. El artículo continúa, diciendo que aun cuando las mujeres consiguen trabajo fuera de la casa, "Las mujeres son las últimas en conseguir empleo, y las primeras en perderlo. Aunque en ciertos campos las prefieren porque pueden pagarles menos, muchas empresas las eluden° por los gastos que les ocasiona la maternidad."

avoid

¿Recibe la mujer un salario más bajo que el del hombre en los EE.UU.? Dé Ud. ejemplos. ¿Qué derechos tiene la mujer en caso de maternidad? ¿Tiene el hombre derechos en caso de paternidad? ¿Qué piensa Ud. con respecto a estas situaciones? Describa el papel que tenía su madre cuando Ud. era pequeño(a).

Composición

1. Escriba Ud. un poema breve basado en los modelos. Emplee palabras con la misma función (sustantivo, adjetivo, etcétera) que las de los poemas originales, pero que expresen sus propias ideas.

   a. A todas nosotras entre _____
   y _____,
   entre _____ y
   _____,
   a todas nosotras _____
   _____,
   este homenaje a _____.

   b. Deja que _____
   y _____ mujer,
   porque hoy _____
   _____
   _____
   _____.

2. Los anuncios comerciales suelen reflejar los conceptos que tiene la sociedad hacia el papel del hombre y de la mujer. Escriba un anuncio para uno de los siguientes productos. Indique cómo el anuncio sería diferente si hubiera sido escrito hace 30 años.

   a. jabón   **b.** café   **c.** pañales   **d.** un coche deportivo
   e. una tarjeta de crédito

A. Una boda única. *Refiriéndose al artículo siguiente, conteste Ud. las preguntas.*

Santiago, ciudad del amor

Los gallegos, que se las saben todas° han ideado un nuevo truco° para promocionar el turismo. Consiste en un homenaje al amor nada menos. El día 12 de octubre se reunirán en Santiago de Compostela cincuenta y una parejas de novios, en representación de cada una de las provincias españolas, y se casarán solemnemente en la catedral compostelana. El Hotel Aranguey con la colaboración de la Consellería de Turismo y la Xunta de Galicia se encargan de que la boda sea «soñada», de que los invitados lo pasen de maravilla y además invitan a los novios a una luna de miel por los más bellos parajes° de Galicia. La gran campaña, que sus organizadores llaman «Santiago, ciudad del amor», promete ser un éxito. ¡Enhorabuena a los novios!

que... who are very savvy/trick

spots

1. ¿Cuál es el propósito de la «boda múltiple»? ¿Quiénes van a patrocinarla?° ¿Qué ventajas hay para los novios? ¿Es una buena idea? Si Ud. fuera a casarse en esas fechas, ¿participaría en esta boda?

to sponsor it

2. Cite Ud. algunas tradiciones o costumbres relacionadas con una boda. ¿Cuáles piensa Ud. conservar para su boda? ¿Cuáles piensa cambiar?
3. ¿Cuál es la boda más original a la que Ud. ha asistido? Describa Ud. una boda muy memorable.
4. Hay un dicho en español: «Antes que te cases, mira lo que haces.» ¿Cuál puede ser el equivalente en inglés? ¿Es un buen consejo? Explique.

B. Diferencias entre los sexos. *Lea Ud. el siguiente artículo y conteste las preguntas.*

¿Quiénes son más inteligentes, los hombres o las mujeres? Eso depende, según Jo Durden-Smith y Diane DeSimone, autoras de un nuevo éxito de librería, "Sexo y Cerebro", que han encontrado notables diferencias entre la inteligencia de los hombres y la de las mujeres. "Éstas — según ellas — son más sensibles al gusto, al tacto, al olor y a los sonidos, y muy superiores a los hombres en sus facultades verbales. Más hombres que mujeres sufren de trastornos en el aprendizaje. Los hombres son también más susceptibles a las alergias, a la hiperactividad y a gaguear°, y tienen más problemas al leer y escribir, padeciendo de autismo y esquizofrenia con más frecuencia. Las mujeres sufren más depresiones y fobias.

to stutter

1. Según las autoras, ¿en qué aspectos son superiores las mujeres a los hombres? Dé Ud. ejemplos de su propia experiencia para apoyar o refutar estas ideas.
2. ¿Cree Ud. que los hombres y las mujeres son iguales en todos los sentidos? ¿Por qué sí o por qué no?
3. ¿Hasta qué punto están determinadas biológicamente las diferencias entre los sexos? ¿Hasta qué punto son creadas por la socialización diferente de niños y niñas? Explique Ud. con ejemplos concretos.
4. ¿Qué trabajos están casi exclusivamente reservados para los hombres? ¿y para las mujeres? ¿Qué talentos especiales se necesitan para cada trabajo? ¿Dependen estos talentos de factores heredados? ¿Qué otra explicación puede haber?
5. Compare Ud. las materias escolares en las que tuvo más éxito con las de sus compañeros. ¿En qué materias tuvo más éxito en la escuela primaria? ¿en la escuela secundaria? ¿Qué materias le gustaron más? Comparta las respuestas con la clase. ¿Hay respuestas diferentes entre los hombres y las mujeres? ¿Cómo se explica esto?

C. ¿Algunas avances? *Haga la siguiente actividad.*

Dice un artículo de una revista colombiana, "A pesar de que se han logrado° grandes avances, en las leyes, en el trabajo, en lo sexual y en prácticamente todas las instancias de la vida cotidiana, la mujer sigue apareciendo como un ser inferior, una ciudadana de segunda clase." ¿Cree Ud. que la mujer sigue siendo tratada por la sociedad como un ser inferior? ¿Cuáles son algunos de los avances que ha hecho la mujer desde 1900 en los campos siguientes?:

achieved

a. las leyes   **b.** el trabajo   **c.** lo sexual

¿Qué más se debe hacer en estos campos para asegurar la igualdad completa?

Ferias, fïestas y festivales

Menudencias

¿SABÍA UD. QUE... ?

1. Entre los hispanos la tradición del árbol de Navidad se limita generalmente a México, Puerto Rico y a otros hogares hispanos en los EE.UU. La tradición se originó durante la época medieval en Alemania, donde se celebraba cada año una obra de teatro sobre Adán y Eva y adornaban con manzanas un pino que representaba el Árbol del Paraíso. En el siglo XIX, la idea de un árbol de Navidad fue introducida en Inglaterra por el Príncipe Alberto de Alemania, al casarse con la Reina Victoria. El árbol victoriano se caracterizaba por su original decoración, que incluía pequeñas frutas, caramelos, cintas y cadenas hechas de papel de colores.[1]

2. Los villancicos, las bellas cancioncillas que se cantan en las semanas navideñas, no eran originalmente de carácter religioso. Eran canciones no del nacimiento de Jesucristo, sino de lo pueblerino, lo campestre y rústico. De ahí su nombre (*villa*) villancico.[1]

3. México tiene más fiestas que cualquier otro país hispánico, y dicen que "no hay día en que no haya fiesta en alguna parte de la Patria Mexicana". Las fiestas religiosas son una síntesis única de lo mundano y lo espiritual. Junto con las procesiones solemnes y otras prácticas sagradas, puede haber corridas de toros, peleas de gallos° y serenatas musicales. Un buen ejemplo es el Día de Nuestra Señora de Guadalupe, la fiesta nacional mayor de México que se celebra el 12 de diciembre. En ese día miles de fieles acuden a la basílica para venerar a la Virgen morena, la "Reina de México" y la patrona de Hispanoamérica. En la enorme plaza que está directamente enfrente de la basílica, la gente se divierte en un ambiente de festividad y devoción religiosa. Hay los ubicuos° músicos mariachis y vendedores de globos° y antojitos° mexicanos. También hay una danza colorida que data de tiempos prehistóricos llamada "El Volador". En esta ceremonia varios indios se cuelgan° de una cuerda y giran° alrededor de un polo muy alto. No se sabe el origen de esta danza.

cockfights

ever-present

balloons/ delicacies

hang

spin

Contrastes culturales

1. ¿Celebra su familia la Navidad? ¿Sabía Ud. el origen de la tradición del árbol de Navidad? ¿Tiene su familia costumbres navideñas especiales? ¿Cuáles son? ¿Tiene Ud. decoraciones u ornamentos favoritos para su árbol? ¿Cuál es su significado?

---

[1] Del periódico *El Mundo*.

2. ¿Canta Ud. villancicos en la época navideña? ¿Cuáles son sus favoritos? ¿Cuáles cree Ud. que son universales? ¿Son algunos de origen norteamericano?

3. ¿Qué opina Ud. de la fusión de elementos mundanos y espirituales en las fiestas religiosas mexicanas? En este país, ¿hay fiestas que son mayormente religiosas? ¿Cuáles son? De todas las fiestas que se celebran en los EE.UU., ¿cuál es su preferida y por qué?

Los tres reyes magos, México, D.F.

El dios de las moscas

MARCO DENEVI

Para comenzar...

Nombre Ud. por lo menos cuatro cualidades relacionadas con el carácter de Dios. ¿Creía Ud. en Dios cuando era pequeño(a)? ¿Es Ud. creyente ahora? ¿Han cambiado sus creencias? ¿Cómo? ¿Cuáles son las descripciones clásicas del paraíso? ¿y del infierno?

1   **L**as moscas imaginaron a su dios. Era otra mosca. El
dios de las moscas era una mosca, ya verde, ya negra y
dorada, ya rosa, ya blanca, ya purpúrea, una mosca
inverosímil, una mosca bellísima, una mosca monstruosa, una
5   mosca terrible, una mosca benévola, una mosca vengativa, una
mosca justiciera, una mosca joven, una mosca vieja, pero
siempre una mosca. Algunos aumentaban su tamaño hasta
volverla enorme como un buey,° otros la ideaban tan   *ox*
microscópica que no se la veía. En algunas religiones carecía
10 de alas («Vuela — sostenían —, pero no necesita alas»), en
otras tenía infinitas alas. Aquí disponía de antenas como
cuernos, allá los ojos le comían toda la cabeza. Para unos
zumbaba constantemente, para otros era muda pero se hacía
entender lo mismo. Y para todos, cuando las moscas morían,
15 las conducía en un vuelo arrebatado° hasta el paraíso. Y el   *rapid*
paraíso era un trozo de carroña,° hediondo y putrefacto,° que   *carrion/decayed*
las almas de las moscas muertas devoraban por toda la
eternidad y que no se consumía nunca, pues aquella celestial
bazofia° continuamente renacía y se renovaba bajo el   *refuse*
20 enjambre° de las moscas. Porque también había moscas malas   *swarm*
y para éstas había un infierno. El infierno de las moscas
condenadas era un sitio sin excrementos, sin desperdicios, sin
basura, sin hedor, sin nada de nada, un sitio limpio y
reluciente y para colmo iluminado por una luz deslumbradora,
25 es decir, un lugar abominable.

Vocabulario

SUSTANTIVOS

el cuerno *horn*
el desperdicio *garbage*
el hedor *stench*
el infierno *hell*
el paraíso *paradise*

ADJETIVOS

condenado *condemned*
deslumbrador *dazzling*
hediondo *stinking*
inverosímil *unbelievable*
justiciero *just, righteous*
mudo *mute*

reluciente *shining*
vengativo *vengeful*

VERBOS

aumentar *to increase*
disponer de *to have available*
idear *to conceive (of)*
renovar (ue) *to renew*
zumbar *to buzz*

EXPRESIÓN

para colmo *to top it all off*

Según la lectura

Termine Ud. las frases siguientes.

1. El dios de todas las moscas tenía la forma de...
2. Los aspectos de dios que variaban entre las moscas eran...
3. Las buenas moscas iban...
4. Para las malas moscas...
5. «Un lugar abominable» para las moscas...
6. El cuento nos sorprende porque...

Según usted

1. En el cuento, ¿qué tienen de irónico las descripciones del paraíso y del infierno que hace el autor? ¿Cuáles son los varios sentidos en los que empleamos las palabras «paraíso» e «infierno»? ¿Qué significa para Ud. el paraíso? ¿el infierno? ¿Cómo se los imagina Ud.?
2. ¿Qué características citadas en el cuento tendría un ser supremo (dios), según el concepto de Ud.? ¿Cuáles no tendría?
3. Además de la religión, ¿qué otra institución universal se satiriza con frecuencia en la literatura? ¿Por qué se satiriza tanto la religión?

Conversemos

1. ¿Cuáles son algunos conceptos de Dios, según las varias religiones del mundo? ¿Tienen algo en común? Explique.
2. Describa Ud. brevemente un paraíso y un infierno según:
   un perro   un pájaro   una actriz
   un mendigo°   su mejor amigo(a)   un rey   *beggar*
3. ¿Qué les pasa a las personas malas? ¿Cuáles son los castigos que le impone la sociedad a una persona mala? ¿Cuáles son los que impone Dios, según las diferentes religiones? ¿Cuál sería el peor castigo posible?
4. Según el cuento, las moscas malas van al infierno. Use la imaginación y describa la conducta que conduciría a una mosca al infierno.
5. ¿Quién es la persona que Ud. menos esperaría° ver en el cielo? ¿y   *would expect*
   en el infierno? ¿Por qué?

Composición

1. Muchos pueblos y religiones tienen su propia idea sobre la creación del mundo y del hombre. ¿Cuáles conoce Ud.? Descríbalas.
2. Escriba un mito original en el cual Ud. explica algún fenómeno natural.

Debate

En grupos, defiendan Uds. una de las siguientes frases.

a. La religión es obra de los hombres, creada por ellos para explicar lo que no comprenden.
b. La religión es una revelación de Dios.

Repasemos el vocabulario

A. Cognados. *Busque en el texto los cognados de las siguientes palabras en inglés.*

1. benevolent _____
2. purple _____
3. infinite _____
4. devour _____
5. antenna _____
6. microscopic _____
7. eternity _____
8. monstrous _____

B. Sinónimos. *Busque Ud. el sinónimo de las palabras siguientes.*

1. benévolo   *a.* basura
2. justiciero   *b.* inventar
3. aumentar   *c.* imparcial
4. arrebatado   *d.* incrementar
5. idear   *e.* bondadoso
6. desperdicio   *f.* rápido

C. Antónimos. *Busque Ud. el antónimo de las palabras siguientes.*

1. inverosímil   *a.* infierno
2. microscópico   *b.* oscuro
3. infinito   *c.* fragante
4. hediondo   *d.* creíble
5. condenado   *e.* limitado
6. reluciente   *f.* enorme
7. paraíso   *g.* perdonado

D. Asociaciones. *Cite Ud. los animales que asociamos con...*

1. cuernos.   **4.** enjambre.
2. alas.   **5.** hedor.
3. desperdicio. **6.** zumbar.

E. Juego de palabras. *Siguiendo los modelos, forme Ud. una palabra de otra.*

VERBOS	ADJETIVO
1. abominar	**abominable** _____
2. adorar	_____
3. culpar	_____

4. durar _____

5. amar _____

SUSTANTIVO	ADJETIVO
1. ruido	**ruidoso** _____
2. lujo	_____
3. engaño	_____
4. jugo	_____
5. daño	_____

Píntame angelitos negros*

ANDRÉS ELOY BLANCO

Andrés Eloy Blanco (1877 - 1955), poeta venezolano, es conocido en todo el mundo hispano como autor de poesía popular y folklórica. En este poema se ve la preocupación de la madre negra por su niño muerto porque ella teme que no haya angelitos negros.

Para comenzar...

Hace años, cuando un niño negro moría, era costumbre celebrar el paso del alma inocente del niño hasta el cielo, donde era abrazada por Dios e inmediatamente colocada° como ángel entre las estrellas.　　　*placed*

---

* **(adaptado)**

¿Cree Ud. que hay angelitos en el cielo? ¿Cómo serán? ¿Qué le pasa al alma después de morirse una persona? ¿Cómo define Ud. la palabra «alma»?

1   «**Y**a se murió mi negrito,
    Dios lo tenía dispuesto,°   *ready*
    Ya lo tendrá colocao°   **colocado**
    como angelito del cielo.»
5   — Desengáñese,° comae,°   *Don't fool yourself/*
    si no hay angelitos negros.   **comadre**

    Pintor de santos de alcoba,
    pintor sin tierra en el pecho
    que cuando pintas tus santos
10 no te acuerdas de tu pueblo.
    Y cuando pintas tus vírgenes
    pintas angelitos bellos
    pero nunca te acordaste
    de pintar un ángel negro.

15 No hubo pintor que pintara
    angelitos de mi pueblo,
    ángel de buena familia,
    no basta para mi cielo.
    Yo quiero angelitos rubios
20 con angelitos trigueños.°   *brown-skinned*
    Aunque la Virgen sea blanca,
    ¡píntame angelitos negros!

    Si quieres pintar tu cielo
    igual que pintas tu tierra,
25 cuando pintes angelitos
    acuérdate de tu pueblo,
    y al lado del ángel blanco
    y junto al ángel trigueño
    aunque la Virgen sea blanca,
30 píntame angelitos negros.

Según la lectura

Conteste Ud. las preguntas siguientes.

1. ¿Por qué está preocupada la madre?
2. ¿Por qué no se acuerda el pintor de su pueblo?
3. ¿Qué tipo de angelitos hay en el cielo?

4. ¿Qué le pide la madre al pintor?

5. ¿Cómo es el pueblo del pintor?

Según usted

1. ¿Quién es el pintor? ¿Qué otras metáforas se usan para describirlo en la literatura?

2. ¿Cuál es el tema central del poema?

3. ¿Cuál es el tono del poema? ¿Qué sentimientos evoca?

Composición

Vuelva Ud. a contar este cuento en prosa.

Sinónimos

Busque Ud. el sinónimo de las palabras siguientes.

1. colocado   *a.* cerca de

2. bello   *b.* ser suficiente

3. bastar   *c.* hermoso

4. acordarse de   *d.* recordar

5. alcoba   *e.* puesto

6. junto a   *f.* dormitorio

Ferias, fiestas y festivales (folleto turístico)*

Para comenzar...

¿Qué sabe Ud. de las fiestas y celebraciones europeas? ¿Cuáles son las más conocidas? ¿Qué país se conoce por qué celebración? ¿Ha asistido Ud. a alguna fiesta en un país extranjero? ¿Cuál fue? ¿Qué pasó?

---

* (adaptado)

Fiestas de San Fermín

1 Estas fiestas, famosas en todo el mundo, tienen lugar
desde el 6 hasta el 15 de julio en Pamplona, una ciudad en el
norte de España. No se sabe cuándo comenzaron estas fiestas,
pero existen desde principios del siglo XVI por lo menos. La
5 fiesta tiene como enfoque el toro bravo. Se inicia cada
mañana con «el encierro», o sea el traslado de los toros de la
finca a la plaza, donde serán lidiados° por la tarde. Un alegre   fought
desfile de bandas de música y de espectadores anuncia el
encierro. Luego, un disparo desde el balcón del ayuntamiento
10 anuncia que los toros han sido puestos en libertad. Cientos de
mozos (y últimamente mozas) corren delante de los toros por
las calles de la ciudad, siguiendo una ruta marcada por
barreras. Todos llevan por lo menos una parte del traje típico:
pantalones blancos, camisa blanca, faja° y boina coloradas.   sash
15 Todos arriesgan la vida intentando evitar la embestida° ciega y   charge
feroz de los toros, arrimándose a las paredes de las casas o
tirándose al suelo si se les acercan demasiado los toros al
seguir rumbo a la plaza. Allí lidian y juegan con los toros a
los gritos de los espectadores. Por la tarde, el público vuelve
20 para ver las corridas.

　　Pero la fiesta no se termina todavía. Los jóvenes de todas
partes del mundo van por las calles cantando, bailando y
bebiendo de la bota.° De vez en cuando caen cansadísimos   wineskin
para dormir un par de horas en una de las plazas de la
25 ciudad. Fuegos artificiales, ferias de ganado° y música   livestock
completan el espectáculo de estas fiestas inolvidables.

Las Fallas de San José

　　El origen de las fallas se remonta° a la Edad Media cuando   se... dates back
cada primavera se quemaban las lámparas de alquitrán° y   pine tar
madera que daban luz durante los días oscuros del invierno. A
30 veces se tallaba en madera la cara de un vecino en plan de
broma. Hoy día este símbolo se ha convertido en una estatua
o grupo de estatuas de materia combustible alegremente
pintada. Se levantan más de 300 de estos «ninots» en las
muchas plazas de la ciudad de Valencia la semana antes del
35 día de San José. Cada vecindario planifica su ninot, recoge
dinero y contrata al artista para construirlo. Las obras son
infinitamente variadas y creativas, muchas veces humorísticas,
con temas políticos y sociales. Van acompañados de poemas
en el idioma valenciano, la mayoría satíricos. Algunas fallas
40 son pequeñas, con temas juveniles. Otras llegan a la altura de
un edificio entero y se tienen que levantar con la ayuda de
una grúa.° Se dan premios a los mejores en varias categorías.   crane

El monumento en la Plaza del País Valencia, la plaza central de la ciudad, parece a primera vista un monumento
45 permanente y suele ser el más espectacular.

Aparte de las fallas, hay otros actos que contribuyen a la alegría y el colorido de estas fiestas. Hay fuegos artificiales, organizados por los pirotécnicos valencianos, considerados por algunos como los mejores del mundo. Hay cortejos° en todos
50 los barrios, en los que desfilan las falleras con sus trajes vistosos, bordados en oro. Una de ellas es elegida la Fallera Mayor, un gran honor porque será ella la que presidirá las ceremonias.

homages

Otro acto que se destaca durante este tiempo es la ofrenda
55 de flores de las falleras a la Patrona de la ciudad, Nuestra Señora de los Desamparados. Cada una ofrece un ramo de claveles para crear al final un mosaico enorme en colores que cubre un muro entero de la catedral.

Las festividades culminan en la Nit de Foc (*Noche de*
60 *Fuego*), que se celebra el 19 de marzo. A la medianoche llega la hora de la «Cremá» en que se prende fuego a todas las fallas para crear un espectáculo deslumbrante, estremecedor.°
Al cabo de media hora las fallas que daban vida a la ciudad durante las últimas semanas quedan reducidas a cenizas —
65 pero dejan recuerdos e inspiración para comenzar a pensar en seguida en las próximas fallas.

frightful

Semana Santa

La celebración de la Semana Santa en Sevilla, la capital de Andalucía, ofrece una experiencia conmovedora para sus habitantes y los muchos forasteros que acuden en los días
70 antes del Domingo de Resurrección.° Día y noche, las procesiones religiosas salen de las iglesias y desfilan solemnemente por las calles de la ciudad. Pasan por la calle Sierpes en la ciudad vieja, dan vuelta a la magnífica catedral gótica° y pasan por la torre de la Giralda y el Palacio
75 Arzobispal antes de volver a su propia capilla. A la cabeza de cada procesión va el Paso, con sus imágenes talladas o de plata. Algunas son obras de artistas de siglos pasados como Roldán, Juan de Mena o Martínez Montañés. Los pasos están cubiertos de claveles o de docenas de largas velas. Aunque
80 resultan muy pesados, son llevados en los hombros de los costaleros.° Éstos son hombres fuertes que ensayan por semanas, y hasta meses, para poder llevar su carga pesada por las estrechas calles sin dañarla ni perder el ritmo.
De vez en cuando la procesión se detiene y los costaleros
85 mecen la imagen de la Virgen mientras suena una saeta° o un

Domingo... *Easter Sunday*

gothic

porters

religious song

himno a la Virgen. Acompañan los pasos los miembros de las
cofradías,° que son asociaciones caritativas que se fundaron en   *brotherhoods*
la Edad Media para ayudar a los huérfanos y las viudas. Estos
miembros, llamados «nazarenos», visten traje con la capucha de
90 punta° y los colores propios de su cofradía. Llevan escondidos   *pointed*
en los bolsillos bombones que echan a los niños a lo largo
de la ruta. A veces siguen la procesión unos penitentes,
vestidos de negro y descalzos, con una cruz de madera a
cuestas para mostrar su devoción y su penitencia. Desfilan más
95 de 50 cofradías.

Culmina la celebración con la magnífica procesión de la
Macarena, la Virgen más famosa, con sus trajes de terciopelo y
lágrimas de piedras preciosas.° Miles de fieles la siguen   **piedras...** *precious*
durante su paseo de casi doce horas. Con la llegada del   *stones*
100 domingo, la solemnidad da paso a la alegría de la
resurrección, la primavera y a la ya cercana, famosa Feria de
Abril.

Vocabulario

SUSTANTIVOS

la barrera *barrier*
la boina *beret*
la capucha *hood*
la carga *load*
la ceniza *ash*
el clavel *carnation*
la corrida *bullfight*
el desfile *parade*
el disparo *shot*
el enfoque *focus*
la feria *fair*
el (la) forastero(a) *stranger, outsider*
los fuegos artificiales *fireworks*
el (la) huérfano(a) *orphan*
el muro *wall*
el paso *float*
el ramo *bouquet*

EXPRESIONES

a cuestas *burdened with*
dar paso a *to give way to*
rumbo a *headed for*

VERBOS

arriesgarse *to risk*
arrimarse *to lean against*
contratar *to hire*
culminar *to culminate*
destacarse *to stand out*
ensayar *to rehearse*
iniciarse *to begin*
mecer *to rock*
planificar *to plan*
prender (fuego) *to set (fire)*
tallar *to carve*

ADJETIVOS

bordado *embroidered*
caritativo *charitable*
ciego *blind*
colorado *red*
conmovedor *moving*
deslumbrante *dazzling*
feroz *ferocious*
vistoso *flashy*

Según la lectura

¿Con cuál de las tres fiestas asociamos las siguientes cosas?

A. SEMANA SANTA
B. LAS FALLAS
C. SAN FERMÍN

1. la saeta
2. imágenes talladas
3. el encierro
4. ninots
5. pasos
6. ofrenda de claveles
7. fuegos artificiales
8. corridas
9. la Macarena
10. costaleros
11. cofradías
12. Nit de Foc
13. nazarenos
14. la Cremá

Según usted

1. Describa una ocasión en que Ud. vio: un paso... un desfile... fuegos artificiales. ¿Con qué fiestas en los EE.UU. asociamos estas cosas?
2. ¿Ha visto Ud. alguna vez una corrida de toros? Describa sus impresiones.
3. ¿Por qué cree Ud. que los mozos de Pamplona y otros países arriesgan la vida para correr con los toros? Si estuviera en Pamplona durante San Fermín, ¿correría Ud. por las calles? Explique.
4. Describa Ud. una ceremonia o celebración religiosa en la que participó.

Conversemos

1. A veces las tradiciones que se conservan hoy ya no son necesarias. Por ejemplo, los costaleros ya no necesitan llevar los pasos porque hay máquinas que pueden hacerlo. Otras veces, cambian con los tiempos modernos. Por ejemplo, ahora usan grúas para levantar las fallas. Describa Ud. una fiesta o un festival que se ha adaptado a los tiempos modernos.
2. Lea Ud. las descripciones de las siguientes fallas. Luego, conteste las preguntas.

   — **EXPOSICIÓN** (Micer Maacó. A. Beca). — Artista: Joaquín Dolz Hueso. — «El té y el café». — Esa gran tetera° representa la televisión, que nos da el té, y el mono° que está encima es el sufrido televidente, atado a las dos cadenas de la misma y que lleva un candado° en la boca

   °teapot
   °monkey

   °padlock

porque no le dejan protestar, a pesar del garrote° que lleva
colgado del brazo. — El programa «Un, dos, tres, contesta
otra vez» y una hermosa chavala.°

— **MAYOR-MORAIRA** (Nazaret). — Artista: Vicente
Tornador Pascual. — «Borracheras». — Arriba un borracho
con la bota en la mano y el semáforo en rojo (prohibido
embriagarse°). — El carro de la vida cargado con la
borrachera del trabajo, de los gastos, la política, etcétera, y
el burro está hecho polvo.° — El cuerno de la abundancia°
actual es para los traficantes de drogas y pornografía que
llevan sus millones a Suiza.

club

lass

to get drunk

hecho... *exhausted/*
el cuerno... *horn*
of plenty

¿Cuál es el mensaje de estas dos fallas? Invente Ud. una falla para las próximas fiestas de San José. ¿Cuál será el tema? ¿Qué figuras incluirá? Escriba Ud. un par de frases en español para acompañarla.

Repasemos el vocabulario

A. Cognados. *Busque Ud. en el texto los cognados de las siguientes palabras en inglés.*

1. solemnly _____
2. image _____
3. reduced _____
4. procession _____

5. humorous _____
6. lamp _____
7. spectators _____
8. satirical _____

B. Identificaciones. *Describa Ud. dos cosas que...*

1. se tallan.
2. se ensayan.
3. se arriesgan.
4. son bordadas.
5. son conmovedoras.
6. son deslumbrantes.

C. Sentidos. *Escoja Ud. el sentido apropiado para las siguientes palabras.*

1. oír   2. oler   3. ver

a. clavel
b. saeta
c. fuegos artificiales
d. disparo

e. corrida
f. ramo
g. boina
h. banda

D. Juego de palabras. *Siguiendo el modelo, forme Ud. una palabra de otra.*

VERBO	ADJETIVO
1. estremecer	**estremecedor**
2. conmover	_____
3. volar	_____
4. soñar	_____

La voz

ARTURO USLAR PIETRI

Arturo Uslar Pietri nació en Venezuela en 1906. Fue profesor en la Universidad Central y Ministro de Educación Nacional. Sus cuentos son muy populares, y se caracterizan por la sencillez de estilo y por los profundos estudios psicológicos de los protagonistas.

Para comenzar...

¿Hay veces cuando matar a alguien debe ser permisible? Explique.

La voz

1   **S**in embargo, yo he matado un hombre...

Cuando lo dijo Fray Dagoberto, temblándole la espesa barba
negra, no pude menos que arrojar los naipes sobre la mesa y
soltar la risa.

5   Yo había llegado por la tarde, atravesando la montaña y los
pantanos° entre aquella densa niebla que asfixia. El guía indio   *marshes*
me consolaba en el camino: — No se desespere, mi amo, ya
en la otra vuelta estará en la casa. Ahorita mismo, mi amo.

Al anochecer me desmonté° en la casa de las Misiones. En   *dismounted*
10   el corredor me aguardaban los frailes. El Prior me los fue
presentando:

— Fray Ermelindo. — Para servir a Dios y a usted. — Fray
Froilán... Y allá, el último, apartado,° silencioso, flaco y seco,   *aside*
con la barba negra: — Fray Dagoberto, nuestro ángel bueno...

15   Éste me interesó mucho. Había en él algo que me atraía
naturalmente. Me dediqué a buscarle la amistad. En la noche,
durante la comida, nos hicimos amigos.

Resolvimos para pasar el rato jugar una partida de naipes.°   *cards*

El juego era un pretexto para conversar. Hablamos de mil
20   cosas banales y profundas, ligeras y pesadas. Le referí la causa
de mi viaje: iba a reunirme con un tío mío que explotaba
minas de oro en lo más perdido de aquellas selvas, iba tras la
aventura y la fortuna. Él me aconsejaba con su larga
experiencia, me hablaba de las cosas raras que suceden en la
25   montaña,° de los peligros, de las precauciones que hay que   *jungle mountain*
guardar.

— En la montaña pasan cosas raras, extrañas, hijo mío. Hay
una vida distinta, impenetrable. Podrás quedarte en ella para
siempre sin saber cómo, ni por qué. Podrías también matar.
30   Matar un hombre en la montaña es una cosa fácil, casual, a
veces irremediable. La montaña siempre es nueva y siempre
peligrosa...

— Vaya, Padre, no juegue. Esto de matar hombres ya es
asunto de personalidades. Ya ve, yo hasta ahora no he
35   empezado y de usted, no hay ni que decirlo...

El fraile se quedó largo rato callado, como meditando,
recordando.

— Sin embargo, yo he matado un hombre...

Fue tan inesperado, tan increíble, que eché a reír:

40   — Usted... Asesino... Ja ja ja...

Se apagaron los ecos de la carcajada.° Fray Dagoberto se refugiaba en su silencio como un gato.

burst of laughter

Después, con una voz muy lenta, muy pausada, fue diciendo:

45 — Sí yo...asesino. Verás, hijo. Fue tiempo atrás. Todavía esta casona° olía a madera fresca. Era yo joven. Los indios de Paragua se habían insurreccionado. Destruyeron los campos sembrados y las minas, echaron a tierra los crucifijos y mataron a nuestro hermano Eleuterio que los catequizaba.°
50 Malas cosas hacen los hombres cuando se enfadan. Entonces nuestro Padre Prior me comisionó para que fuese entre ellos a tornarlos a la paz y a la religión. Me dieron por guía al indio José, uno de los más conocidos de todos estos sitios. Para José la montaña era como la casa. Salimos antes del amanecer,
55 con el farol, una pistola para defendernos de los animales y llevando muchos víveres. A paso ligero nos fuimos entrando en la montaña. La montaña al amanecer, hijo, es imponente, hay un gran silencio, pesado, terrible, donde el ruido más pequeño va haciéndose enorme, monstruoso, como un grito
60 en medio de una catedral desierta. La montaña está llena de cosas extraordinarias. El indio marchaba delante de mí con un paso ágil y firme. El sol salía y se estaba haciendo claro, ese claro tenue° que hay en las espesuras° hondas.

big old house

was teaching them the Christian faith

faint/thick woods

— Padre, sería bueno de comer, tú cansado y con hambre,
65 — me dijo el indio. El sol iba a medio camino.° Comimos bajo un árbol, luego hundiendo la cabeza en una fuente clara, bebimos el agua. Después, camino adelante, le dije: — Oye, José, ¿falta mucho?°— — Ahorita mismo, mi Padre, más allá de la lomita° aquella, andando más allá, ya estamos.

iba... *was directly overhead*

is it much further?
little hill

70 La lomita aquella era una elevación de árboles que cerraba el horizonte; calculé cinco horas más de marcha, todo por el amor de Dios... Anduvimos... anduvimos sobrehumanamente, como bestias de carga.° Tenía ese cansancio seco y rígido que paraliza. Volví a preguntar: — Falta mucho, José? — — Ay, mi
75 amito, el camino está raro, hoy se ha puesto más largo. — Ya el cielo estaba de todos los colores, y, a lo más, media hora después habría obscurecido. Sin embargo seguíamos andando rudamente.° El aire estaba húmedo como en la orilla de un río y se iba haciendo muy opaca la luz entre los árboles. No
80 tienes idea, hijo, de lo que es un viaje en aquella selva interminable.

beasts of burden

grimly

De pronto el indio se detuvo, se acercó a mí, y en voz baja me dijo: — Padre, nos hemos perdido, éste no es el camino. — Hubo un momento de desesperación, de duda. La
85 noche se nos echaba encima.° Entonces José dijo: — No se

se... *was closing in around us*

preocupe, mi Padre, no hay peligro, pasaremos aquí la noche y por la mañanita encontraremos el camino bueno.

Resignadamente nos pusimos a recoger leña y a cortar ramas, para encender fuego y hacer un cobertizo que nos
90 protegiese de la luna y el frío, porque en la montaña la luna es venenosa.

Sentí un grito y me volví asustado; el grito venía de donde estaba José. Corrí a él con el farol en una mano. Estaba tendido en el suelo, sollozando, mientras se agarraba con
95 ambas manos una pierna: —Yo me muero, mi amito, me picó una víbora.

Aproximé la luz y vi en el músculo dos agujeros pequeñitos que manaban° sangre. —Yo me muero, mi amito,— *were oozing* murmuraba el indio. En la selva hacía eco la voz y regresaba
100 resonante, áspera, fuerte.

En la ansiedad quité el cristal al farol y apliqué la llama sobre la herida; la carne se quemó, olía a cocina bárbara.

— Ayayay, mi amito, me muero... .

La piel se había tostado y mostraba hendiduras° hondas. *cracks*

105 Le apliqué una compresa de hojas frescas, dejé el farol en tierra, y me senté junto a él esperando lo que pudiese suceder.

De la garganta le salía un mugido° ronco como el de un *bellow* toro, y todo el cuerpo se le agitaba con un escalofrío terrible.

110 La pierna se le había puesto monstruosa, era como la pata de un elefante. La inflamación corría rápida, tomó el muslo,° *thigh* llegó al abdomen y a la garganta. Ya no tenía figura° humana. *face* Era como una de esas figuras de caucho° que se inflan con *rubber* aire. Parecía un sapo° gigante. La piel se le había puesto *toad*
115 negra y espesa, como de reptil.

La voz era suave y suplicante: — Ayayay, mi amito, estoy sufriendo mucho. — La palabra era débil, casi femenina.

Estaba informe,° la inflamación tocaba en su máximo. Estaba *shapeless* repugnante aquella carne que se expandía, que se dilataba:
120 elástica, blanda. De un momento a otro reventaría° como una *would explode/* granada.° *grenade*

Yo sentía una confusión, una locura. Le veía volar en mil pedazos, en mil pedazos que llegarían hasta el cielo, en mil pedazos que apagarían las estrellas.

125 Ahora la voz era dulce, muy dulce: — Mi amito, ayayay, por Dios, mátame, mi amito, que estoy sufriendo mucho,

¿verdad que lo harás por mí? Mátame, mi amito.— Del fondo
de la montaña la voz regresaba convertida en grito tremendo.
— Mátame, mi amito...

130   La noche se había llenado del grito; yo me sentía loco. Ah,
qué horror...

Desesperado, me alejé un poco. Pero la voz venía aullando°   *howling*
entre los árboles enorme, insistente, terrible: — Mi amito...
Ayayay...

135   Me estaba atrayendo el grito como atraen al pájaro los ojos
del jaguar; me empujaba hacia él.

— Mátame por el amor de Dios.— Allí estaba otra vez,
delante de mí, muriendo, suplicante.

¡El Señor lo sabe...! No fui yo. Fue algo sobrehumanamente
140 fuerte lo que armó la pistola en mi mano...

— ¿Verdad que lo harás por mí?— la montaña toda rugía
llena del grito.

El grito se apagó súbitamente...Ya no se oía la voz...

Venía galopando por la selva un gran trueno denso,
145 aullante, espantoso...

Ya no se oiría más la voz...

Vocabulario:

SUSTANTIVOS

el agujero *hole*
el amo *master*
la barba *beard*
el cobertizo *cover, hut*
el escalofrío *chill*
el farol *lantern*
el fraile *friar*
la garganta *throat*
el grito *shout, yell*
la hoja *leaf*
la leña *firewood*
la orilla *bank, shore*
el pantano *swamp*
la pata *paw*
la rama *branch*
la víbora *snake*
los víveres *provisions*

ADJETIVOS

áspero *rough, harsh*
blando *soft*
flaco *skinny*
hondo *deep*
imponente *imposing*
irremediable *unavoidable*
ronco *hoarse*
suplicante *begging, pleading*
venenoso *poisonous*

VERBOS

agarrar(se) *to clutch, grab*
aguardar *to wait for*
apagar *to extinguish*
desesperarse *to despair*
hundir *to sink*
inflar *to inflate*

matar *to kill*
obscurecerse *to grow dark*
picar *to bite, sting*
rugir *to roar*

sollozar *to sob*
temblar (ie) *to tremble*
tornar *to return, bring back*

Según la lectura

¿Cierto o falso? Si la frase es falsa, corríjala.

1. El protagonista del cuento es el Padre Prior.
2. Fray Dagoberto les cuenta su historia a los lectores.
3. Fray Dagoberto y el narrador de este cuento juegan una partida de cartas juntos.
4. El narrador va a la montaña por motivos religiosos.
5. Fray Dagoberto le dice al narrador que la montaña nunca cambia.
6. El narrador cree que Fray Dagoberto es capaz de cometer muchos crímenes.
7. Hace años, el Padre Prior le mandó al fraile hacer las paces° con los indios.

   hacer... *to make peace*

8. José es otro fraile que le iba a acompañar en el viaje.
9. Los dos viajeros se perdieron en la montaña.
10. Una serpiente le mordió a José.
11. José sufría tanto que le rogó a Fray Dagoberto que lo matara.
12. Fray Dagoberto lo mató en defensa propia.

Según usted

1. ¿Cuál es el tema central de este cuento?
2. ¿Fueron malas las acciones de Fray Dagoberto? ¿Por qué sí o por qué no? ¿Había otra alternativa? ¿Cuál sería? ¿Qué haría Ud. en su lugar?
3. Según Fray Dagoberto, "En la montaña pasan cosas extrañas". ¿A qué se referiría el fraile? Explique. ¿Conoce Ud. un lugar donde "pasan cosas raras"?
4. Explique la frase siguiente del cuento: "¡El Señor lo sabe...! ¡No fui yo!
5. ¿Cuáles son algunas de las referencias a la naturaleza en la última parte del cuento? Explique por qué son importantes.

Conversemos

1. ¿Es importante que el protagonista de este cuento sea clérigo? ¿Por qué? ¿Cambiaría el cuento si el protagonista fuera médico? ¿criminal? ¿madre? Explique.
2. ¿Qué es la eutanasia? ¿Debe ser legal? ¿en qué circunstancias? ¿Debe la vida ser prolongada por medios artificiales? Explique.

3. ¿Podría Ud. matar a alguien? Explique.

4. Durante su vida, muchas figuras públicas han muerto (políticos, científicos, artistas, etc.). ¿Cuál de estas muertes lo (la) ha afectado a Ud. más? ¿Por qué?

Composición

1. Imagínese que Ud. es el (la) autor(a) de este cuento y que no le gusta el final. Empezando con la frase siguiente, escriba una nueva terminación para el cuento.

"Sentí un grito y me volví asustado;..."

2. Imagínese que Ud. es el (la) autor(a) de este cuento y que ha decidido que el cuento no debe terminar así. Empezando con la última frase del cuento, siga escribiendo sobre los sucesos de Fray Dagoberto.

Minidrama

Imagínese que este caso ocurrió en los EE.UU. La policía arrestó a Fray Dagoberto. Ud. es periodista y necesita entrevistar a las siguientes personas para poder escribir su artículo.

a. Fray Dagoberto.   **b.** la familia del indio.
c. el abogado del estado.   **d.** el representante de la Iglesia.

Repasemos el vocabulario

A. Cognados. *Busque Ud. en el texto los cognados de las siguientes palabras en inglés.*

1. pistol _____   **5.** exploit _____
2. asphixiate _____   **6.** tenuous _____
3. opaque _____   **7.** cause _____
4. crucifix _____   **8.** desperation _____

B. Relaciones. *Busque en la segunda columna la palabra relacionada con la cosa en la primera columna. Explique la relación.*

1. farol   *a.* voz
2. leña   *b.* animal
3. orilla   *c.* hombre
4. pata   *d.* mosquito
5. barba   *e.* río
6. víbora   *f.* luz
7. pantano   *g.* árbol
8. grito   *h.* veneno

C. Antónimos. *Busque Ud. el antónimo de las palabras siguientes.*

1. flaco
2. sollozar
3. áspero
4. obscurecer
5. hondo
6. apagar

a. suave
b. encender
c. superficial
d. gordo
e. reír
f. iluminarse

D. *Juego de palabras.* *Siguiendo el modelo, forme Ud. una palabra de otra.*

SUSTANTIVO	ADJETIVO
1. peligro	**peligroso**
2. montaña	_____
3. silencio	_____
4. ruido	_____
5. espanto	_____
6. lluvia	_____

El Evangelio según Marcos*

JORGE LUIS BORGES

Hombre de amplia formación cultural e intelectual, Jorge Luis Borges nació en Buenos Aires, Argentina, en 1899. Además de ser un crítico de primer orden, sus cuentos, poemas y ensayos han recibido gran renombre internacional. En su obra se repiten los mismos temas y símbolos: el universo como laberinto caótico, la universalidad de los humanos, la realidad sujetiva y la vida como un círculo perpetuo. Dos de sus obras más famosas son <u>Ficciones</u> (1941) y <u>El aleph</u> (1949). Borges murió en 1986.

---

* **(adaptado)**

Para comenzar...

¿Sabe Ud. mucho de la vida de Cristo? ¿Cómo era? Cite algunos detalles de su muerte. Según la religión cristiana, ¿por qué se tenía que morir?

Para Borges, todos los habitantes del universo son víctimas de una serie de acciones repetidas. La vida siempre ha sido un círculo eterno en el cual todas las acciones se repiten. El hombre es universal; nunca cambia. Todos los hombres del universo son iguales.

Según Borges, la realidad es subjetiva. Entonces, al leer una obra de pura ficción el lector llega a ser parte integral de la obra y viceversa.

En El Evangelio según Marcos, *la Biblia es el espejo desconcertante que revela que el pasado es siempre parte del presente. El nacer, el morir, el sacrificarse, el salvarse, todo ha ocurrido repetidas veces en el pasado y ocurrirá repetidamente en el futuro. La vida es cíclica.*

El Evangelio según Marcos

1   El hecho sucedió en la estancia Los Álamos, en el partido° de Junín, hacia el sur, en los últimos días del mes de marzo de 1928. Su protagonista fue un estudiante de medicina, Baltasar Espinosa. Podemos definirlo por ahora como uno de
5   tantos muchachos porteños,° sin otros rasgos dignos de nota que esa facultad oratoria que le había hecho merecer más de un premio en el colegio... y que una casi ilimitada bondad. No le gustaba discutir; prefería que el interlocutor tuviera razón y no él. Aunque los azares° del juego° le interesaban,
10   era un mal jugador, porque le desagradaba ganar. Su abierta inteligencia era perezosa; a los treinta y tres años le faltaba rendir una materia° para graduarse, la que más lo atraía. Su padre, que era librepensador, como todos los señores de su época, lo había instruido en la doctrina de Herbert Spencer,[1]
15   pero su madre, antes de un viaje a Montevideo, le pidió que todas las noches rezara el Padrenuestro e hiciera la señal de la cruz. A lo largo de los años no había quebrado nunca esa promesa. No carecía de coraje; una mañana había cambiado, con más indiferencia que ira, dos o tres puñetazos° con un
20   grupo de compañeros que querían forzarlo a participar en una huelga universitaria.... Cuando Daniel, su primo, le propuso

township

from Buenos Aires

risks/gambling

rendir... *to take an exam*

punches

---

[1] Spencer era un filósofo inglés del siglo XIX. Fundó la filosofía basada en las teorías evolucionistas — el más capacitado sobrevivirá. Y de aquí, la idea de que ciertas características o rastros perdurarán en la sangre, como les pasó a los Gutres de este cuento.

veranear en Los Álamos, dijo inmediatamente que sí, no
porque le gustara el campo sino por natural complacencia y
porque no buscó razones válidas para decir que no.

25   El casco° de la estancia era grande y un poco abandonado;
las dependencias del capataz,° que se llamaba Gutre, estaban
muy cerca. Los Gutres eran tres: el padre, el hijo, que era
singularmente tosco,° y una muchacha de incierta paternidad.
Eran altos, fuertes, huesudos,° de pelo que tiraba a rojizo° y
30 de caras aindiadas.° Casi no hablaban. La mujer del capataz
había muerto hace años.

    Espinosa, en el campo, fue aprendiendo cosas que no sabía
y que no sospechaba. Por ejemplo, ...que nadie sale a andar a
caballo sino para cumplir con una tarea. Con el tiempo, lle-
35 garía a distinguir los pájaros por el grito.

    A los pocos días, Daniel tuvo que ausentarse a la capital
para cerrar una operación de animales... [E]l negocio le
tomaría una semana. Espinosa... prefirió quedarse en la
estancia, con sus libros de texto. El calor apretaba y ni
40 siquiera la noche traía un alivio. En el alba,° los truenos lo
despertaron.... Espinosa oyó las primeras gotas° y dio gracias a
Dios. El aire frío vino de golpe. Esa tarde, el Salado° se
desbordó.°

    La lluvia no cejaba; los Gutres... salvaron buena parte de
la hacienda, aunque hubo muchos animales ahogados.° Los
45 caminos para llegar a la estancia eran cuatro: a todos los
cubrieron las aguas. Al tercer día, una gotera° amenazó la casa
del capataz; Espinosa les dio una habitación que quedaba en
el fondo,° al lado del galpón de las herramientas.° La mudanza
los fue acercando; comían juntos en el gran comedor. El
50 diálogo resultaba difícil; los Gutres, que sabían tantas cosas en
materia de campo, no sabían explicarlas.... Espinosa recordó
que su padre solía decir que casi todos los casos de
longevidad que se dan en el campo son casos de mala
memoria o de un concepto vago de las fechas. Los gauchos°
55 suelen ignorar por igual el año en que nacieron y el nombre
de quien los engendró.

    En toda la casa no había otros libros.... Espinosa, para
distraer de algún modo la sobremesa° inevitable, leyó un par
de capítulos a los Gutres, que eran analfabetos.
60 Desgraciadamente, el capataz había sido tropero° y no le
podía importar las andanzas° de otros...

    Espinosa, que había dejado crecer la barba, solía demorarse°
ante el espejo para mirar su cara cambiada y sonreía al pensar
que en Buenos Aires aburriría a los muchachos con el relato
de la inundación del Salado.... En cuanto a sus hermanos y a

---

main house
foreman's quarters

uncouth
big-boned/tiraba...
  tended to be
  reddish/with
  Indian features

dawn
drops
a river in southern
  Argentina/
  overflowed

drowned

leak

back/galpón... *tool*
  shed

Argentine herdsman

after dinner
  conversation
cattle driver
activities

linger

65	su padre, ya sabrían por Daniel que estaba aislado — la palabra etimológicamente, era justa — por la creciente°.	*swell (of water)*
	Explorando la casa, siempre cercada por las aguas, dio con una Biblia en inglés. En las páginas finales los Guthrie — tal era su nombre genuino — habían dejado escrita su historia.	
70	Eran oriundos° de Inverness, habían arribado a este continente, sin duda como peones, a principios del siglo diecinueve, y se habían cruzado con indios. La crónica cesaba hacia mil ochocientos setenta y tantos; ya no sabían escribir. Al cabo de unas pocas generaciones habían olvidado el inglés; el	*natives*
75	castellano, cuando Espinosa los conoció, les daba trabajo. Carecían de fe, pero en su sangre perduraban, como rastros oscuros, el duro fanatismo del calvinista[1] y las supersticiones del pampa°. Espinosa les habló de su hallazgo y casi no escucharon. Hojeó° el volumen y sus dedos lo abrieron en el	*prairie* *he leafed through*
80	comienzo del Evangelio según Marcos. Para ejercitarse en la traducción y acaso para ver si entendían algo, decidió leerles ese texto después de la comida. Le sorprendió que lo escucharan con atención y luego con callado interés. Acaso° la presencia de las letras de oro en la tapa° le diera más	*maybe* *cover*
85	autoridad. Lo llevan en la sangre, pensó. También se le ocurrió que los hombres, a lo largo del tiempo, han repetido siempre dos historias: la de un bajel° perdido que busca por los mares mediterráneos[2] una isla querida, y la de un dios que se hace crucificar.... Recordó las clases de elocución... y	*ship*
90	se ponía de pie para predicar las parábolas.	
	Los Gutres despachaban° la carne asada y las sardinas para no demorar el Evangelio.	*promptly finished*
95	Una corderita° que la muchacha mimaba y adornaba con una cintita celeste° se lastimó con un alambrado de púa.° Para parar la sangre, querían ponerle una telaraña;° Espinosa la curó con unas pastillas.° La gratitud que esa curación despertó no dejó de asombrarlo. Al principio, había desconfiado de los Gutres y había escondido en uno de sus libros los doscientos cuarenta pesos que llevaba consigo; ahora, ausente el patrón,	*lamb* *blue ribbon/barbed wire* *spider web* *pills*
100	él había tomado su lugar y daba órdenes tímidas, que eran inmediatamente acatadas.° Los Gutres lo seguían por las piezas y por el corredor, como si anduvieran perdidos. Mientras leía, notó que le retiraban las migas que él había dejado sobre la mesa. Una tarde los sorprendió hablando de él con respeto y	*respected*
105	pocas palabras. Concluido el Evangelio según Marcos, quiso	

---

[1] Jean Calvin, teólogo francés del siglo XVI creyó que la Biblia era la única verdadera palabra de Dios y que había que seguirla al pie de la letra (como lo hacen los Gutres).
[2] La Odisea de Homero

repitiera el que ya había leído, para entenderlo bien. Espinosa sintió que eran como niños, a quienes la repetición les agrada más que la variación o la novedad. Una noche soñó con el Diluvio°, lo cual no es de extrañar; los martillazos° de la fabricación del arca° lo despertaron y pensó que acaso eran truenos. El frío era intenso. Le dijeron que el temporal había roto el techo del galpón de las herramientas y que iban a mostrárselo cuando estuvieran arregladas las vigas°. Ya no era un forastero° y todos lo trataban con atención y casi lo mimaban. A ninguno le gustaba el café, pero había siempre una tacita para él, que colmaban° de azúcar.

El temporal ocurrió un martes. El jueves en la noche lo recordó un golpecito suave en la puerta que, por las dudas, él siempre cerraba con llave. Se levantó y abrió: era la muchacha. En la oscuridad no la vio, pero por los pasos° notó que estaba descalza y después, en el lecho, que había venido desde el fondo, desnuda. No lo abrazó, ni dijo una sola palabra; se tendió junto a él y estaba temblando. Era la primera vez que conocía a un hombre. Cuando se fue, no le dio un beso; Espinosa pensó que ni siquiera sabía cómo se llamaba.

El día siguiente comenzó como los anteriores, salvo que el padre habló con Espinosa y le preguntó si Cristo se dejó matar para salvar a todos los hombres. Espinosa, que era librepensador pero que se vio obligado a justificar lo que les había leído, le contestó:

— Sí. Para salvar a todos del infierno.

Gutre le dijo entonces:

— ¿Qué es el infierno?

— Un lugar bajo tierra donde las almas arderán° y arderán.

— ¿Y también se salvaron los que le clavaron los clavos?°

— Sí — replicó Espinosa, cuya teología era incierta.

Había temido que el capataz le exigiera cuentas de lo ocurrido anoche con su hija. Después del almuerzo, le pidieron que releyera los últimos capítulos.

Espinosa durmió una siesta larga, un leve sueño interrumpido por persistentes martillos y por vagas premoniciones. Hacia el atardecer° se levantó y salió al corredor. Dijo como si pensara en voz alta:

— Las aguas están bajas. Ya falta poco.

Marginal glosses:
- *The Flood (biblical)/ hammer blows/ ark* (line 110)
- *beams* (line 114)
- *stranger* (line 115)
- *heaped* (line 116)
- *footsteps* (line 121)
- *will burn* (line 136)
- **clavaron...** *hammered the nails* (line 137)
- *late afternoon* (line 144)

— Ya falta poco — repitió Gutre, como un eco.

Los tres lo habían seguido. Hincados° en el piso de piedra le pidieron la bendición. Después lo maldijeron, lo escupieron° y lo empujaron hasta el fondo. La muchacha lloraba. Espinosa entendió lo que le esperaba del otro lado de la puerta. Cuando la abrieron, vio el firmamento. Un pájaro gritó; pensó: "es un jilguero"°. El galpón estaba sin techo; habían arrancado las vigas para construir la Cruz.

kneeling

spat

goldfinch

Vocabulario:

SUSTANTIVOS

el alivio *relief*
la bondad *goodness*
el coraje *courage*
la cruz *cross*
la estancia *farm*
el hallazgo *finding, discovery*
el hecho *event*
la inundación *flood*
el rasgo *characteristic, trait*
el rastro *trace*
el temporal *storm*
el trueno *thunder*

carecer *to lack*
dar con *to come across*
demorar *to delay*
desagradar *to displease*
empujar *to push*
esconder *to hide*
lastimarse *to hurt oneself*
maldecir *to curse*
mimar *to spoil, indulge*
perdurar *to remain*
predicar *to preach*
rezar *to pray*
veranear *to summer*

ADJETIVOS

analfabeto *illiterate*
callado *quiet*
cercado *surrounded*
desnudo *nude*
incierto *uncertain*
leve *light*

EXPRESIONES

a lo largo *through, along*
no es de extrañar *it's not surprising*
por ahora *for now*
quebrar una promesa *to break a promise*
salvo que *except that*

VERBOS

asombrar *to astonish*
ausentarse *to be absent*

Según la lectura

¿Cierto o falso? Si la frase es falsa, corríjala.

1. La Colorada era el nombre de una región en el sur de la Argentina.
2. Los padres de Espinosa tenían las mismas creencias religiosas.
3. Espinosa fue a La Colorada porque le gustaba mucho la vida del campo.

4. Espinosa y su primo pasaron casi un mes juntos en la estancia.
5. Los Gutres eran altos, fuertes y analfabetos.
6. Una gran inundación aisló la hacienda.
7. La única parte de la hacienda que no fue destruida fue la casa de los Gutres.
8. El señor Gutre tenía poco interés en la historia de sus antepasados.
9. Desde el principio, Espinosa se dio cuenta de la profunda fe religiosa de los Gutres.
10. Los Gutres escuchaban atentamente mientras Espinosa les leía *El Evangelio según Marcos*.
11. Después de escuchar el evangelio, los Gutres desconfiaron aún más de Espinosa.
12. El jueves por la noche, Espinosa fue a la alcoba de la muchacha.
13. Al día siguiente, el padre le preguntó a Espinosa acerca de la crucifixión de Cristo.
14. Cuando Espinosa se despertó de la siesta, sabía que iba a morir.
15. Los Gutres habían construido una cruz porque querían tener ceremonias religiosas en la casa.

Según usted

1. Para los Gutres, las palabras de la Biblia eran algo que "llevaban en la sangre" porque reconocieron sus raíces históricas. Explique. ¿Ha tenido Ud. una experiencia semejante alguna vez? ¿Cuáles son las raíces históricas de Ud.?
2. ¿Qué significa "ser religioso"? ¿Es religioso Baltasar Espinosa? ¿Por qué leía la Biblia? ¿Son religiosos los Gutre? ¿Es Ud. religioso(a)? Explique.
3. ¿Ha leído Ud. la Biblia alguna vez? ¿De qué trata? ¿Cuáles son algunos libros sagrados de otras religiones? ¿En qué aspectos se asemejan a la Biblia y en qué aspectos difieren?
4. Según Borges, en la vida siempre hay círculos y paralelismos. ¿Cuál es el gran paralelismo en este cuento? Identifique los paralelismos entre Espinosa y Cristo. ¿En qué aspectos no son semejantes? Describa la relación entre Espinosa y los Gutres antes y después de la curación de la corderita. ¿Qué les había pasado a los Gutres?

Conversemos

1. ¿Cree Ud. que la historia se repite? De acuerdo con la teoría cíclica de Borges, ¿cuáles pueden ser algunos acontecimientos históricos que se han repetido? ¿Cuáles quisiera Ud. que (no) se repitieran? ¿Por qué?
2. ¿Cree Ud. que el hombre es universal? ¿Cree que nunca cambia? Explique qué cualidades o tendencias humanas deben cambiar.

3. ¿Cuál es el tema central de este cuento? ¿Qué piensa Ud. del cuento? ¿Es absurdo? ¿Es imposible? ¿Se ha identificado Ud. alguna vez con algún personaje de un libro?

4. ¿Tuvo Ud. una premonición alguna vez? Describa las circunstancias.

5. ¿Puede Ud. encontrar las frases del texto que corresponden a estos pasajes de la Biblia?

    a. Y Jesús mismo tenía unos 30 años cuando comenzó su ministerio.

    b. La gente se quedaba asombrada de su enseñanza porque les estaba enseñando como quien tiene autoridad.

    c. Él les enseñaba muchas cosas en parábolas.

    d. Jesús curó a muchos que sufrían de diversas enfermedades.

    e. Una y otra vez le golpeaban en la cabeza... y le escupían; después arrodillándose le rendían homenaje.

Composición

1. Imagínese que es el año 2050. Describa cómo la historia se ha repetido desde 1950.

2. Ud. es corresponsal para una revista importante y acaba de enterarse de los sucesos asombrosos de La Colorada. Describa lo siguiente:

    a. la entrevista con Daniel, el primo de Espinosa

    b. lo que vio en la hacienda

    c. la conversación con los Gutres

Repasemos el vocabulario

A. Cognados. *Busque Ud. en el texto los cognados de las siguientes palabras en inglés.*

1. protagonist	_____		**5.** justify	_____
2. chronicle	_____		**6.** promise	_____
3. metaphor	_____		**7.** unlimited	_____
4. parables	_____		**8.** intimate	_____

B. *Busque Ud. el sinónimo de las palabras siguientes.*

1. bondad   *a.* orar
2. quebrar   *b.* quedar
3. rezar   *c.* tempestad
4. dar con   *d.* encontrar
5. temporal   *e.* benevolencia
6. lastimarse   *f.* romper
7. perdurar   *g.* herirse

C. *Busque Ud. el antónimo de las palabras siguientes.*

1. callado   *a.* seguro
2. coraje   *b.* bendecir

3. ausentarse   *c.* carecer
4. desnudo   *d.* ruidoso
5. maldecir   *e.* miedo
6. incierto   *f.* presentarse
7. tener   *g.* vestido

D. *Juego de palabras.* *Siguiendo los modelos, forme Ud. una palabra de otra.*

SUSTANTIVO	ADJETIVO
1. paternidad	**paterno** _____
2. maternidad	_____
3. eternidad	_____
4. religiosidad	_____
5. curiosidad	_____
6. oscuridad	_____

SUSTANTIVO	SUSTANTIVO
1. teología	**teólogo** _____
2. sociología	_____
3. sicología	_____
4. antropología	_____
5. dermatología	_____

A. *La fe.* *Conteste Ud. las preguntas.*

¿Qué es la fe? ¿En qué momentos de la vida se necesita más la fe o la religión? ¿Cuándo empezó la idea de las religiones organizadas? ¿Son la fe y la religión cosas muy personales y privadas? ¿Le gusta hablar de la religión? ¿Por qué? ¿Cuáles son algunas de las religiones más antiguas?

B. *Un filósofo religioso.* *Lea Ud. esta citación de Miguel de Unamuno y conteste las preguntas.*

Miguel de Unamuno, un escritor muy famoso de la generación literaria llamada la Generación del (18)98, dijo una vez, «Yo creo en Dios porque quiero que Dios exista». ¿Qué quiere decir? ¿Es esto una muestra de la «fe ciega» o una muestra de una decisión bien pensada?

C. *Fiestas populares.* *Lea Ud. sobre las siguientes fiestas y conteste las preguntas.*

FIESTA DE LOS HUEVOS PINTOS. Pola de Siero, provincia de Oviedo. De origen inmemorial. Antaño°, los huevos se cocían con hollín°, el cual les daba un tono abarquillado°; en la actualidad, se pintan con anilinas° de mil colores, creándose verdaderas obras de artesanía que se venden en este día por muchos miles de unidades. La gran parada folklórica se celebra por la tarde: agrupaciones típicas de la mayoría de los concejos° de Asturias desfilan por la población, ejecutando cada una de ellas un baile típico al pasar por la plaza del Ayuntamiento.

long ago
soot/warped
aniline (a chemical)

councils

DÍA DE SAN JORGE Y FIESTA DEL LIBRO. Barcelona. Desde el año 1714, los barceloneses acostumbran visitar el día de San Jorge la capilla de éste en el Palacio de la Diputación, para orar ante su imagen. Numerosos puestos de venta de rosas se abren este día, considerado de los enamorados, en el patio del palacio y calles próximas al mismo, e infinidad de puestos de venta de libros se levantan en plazas y otros puntos estratégicos de la ciudad, pues el día, aniversario de la muerte de Cervantes, es también el "Día del Libro". Los barceloneses tienen a gala° regalar en esta fecha una rosa y un libro a sus personas queridas.

tienen... *pride themselves on*

FIESTAS DE MOROS Y CRISTIANOS. Bocairente, provincia de Valencia. Datan del siglo XVII. Participan nueve "filadas" —

cuatro del bando moro y cinco del cristiano — fantásticamente ataviadas°. Grandes y vistosos desfiles. Disparos de arcabucería°, luchas y parlamentos para la disputa de la fortaleza cuyo castillo se alza en la plaza del Ajuntament. La procesión del Patrón de la Villa, San Blas, es acogida en la plaza antedicha, iluminada solamente por las velas que portan los fieles, con vítores° de éstos y con la quema de un castillo de fuegos artificiales. Cierra los actos de cada día la "Corda", en la que varias parejas van prendiendo por las calles hileras° de cohetes, hasta coincidir en la plaza del Ajuntament, que se convierte en un brasero° de ascuas.°

costumed

old guns

cheers

rows

hearth/embers

Busque Ud. las tres provincias donde tienen lugar estas fiestas regionales. ¿Cuál será el origen de estos festivales? Ud. es turista y se encuentra de viaje en España. ¿A cuál de las tres celebraciones va a asistir? Convenza a su compañero(a) de ir con Ud. porque él (ella) quiere asistir a otra.

D. Otras fiestas. *¿A qué fiesta(s) se refieren las siguientes tradiciones? ¿Cuál es el origen de algunas de estas costumbres?*

a. comer pan sin levadura°

yeast

b. ayunar° durante el día por un mes.

fast

c. recibir regalos por ocho días seguidos.

d. ponerse cenizas° en la frente°

ashes/forehead

e. recibir regalos de los Tres Reyes Magos

f. hundirse en el agua

g. buscar huevos pintados y de chocolate.

Spanish-English Vocabulary

This vocabulary follows the Spanish style of alphabetization. Exact or reasonably close cognates of English, most proper nouns, and words well within the mastery of second-year students have been omitted. Stem-changing verbs are indicated by **(ie)**, **(ue)**, or **(i)** following the infinitive.

The gender of nouns is given except for masculine nouns ending in **-o** and feminine nouns ending in **-a**, **-dad**, **-tud**, or **-ión**. In most cases, only the masculine noun is given, unless the English and Spanish correspondents are different words (for example, *mother* and *father*). Adjectives are given only in the masculine singular form.

The following abbreviations have been used:

adj. adjective
adv. adverb
conj. conjunction
f. feminine

inf. infinitive
m. masculine
n. noun
pl. plural

p.p. past participle
prep. preposition
sing. singular

A

a *prep.* to at; **a base de** based on; **a cuestas** burdened with; **a eso de** about; **a falta de** for lack of; **a la vuelta** on returning; **a lo largo** through, along; **a lo lejos** at a distance; **a lo mejor** probably, at best; **a pesar de** in spite of; **a pie** on foot; **a punto de** on the verge of; **a través de** through, by means of
abecedario *n.* ABCs, alphabet
ablandar to soften
abogar to advocate, back
abolir to abolish
abusar (de) to abuse
acercarse (a) to approach
acertar (ie) to succeed (in)
acobardado *adj.* cowardly
acompañar to accompany
acompasadamente *adv.* rhythmically
acontecimiento *n.* event
acto *n.* act, action
actual *adj.* present
acudir to go
adelantarse to advance
advertir (ie, i) to warn, notice

afán *n.* eagerness
afecto *n.* affection
afeitar to shave
agarrar to clutch, grab
agotador *adj.* exhausting
agradecer to thank
aguantar to bear, put up with
aguardar to wait for
agujero *n.* hole
ajedrez *n. m.* chess
al (+ inf.) *prep.* upon; **al cabo** finally; **al cabo de** at the end of, after; **al principio** in the beginning, at first; **al revés** on the contrary; backward
ala *n.* wing
alabar to praise
alboroto *n.* commotion
alcalde *n. m.* mayor
alcanzar to reach
alguacil *n. m.* constable
alivio *n.* relief
alma *n.* soul
alrededor de *prep.* around; **los alrededores** *n.* outskirts
altura *n.* height
aludido *adj.* alluded to
alumbrar to light; to enlighten

amante *n. m./f.* lover
amarrar to tie, bind
amenaza *n.* threat
amenazar to threaten
amo *n.* master
amontar to pile up
amparar to protect
amplio *adj.* wide, large
amueblado *adj.* furnished
analfabeto *adj.* illiterate
angosto *adj.* narrow
angustia *n.* anguish
animarse to feel encouraged
ante *prep.* before
anterior *adj.* previous
añadir to add
apagar to extinguish, put out
aparato fotográfico *n.* camera
apelar to appear
apenas *adv.* scarcely
apoyo *n.* support
apretar (ie) to tighten, press
apuntar to aim
apurarse to worry
arder to burn
ardiente *adj.* burning
arduroso *adj.* burning
argumento *n.* plot

arma *n.* weapon

arrancar to tear out; to carry off; to start up

arrebato *n.* rage

arriesgar to risk

arrimarse to lean against

arrojar to hurl, throw

arrugado *adj.* wrinkled

asegurar to assure

asombrado *adj.* surprised

asombrar to astonish

asombro *n.* amazement, surprise

aspirar to breathe, inhale

asunto *n.* matter, affair

asustarse to be afraid; to be startled

aterrado *adj.* terrified

aterrizar to terrify

atestado *adj.* crowded

aturdido *adj.* confused

aumentar to increase

aún *adv.* still

ausentarse to be absent

auténtico *adj.* authentic

avergonzado *adj.* ashamed

azar *n. m.* chance

B

balbuciente stammering

barba *n.* beard

barco *n.* boat

barrera *n.* barrier

base: a base de based on

baúl *n. m.* truck

belleza *n.* beauty

bienes *n. m. pl.* goods

blando *adj.* soft

bocadillo *n.* sandwich *(on Spanish bread)*

bocina *n.* horn

bodega *n.* small store; tavern

boina *n.* beret

bolsa *n.* bag

bolsillo *n.* pocket

bondad *n.* goodness

bordado *adj.* embroidered

bosque *n. m.* forest

bostezar to yawn

botica *n.* drugstore

boticario *n.* druggist

brillante *n. m.* diamond

C

caballero *n.* gentleman

caber to fit

cabo: al cabo finally; **al cabo de** at the end of

caer to fall; **caerle bien** to like

caldo *n.* broth

calidad *n.* quality

caluroso *adj.* hot

callado *adj.* quiet

callar to quiet, silence

camarero *n.* waiter

camino *n.* road; **en camino** in progress; on the way

camión *n. m.* truck

cana *n.* gray hair

cansarse to tire

capacitarse to become qualified

capaz *adj.* capable

capucha *n.* hood

¡caray! ha!; oh, no!

carecer to lack

carga *n.* load

cargado *adj.* loaded

cargar to load; to bring

caridad *n.* charity

caritativo *adj.* charitable

carretera *n.* highway

casero *adj.* pertaining to the home

castillo *n.* castle

cautivar to captivate

cegador *adj.* blinding

célebre *adj.* famous

ceniza *n.* ash

cercado *adj.* surrounded

cercano *adj.* nearby

cerebro *n.* brain

ciego *adj.* blind

citar to make a date or an appointment

clavel *n. m.* carnation

cobertizo *n.* cover, hut

cocinar to cook

colmo *n.* culmination; **para**

colmo to top it all off

colocar to place

colono *n.* tenant

colorado *adj.* red

comerciante *n. m./f.* merchant

cometer to commit

compadecer to pity

compartir to share

competente *adj.* competent

complejo *n.* and *adj.* complex

comprobable *adj.* verifiable

comprobar (ue) to prove

condenado *adj.* condemned

conductor *n. m.* driver

confianza *n.* confidence

confiar to confide, entrust

conmovedor *adj.* moving

consagrar to dedicate

conseguir (i) to obtain, get

consejo *n.* piece of advice

consentir (ie) to consent

contenido *n.* contents

contratar to hire

conveniente *adj.* convenient

coraje *n. m.* courage

coro *n.* chorus, choir; **en coro** in chorus

corrida *n.* bullfight

corto *adj.* short

cotidiano *adj.* daily

crear to create

cruz *n. f.* cross

cuadro *n.* painting

cuchilla *n.* kitchen knife

cuerno *n.* horn

cuestas: a cuestas burdened with

culminar to culminate

culpa *n.* guilt; offense; fault

cumplir (con) to fulfill

CH

chapa *n.* license plate

chillar to shriek

chisme *n. m.* gossip

D

dañino *adj.* harmful

dar to give; to strike the hour; **dar a entender** to insinuate; **dar con** to come

across; **dar marcha atrás** to back up; **dar paso a** to give way to; **dar un paso** to take a step; **darle la gana** to feel like; **darse cuenta de** to become aware of, realize; **darse importancia** to consider oneself important
de *prep.* of, from; **de hecho** as a matter of fact; **de paso** passing; **de rodillas** kneeling; **de su gusto** to one's liking; **de todos modos** anyway; **de un golpe** all at once; **de una manera** in a way; **de verdad** truly; **de vuelta de** on one's return from
debilidad *n.* weakness
dejar to leave *(behind)*
delante de *prep.* in front of
delgado *adj.* thin
demorar to delay
demás: los demás the rest
demasiado *adv.* and *adj.* too, too much
derramar to spill
derribar to destroy
derrota *n.* defeat
desafortunado *adj.* unfortunate
desagradar to displease
desarrollarse to develop
descalzo *adj.* barefoot
descansar to rest
descanso *n.* rest
descolocado *adj.* displaced
desdecir (i) to take back
desdeñar to disdain
desdicha *n.* misfortune
desempeñar to perform
deseo *n.* desire
desesperarse to despair
desfile *n. m.* parade
desgracia *n.* disgrace
deshabitar to leave, move out
desierto *n.* desert
deslumbrador *adj.* dazzling
deslumbrante *adj.* dazzling
desnudo *adj.* nude

desnutrido *adj.* malnourished
despacio *adv.* slowly
despachar to dismiss
despacho *n.* office
despedir (i) to dismiss, fire
despedirse (i) to say good-bye
despegar to unstick
desperdicio *n.* garbage
despertador *n. m.* alarm clock
despertar (ie) to wake up
despojado *adj.* stripped
despreciar to scorn, hate
destacarse to stand out
destierro *n.* exile
destruir to destroy
desventurado *adj.* unfortunate
detallado *adj.* detailed
detenerse to stop
detenidamente cautiously
detrás de *prep.* behind
devoto *adj.* devout
diario *adj.* daily
dictadura *n.* dictatorship
dichoso *adj.* lucky
diferir (ie) to differ
digno *adj.* worthy
dirigir to direct
discurso *n.* speech
disculparse to apologize
discutir to argue
disfrutar (de) to enjoy
disimular to disguise, make inconspicuous
disparar to open fire, shoot
disparate: ¡qué disparate! what nonsense!
disparo *n.* shot
disponer (de) to have available
distraído *adj.* distracted
distrito *n.* district
doblar to fold
dolor *n. m.* pain, grief
dote *n. f.* dowry

E

echar to throw; **echar un ojo** to watch
eficaz *adj.* efficient

elogio *n.* praise
eludir to avoid
emanar to emanate, proceed from
embotellamiento *n.* traffic jam
emprender to undertake
empresa *n.* enterprise
empujar to push
en *prep.* in, on; **en cambio** on the other hand; **en camino** in progress, on the way; **en coro** in chorus; **en cuanto** as soon as; **en cuanto a** as for; **en medio de** in the middle of; **en seguida** right away; **en torno mío** around me; **en vez de** instead of
enamorarse (de) to fall in love (with)
encabezar to head, lead
encaje *n. m.* lace
encantador *adj.* charming
encanto *n.* charm
encargar to put in charge
encerrar (ie) to enclose; to lock
encogerse de hombros to shrug one's shoulder
encontrarse (ue) to meet; to find oneself
encorvarse (ue) to bend over
encuesta *n.* poll
enfermizo *adj.* unhealthy, morbid
enfoque *n. m.* focus
engañar to deceive
engañoso *adj.* deceiving
engendrarse to engender, produce
enloquecer to drive crazy
ensayar to rehearse
enseñanza *n.* education, teaching
enterarse (de) to find out (about)
enterrar (ie) to bury
entregar to give; to hand in
entrenamiento *n.* training

envejecido *adj.* aged, old
envenenar to poison
enviar to order, send
envidiar to envy
equiparar to equate
equipo *n.* team
errar to miss
escala *n.* ladder
escalera *n.* stair
escalofrío *n.* chill
esclavo *n.* slave
escoger to choose
esconder to hide
escopeta *n.* shotgun
eso that; **a eso de** about
espacio *n.* space
espantoso *adj.* terrible, awful
esparcido *adj.* scattered
especie *n. f.* type
espejo *n.* mirror
espeso *adj.* thick
estacionar to park
estampilla *n.* stamp
estancia *n.* stay; farm
estar to be; **estar de pie** to be standing; **estar harto** to be fed up
estrecho *adj.* narrow
estremecer to tremble
estudio *n.* study
etiqueta *n.* label
exigencia *n.* demand, need
exigir to require, demand
extenderse (ie) to stretch out, extend
extranjero *adj.* foreign; *n. m.* foreign countries *(abroad)*
extrañado *adj.* taken aback

F

fábrica *n.* factory
facilidad *n.* ease
falta: a falta de for lack of; **sin falta** without fail
farol *n.* lantern
fastidiar to bother, annoy
fastidio *n.* loathing, bother
fe *n. f.* faith
feria *n.* fair
feroz *adj.* ferocious
fiel *adj.* loyal, faithful

fiero *adj.* fierce, savage
fijarse to notice
fingir to pretend
flaco *adj.* skinny
florero *n.* vase
folleto *n.* pamphlet
fomentar to encourage
fondo *n.* bottom
forastero *n.* stranger, outsider
fortaleza *n.* fortress; strength
fraile *n.* friar
franqueza *n.* frankness
fregar (ie) to scrub
frenar to brake
frente *n. f.* forehead; **frente a** in front of *(and facing)*
fresco *adj.* fresh, cool
frescura *n.* coolness
frigorífico *n.* refrigerator
frontera *n.* border, frontier
fuegos artificiales *n. pl.* fireworks
fuente *n. f.* fountain, source
fuera de *prep.* outside of
fundado *p.p.* founded

G

gabán *n. m.* overcoat
galleta *n.* cookie
gana: darle la gana to feel like; **tener ganas de** to feel like
garganta *n.* throat
gastar to waste; to spend
gemido *n.* moan
género *n.* type, kind
genial *adj.* ingenious
gobernar (ie) to govern
golpe *n. m.* blow, strike; **de un golpe** all at once
gorra *n.* cap
grado *n.* degree
gritar to shout, yell
grito *n.* shout, yell
gruñir to growl
guardar to keep
guardería infantil *n.* day-care center

gusto: de su gusto to one's liking

H

hacer: hacer memoria to put in mind; **hacerse el tonto** to play dumb
hacia *prep.* toward
hallazgo *n.* finding, discovery
harto: estar harto to be fed up
hay: hay novedad there is something new
hecho *n.* event; **de hecho** as a matter of fact
hediondo *adj.* stinking
hedor *n. m.* stench
heredar to inherit
herencia *n.* inheritance
hogar *n. m.* home
hoja *n.* leaf
hondo *adj.* deep
horno *n.* oven
hoy: hoy día nowadays
huérfano *n.* orphan
huerta *n.* orchard
huir to flee
humilde *adj.* humble
hundir to sink

I

idear to conceive *(of)*
ídolo *n.* idol
igual *adj.* equal; **por igual** equally
imponente *adj.* imposing
inagotable *adj.* inexhaustible
inalcanzable *adj.* unreachable, unattainable
incierto *adj.* uncertain
inclinarse to bend over
inconfundible *adj.* unmistakable
inculto *adj.* uncultured
inevitable *adj.* unavoidable
infecto *adj.* tainted, corrupt
infierno *n.* hell
inflar to inflate
iniciarse to begin
insoportable *adj.* unbearable

inundación *n.* flood
inverosímil *adj.* unbelievable
investigación *n.* research
ira *n.* wrath, anger, ire
irremediable *adj.*
  unavoidable

J

jamás *adv.* never
jerarquía *n.* hierarchy
jornada *n.* day
joya *n.* jewel
juicio *n.* judgment
jurar to swear
justiciero *adj.* just, righteous
justo *adj.* just
juzgar to judge

L

labio *n.* lip
lado *n.* side
ladrón *n. m.* burglar, robber
lágrima *n.* tear
lastimarse to hurt oneself
lata *n.* can
lecho *n.* bed; **lecho de**
  rosas bed of roses
lejos *adv.* far; **a lo lejos** in
  the distance
lengua *n.* tongue, language
leña *n.* firewood
letra *n.* letter *(of the*
  alphabet)
leve *adj.* light
librarse to free oneself
libre *adj.* free
libreta *n.* booklet
limosna *n.* alms; **pedir**
  limosna to beg for alms
línea *n.* figure, line
lograr to achieve, obtain
logro *n.* attainment
loro *n.* parrot
luchar to struggle, fight
lujo *n.* luxury
lujoso *adj.* luxurious

LL

llenar to fill
llevar to carry, bring; to

take away; **llevar a cabo**
  to carry out; **llevar a**
  cuestas to be burdened
  with; **llevar a uno la**
  corriente to let one have
  one's way

M

mago *n.* magician
maldecir (i) to curse
malvado *adj.* malicious
manco *adj.* one-handed
mancha *n.* stain
manchado *adj.* stained
mando *n.* command, rule
manera *n.* way, manner; **de**
  una manera in a way
maravillado *adj.* astonished
marca *n.* brand
marcharse to leave, go
marinero *n.* sailor
mármol *n. m.* marble
más *adj.* and *adv.* more;
  más allá away from, beyond;
  mientras más the more
matar to kill
mecer to rock
mediante by means of
medicamento *n.* medicine
mediano *adj.* average
medida *n.* measure
medio *n.* means; *adj.*
  average; **medio tiempo**
  part-time; **en medio de** in
  the middle of
mejilla *n.* check
mejor *adj.* best, better
mejorar to improve
memoria: hacer memoria
  to try to remember
mente *n. f.* mind
mentira *n.* lie
merecer to deserve
merecido *adj.* deserving
merienda *n.* snack
mezclar to mix, combine
mientras *conj.* while;
  mientras más the more
mimado *adj.* spoiled
mimar to spoil, indulge

modo *n.* way, manner; **de**
  todos modos anyway
mofarse de to make fun of
mozo *n.* young man
mudarse to move
mudo *adj.* mute
muñeca *n.* doll
muro *n.* wall

N

nacer to be born
nadador *n. m.* swimmer
naturaleza *n.* nature
necio *adj.* stupid
negarse (ie) to refuse
ni *conj.* neither, nor; **ni**
  siquiera not even
nido *n.* nest
novedad *n.* novelty; **hay**
  novedad there is
  something new

O

obra *n.* work *(of art)*
obscurecer to grow dark
obstinado *adj.* stubborn
ocioso *adj.* lazy
oler (ue) (a) to smell (like)
olla *n.* pot
opinar to give one's
  opinion
oprimir to oppress
orgullo *n.* pride
orgulloso *adj.* proud
orilla *n.* bank, shore
ornamento *n.* decoration
otorgar to grant

P

padecer to suffer
paisaje *n. m.* landscape,
  countryside
paliza *n.* beating
pañal *n. m.* diaper
pañuelo *n.* handkerchief
para *prep.* for, in order to;
  para colmo to top it all off
parado *adj.* standing

paraíso *n.* paradise
pararse to stop
parecido *adj.* similar
parte *n. f.* part; **por otra parte** on the other hand
partida *n.* game
paso *n.* float; **dar paso a** to give way to; **de paso** passing
pastel *n. m.* pastry
pata *n.* paw
pantano *n.* swamp
patrulla *n.* patrol
pecado *n.* sin
pechuga *n.* breast of chicken
pedazo *n.* piece
pegar to hit
peldaño *n.* step
pelear to fight, argue
peligro *n.* danger
pensión *n.* boardinghouse
peor *adj.* worse, worst
perdurar to remain
perecer to perish
permanecer to remain
personaje *n. m.* character, person
pertenecer to belong
peso *n.* weight
picar to bite, sting
piel *n. f.* skin; fur
pitar to honk
plancha *n.* iron
planificar to plan
plantar to establish; to plant
plata *n.* silver; money
población *n.* population
poblar (ue) to populate
poder *n. m.* power
poderoso *adj.* powerful
poner to put; **poner en alerta** to put on guard
por *prep.* for, by; **por ahora** for now; **por casualidad** by chance; **por entonces** at that time; **por igual** equally; **por otra parte** on the other hand
porquería *n.* junk
poseer to possess
postre *n. m.* dessert

potencia *n.* power
práctico *adj.* practical
precocidad *n.* precocity
predicar to preach
prender fuego to set fire
prestar atención to pay attention
presumir to conjecture
principio *n.* beginning; **al principio** in the beginning
probar (ue) to taste; to try
procesar to prosecute
profundidad *n.* depth
proponer to propose
próximo *adj.* near
pueblo *n.* village
puerto *n.* port
punto *n.* point; **a punto de** on the verge of
pupitre *n. m.* desk
puro *n.* cigar

Q

quebar to break, shatter; **quebrar una promesa** to break a promise
quedar to stay; **quedar en** to agree on
quejarse (de) to complain (about)
quemar to burn
querido *adj.* beloved
quitar to remove, take away

R

raíz *n. f.* root
rama *n.* branch
ramo *n.* bouquet
rasgo *n.* characteristic, trait
rastro *n.* trace
rato *n.* short time, while
razonable *adj.* reasonable
realizar to achieve
recelo *n.* fear, distrust
receta *n.* prescription
recién *adv.* recent; **recién casado** newlywed
reconocer to recognize
recorrer to travel
recuerdo *n.* souvenir

recurso *n.* resource
redondo *adj.* round
referir (ie) to tell, relate, refer
refugio *n.* refuge
regalar to give a present
regañar to nag, fight
régimen *n. m.* diet
rehén *n. m.* hostage
relato *n.* account, story
reluciente *adj.* shining
renovar (ue) to renew
reparto *n.* cast
resolver (ue) to solve
resto *n.* rest, remainder
retrasado *adj.* behind, set back
retroceder to draw back, back up
reventar (ie) to explode
revés *n. m.* reverse; **al revés** on the contrary; backward
rezar to pray
riesgo *n.* risk
rincón *n. m.* corner
risa *n.* laughter
rodear to surround
rodilla *n.* knee; **de rodillas** kneeling
ronco *adj.* hoarse
rostro *n.* face
rubor *n. m.* blush
rugir to roar
ruidoso *adj.* noisy
rumbo a headed for
rumor *n. m.* sound

S

sabio *adj.* wise
sabor *n. m.* taste
sacar to take out; **sacar un retrato** to take a picture
sagrado *adj.* sacred
salida *n.* exit
saltar to jump
salto *n.* leap
salud *n. f.* health
salvaje *n. m.* and *adj.* savage
salvar to save

salvo *prep.* except

satisfecho *adj.* satisfied

seguida: en seguida right away

selva *n.* tropical forest, jungle

semáforo *n.* traffic light

senador *n. m.* senator

sentido *n.* sense, meaning

serenarse to calm oneself

seriedad *n.* seriousness

siglo *n.* century

siguiente *adj.* next

sílaba *n.* syllable

sin *prep.* without; **sin embargo** nevertheless; **sin falta** without fail

siquiera: ni siquiera not even

sobre *n. m.* envelope

sobresaltar to jump

sobreviviente *n. m./f.* survivor

sociedad *n.* society

sollozar to sob

soltar (ue) to loosen, let go

soltero *n.* unmarried person

sombra *n.* shadow

sonriente *adj.* smiling

sonrisa *n.* smile

sopa *n.* soup

soportar to withstand, bear

subsiguiente *adj.* subsequent

suceder to happen

sucio *adj.* dirty

sueldo *n.* salary

suministrar to supply

suplicante *adj.* begging, pleading

supuesto *adj.* supposed

sureño *adj.* southern

T

tal *adj.* such (a)

tallar to carve

tanto *adj.* so much; **tanto(s) como** as much (many) as

tarjeta *n.* card; **tarjeta postal** postcard

temblar (ie) to tremble

temer to fear

temor *n.* fear

temporal *n. m.* storm; *adj.* temporary

tenaz *adj.* tenacious

tender (ie) to stretch out, unfold

tener: tener entendido to be under the impression, to understand; **tener ganas de** to feel like; **tener que ver con** to have to do with; **no tiene más remedio** there is no other choice

término *n.* term

tesoro *n.* treasure

timidez *n.* shyness

tiranizar to oppress

tirar to throw; **tirarse** to throw oneself

tiro *n.* shot

tocar el timbre to ring the doorbell

tomársela con alguien to pick on someone

tontería *n.* foolishness; **¡qué tontería!** what nonsense!

tonto *n.* fool; **hacer el tonto** to play dumb

tornar to return, bring back

torpeza *n.* foolishness

traidor *n. m.* traitor

tras *prep.* across

trasladarse to move

trastorno *n.* upset

trato *n.* treatment

través: a través de *prep.* through

tropezarse (ie) to stumble

trozo *n.* piece

trueno *n.* thunder

U

ufano *adj.* arrogant, stuckup

umbral *n. m.* threshold

uña del pie *n.* toenail

urgente *adj.* urgent

urgir to urge

V

vacilar to hesitate

valer to be worth; **valer la pena** to be worth the trouble

valija *n.* valise

valioso *adj.* valuable

valor *n. m.* value

vecindad *n.* neighborhood

vecino *n.* neighbor

vencedor *n. m.* victor

vencer to overcome

veneno *n.* poison

venenoso *adj.* poisonous

vengado *adj.* avenged

vengarse to avenge

vengativo *adj.* vengeful

venta *n.* sale

veranear to summer

verdad *n.* truth; **de verdad** truly, really

verdadero *adj.* true

vergüenza *n.* shame

vez *n. f.* time, occasion; **en vez de** instead of

víbora *n.* snake

vigilar to watch

vileza *n.* vileness, meanness

vista *n.* view; **punto de vista** point of view

vistoso *adj.* flashy

víveres *n. pl.* provisions

viuda *n.* widow

viudo *n.* widower

volante *n. m.* steering wheel

volar (ue) to fly

volver (ue) to return; **volverse** to become

vuelta *n.* return; **de vuelta de** on one's return from

Y

ya *adv.* already; **ya que** since

Z

zumbar to buzz